全国高职高专汽车专业领域人才培养"十三五"规划教材

汽车发动机机械系统检修

主　编　修辉平　王宏松
副主编　曹　阳　邹洪富　王　翠

华中科技大学出版社
中国·武汉

内 容 简 介

本书为适应职业教育改革的新形势,根据教育部对汽车运用与维修技术专业领域高技能人才培养目标和专业相关技术领域职业岗位的任职要求编写而成。同时为了满足信息化教学改革的需要,紧密结合汽修行业和企业的实际需求,本书内容参照企业真实维修任务,突出了技能操作培养。主要内容包括发动机认识及性能检测、曲柄连杆机构检修、配气机构检修、冷却系统检修、润滑系统检修、进排气系统检修、燃油供给系统检修、发动机总装工艺与综合故障诊断等八个教学项目。

本书可以作为高职、中职、技工学校汽车运用与维修技术相关专业教材,也可供远程教育及相关从业人员参考。

图书在版编目(CIP)数据

汽车发动机机械系统检修/修辉平,王宏松主编. —武汉:华中科技大学出版社,2020.4(2025.7重印)
全国高职高专汽车专业领域人才培养"十三五"规划教材
ISBN 978-7-5680-6026-4

Ⅰ.①汽… Ⅱ.①修… ②王… Ⅲ.①汽车-发动机-机械系统-车辆检修-高等职业教育-教材 Ⅳ.①U472.43

中国版本图书馆 CIP 数据核字(2020)第 061800 号

汽车发动机机械系统检修　　　　　　　　　　　　　　　修辉平　王宏松　主编
Qiche Fadongji Jixie Xitong Jianxiu

策划编辑:汪　富
责任编辑:戢凤平
封面设计:原色设计
责任监印:周治超
出版发行:华中科技大学出版社(中国·武汉)　　电话:(027)81321913
　　　　　武汉市东湖新技术开发区华工科技园　　邮编:430223
录　　排:武汉三月禾传播有限公司
印　　刷:河北虎彩印刷有限公司
开　　本:787mm×1092mm　1/16
印　　张:16.75
字　　数:422 千字
版　　次:2025 年 7 月第 1 版第 2 次印刷
定　　价:46.00 元

本书若有印装质量问题,请向出版社营销中心调换
全国免费服务热线:400-6679-118　竭诚为您服务
版权所有　侵权必究

前　言

本书是根据教育部《关于加强高职高专教育人才培养工作的意见》《关于全面提高高等职业教育教学质量的若干意见》和《关于加强高职高专教育教材建设的若干意见》的精神，为适应我国高等职业教育信息化教学改革和教材建设的要求，在深入分析汽车机电维修岗位技能目标和知识目标的基础上，按照"教学过程要理论学习与实践操作相结合、学生的角色要与企业员工的角色相结合、学习的内容要与职业岗位的任务相结合、教学方式要线上学习与线下学习相结合"的原则组织编写的。

"汽车发动机机械系统检修"是汽车检测与维修专业的一门核心课程，课程内容围绕汽车机电维修岗位职业能力要求，按照工学结合、学做一体来设计。按照在线开放课程教学的特征与需求，我们对原有的课程结构进行解构与重构，颗粒化组织教学内容及资源，重新编排发动机认识及性能检测、曲柄连杆机构检修、配气机构检修、冷却系统检修、润滑系统检修、进排气系统检修、燃油供给系统检修、发动机总装工艺与综合故障诊断等8个教学项目近70个知识点和技能点，不仅与汽车维修工国家职业资格标准相衔接，还能满足线上线下学习要求。

本书有以下几个特点。

1. 项目、任务结构化。全书设置教学项目、任务、知识技能点三级知识框架，教学项目、任务体现了工学结合、项目引导、任务驱动的特点，同时配套资源素材库（扫描二维码获取），微课、动画、视频、图片资源丰富。

2. 基于线上线下混合制教学模式。为了适应线上线下＋混合制教学模式，全书各项目（任务）按照课前、课中、课后三部分编写，通过书中嵌入的二维码可借助线上优质的教学资源进行教学，提高教学效果。

3. 基于《悉尼协议》的成果导向教学法。各个任务均以学生为中心，任务导入让学生身临其境，带着问题学，带着问题做，让学生动起来；任务实施过程均是解决真实的汽车故障问题，而评价是对学生完成一个学习任务的总结。融"教、学、做、拓、评"为一体。

本书由九江职业技术学院修辉平、王宏松担任主编，吉林信息职业技术学院曹阳、湖南工业职业技术学院邹洪富和九江职业技术学院王翠担任副主编。书中项目1、项目3由修辉平编写，项目2由曹阳编写，项目5、项目6由王宏松编写，项目7由王翠编写，项目4由邹洪富编写，项目8由汪洋青编写。

为支持"立体化""线上线下"教学，本书配套了在线开放课程教学平台，提供电子课件、微课、教学视频、动画等立体化教学资源。

在本书编写过程中，参考和借鉴了大量相关书籍，书中部分内容引用了某些网站公开发布的资料，在此向相关作者、编者致以诚挚的谢意。因作者水平有限，编写时间仓促，书中难免存在疏漏和不足之处，敬请广大读者批评指正。

编　者

2019年8月

目　　录

项目 1　发动机认识及性能检测 ………………………………………………………………… (1)

　任务 1.1　发动机总体构造的认识 …………………………………………………………… (2)

　　1.1.1　发动机总体构造 ……………………………………………………………………… (2)

　　1.1.2　四冲程发动机工作原理 ……………………………………………………………… (8)

　　1.1.3　发动机性能指标 ……………………………………………………………………… (13)

　　1.1.4　发动机名称及型号编制规则 ………………………………………………………… (18)

　任务 1.2　气缸压缩压力的检测 ……………………………………………………………… (20)

项目 2　曲柄连杆机构检修 ………………………………………………………………………… (28)

　任务 2.1　机体组检修 ………………………………………………………………………… (29)

　　2.1.1　机体组的结构和组成 ………………………………………………………………… (29)

　　2.1.2　气缸体平面度的测量 ………………………………………………………………… (33)

　　2.1.3　气缸磨损的检测 ……………………………………………………………………… (37)

　　2.1.4　气缸体裂纹和轴承座孔同轴度的检测 ……………………………………………… (44)

　　2.1.5　气缸盖平面度和燃烧室容积的检测 ………………………………………………… (49)

　任务 2.2　活塞连杆组检修 …………………………………………………………………… (53)

　　2.2.1　活塞连杆组的结构及组成 …………………………………………………………… (53)

　　2.2.2　活塞连杆组的拆解 …………………………………………………………………… (58)

　　2.2.3　活塞组的测量 ………………………………………………………………………… (62)

　　2.2.4　连杆组的测量 ………………………………………………………………………… (66)

　任务 2.3　曲轴飞轮组检修 …………………………………………………………………… (70)

　　2.3.1　曲轴飞轮组的结构及组成 …………………………………………………………… (70)

　　2.3.2　飞轮组的拆卸和检查 ………………………………………………………………… (76)

　　2.3.3　曲轴的拆卸和测量 …………………………………………………………………… (80)

　任务 2.4　曲柄连杆机构总装 ………………………………………………………………… (84)

项目 3　配气机构检修 ……………………………………………………………………………… (91)

　任务 3.1　气门传动组检修 …………………………………………………………………… (92)

　　3.1.1　配气机构的组成 ……………………………………………………………………… (92)

　　3.1.2　配气相位 ……………………………………………………………………………… (100)

3.1.3　正时机构的拆检 …………………………………………………………… (102)
　　3.1.4　凸轮轴和液压挺柱的拆检 ………………………………………………… (107)
　任务3.2　气门组检修 …………………………………………………………………… (112)
　　3.2.1　气门组的拆解 ……………………………………………………………… (112)
　　3.2.2　气门组相关零部件的检测 ………………………………………………… (116)
　任务3.3　气缸盖检修 …………………………………………………………………… (121)
　　3.3.1　气门座修整 ………………………………………………………………… (121)
　　3.3.2　气缸盖燃烧室密封性检测 ………………………………………………… (123)
　任务3.4　配气机构总装 ………………………………………………………………… (124)

项目4　冷却系统检修 …………………………………………………………………… (130)
　任务4.1　冷却系统的结构及组成 ……………………………………………………… (131)
　任务4.2　冷却系统检修 ………………………………………………………………… (135)
　　4.2.1　冷却液及系统密封性的检测 ……………………………………………… (135)
　　4.2.2　散热器及冷却风扇的检修 ………………………………………………… (137)
　　4.2.3　节温器和水泵的检修 ……………………………………………………… (139)

项目5　润滑系统检修 …………………………………………………………………… (145)
　任务5.1　润滑系统的组成及作用 ……………………………………………………… (146)
　任务5.2　润滑剂的种类及选用 ………………………………………………………… (150)
　任务5.3　机油的更换 …………………………………………………………………… (154)
　任务5.4　机油压力的检测 ……………………………………………………………… (159)

项目6　进排气系统检修 ………………………………………………………………… (165)
　任务6.1　进排气系统的组成 …………………………………………………………… (166)
　　6.1.1　进气系统的组成 …………………………………………………………… (166)
　　6.1.2　排气系统的组成 …………………………………………………………… (169)
　　6.1.3　排气净化装置 ……………………………………………………………… (171)
　　6.1.4　曲轴箱通风系统 …………………………………………………………… (174)
　　6.1.5　蒸发控制系统 ……………………………………………………………… (175)
　任务6.2　进排气系统检修 ……………………………………………………………… (177)

项目7　燃油供给系统检修 ……………………………………………………………… (181)
　任务7.1　汽油机燃油供给系统检修 …………………………………………………… (182)
　　7.1.1　汽油喷射式供给系统概述 ………………………………………………… (182)
　　7.1.2　电子控制汽油喷射系统的组成 …………………………………………… (187)

7.1.3　燃油压力的检测 …………………………………………………… (190)
　　7.1.4　汽油泵的检测 ……………………………………………………… (193)
　　7.1.5　燃油压力调节器 …………………………………………………… (196)
　　7.1.6　喷油器和油轨的检测 ……………………………………………… (197)
　　7.1.7　汽油直喷系统的认识和拆装 ……………………………………… (204)
　任务7.2　柴油机燃油供给系统检修 ……………………………………………… (206)
　　7.2.1　柴油机燃油供给系统概述 ………………………………………… (206)
　　7.2.2　柴油滤清器的检修 ………………………………………………… (211)
　　7.2.3　输油泵 ………………………………………………………………… (215)
　　7.2.4　高压油泵的检修 …………………………………………………… (219)
　　7.2.5　燃油计量阀和燃油压力调节阀的检修 …………………………… (223)
　　7.2.6　喷油器 ………………………………………………………………… (224)
　　7.2.7　高压油轨和油轨压力传感器的检修 ……………………………… (228)

项目8　发动机总装工艺与综合故障诊断 ……………………………………………… (233)
　任务8.1　发动机的拆装与调试 …………………………………………………… (234)
　　8.1.1　发动机的拆卸 ……………………………………………………… (234)
　　8.1.2　发动机的装配 ……………………………………………………… (240)
　　8.1.3　发动机的调试 ……………………………………………………… (248)
　任务8.2　发动机综合性机械故障检查和诊断 …………………………………… (250)

参考文献 ………………………………………………………………………………… (257)

项目1 发动机认识及性能检测

项目导入

(1) 车型:捷达,AKT发动机,手动,行驶里程15万千米,出厂时间2010年6月。

(2) 故障现象:发动机运转不稳,机油损耗严重并排出大量黑蓝掺杂的尾气;起动困难、动力不足、油耗增加,缸盖内发出有节奏的异响,加速时缸体下部有金属敲击声。

学习目标

(1) 掌握发动机的基本组成及各组成部分的作用,理解发动机的常用术语;

(2) 掌握汽油发动机两大机构、五大系统的基本组成;

(3) 掌握发动机的主要性能指标;

(4) 熟悉两大机构和五大系统在发动机中的位置和作用;

(5) 了解发动机的速度、负荷特性。

课前活动

通过网络学习平台自学,或扫描右侧二维码完成下列学习任务。

(1) 知识点学习。

① 学习内容:发动机总体构造、四冲程发动机工作原理、发动机性能指标、发动机名称及型号编制规则。

② 学习资源:发动机总体构造电子教案、电子教材、电子挂图、教学视频。

③ 在线作业:完成在线作业,准确率达80%以上。

(2) 自学学习评价。

知识点	学习完成情况	作业完成情况	在线测试分数
1.1.1			
1.1.2			
1.1.3			
1.1.4			
任务1.2			

学习记录:

任务1.1　发动机总体构造的认识

1.1.1　发动机总体构造

1. 发动机的概念

发动机是将某一种形式的能量(热能、电能、化学能、太阳能等)转变成机械能的机器。汽车上常用的发动机是内燃机。内燃机具有功率大、热效率高、体积小、质量轻、操作简单、便于移动、起动性好等优点。

2. 汽车发动机的分类

汽车发动机,这里特指汽车用往复活塞式内燃机。按照不同的分类方法可以把发动机分成不同的类型。

1) 按使用燃料分类

发动机按照所使用的燃料的不同可分为汽油机、柴油机、煤气机、气体燃料发动机、多种燃料发动机等。

2) 按着火方式分类

发动机所使用的燃料不同,着火方式也不相同,具体可分为点燃式发动机(依靠电火花点燃压缩气缸内的可燃混合气的发动机,汽油机属于此类)和压燃式发动机(依靠压缩终了时缸内产生的高温高压引起混合气自燃的发动机,柴油机属于此类),如图1-1所示。

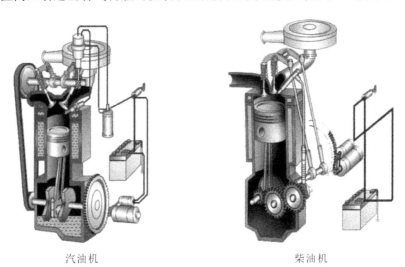

图1-1　汽油机与柴油机

3) 按冷却方式分类

发动机按照冷却方式的不同可分为水冷发动机、风冷发动机、油冷发动机。水冷发动机利用在气缸体和气缸盖冷却水套中循环的水作为冷却介质进行冷却;风冷发动机利用流动于气缸体和气缸盖外表面散热片之间的空气作为冷却介质进行冷却;油冷发动机利用油冷却气缸和气缸盖等零件进行冷却。水冷发动机由于冷却均匀、工作可靠、冷却效果好,被广泛应用于现代汽车。冷却方式如图 1-2 所示。

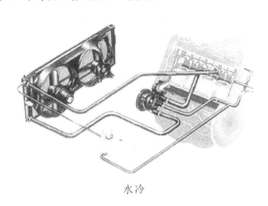
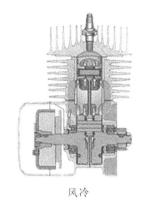

图 1-2 冷却方式

4) 按进气状态分类

发动机按照进气状态可以分为增压式发动机（指进入气缸前的空气或可燃混合气先经过压缩机压缩，以增大充气密度的发动机）和非增压式发动机（指进入气缸前的空气或可燃混合气未经压缩的发动机，其中四冲程发动机亦称自吸式发动机）。汽油机常采用非增压式，柴油机常采用增压式。

5) 按燃料供给方式分类

发动机按燃料供给方式可分为化油器式发动机、汽油喷射式发动机、直接喷射式柴油机等。

6) 按冲程分类

发动机按照完成一个工作循环所需的行程数，可分为四冲程发动机和二冲程发动机。曲轴旋转两圈（720°），活塞上下往复四次，经过四个行程，完成一个工作循环的发动机，称为四冲程发动机；曲轴旋转一圈（360°），活塞上下往复两次，经过两个行程，完成一个工作循环的发动机，称为二冲程发动机，如图 1-3 所示。汽车发动机广泛采用的是四冲程发动机。

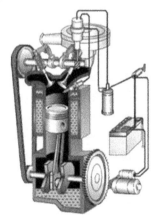
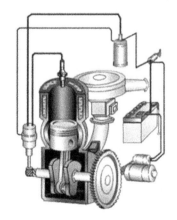

图 1-3 四冲程与二冲程内燃机

7) 按气缸数及布置形式分类

发动机按照气缸数及布置形式的不同可分为单缸发动机、多缸发动机、直列式发动机、对置式发动机、V形发动机、斜置式发动机、卧式发动机、星形发动机等。现代车用发动机多采用四缸发动机、六缸发动机、八缸发动机和十二缸发动机。直列式发动机的各个气缸排成一列,一般是垂直布置的。为了降低高度,有时把气缸布置成倾斜的(斜置式发动机),甚至水平的(卧式发动机)。具有两列气缸且两列之间的夹角小于180°(一般为90°)的发动机,称为V形发动机,两列之间的夹角等于180°的称为对置式发动机,如图1-4所示。

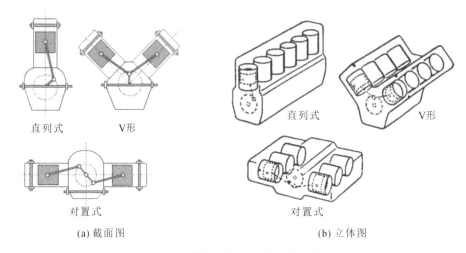

图1-4 按气缸数及布置形式分类

3. 发动机的总体构造

发动机是一种由许多机构和系统组成的复杂机器,如图1-5所示。无论是汽油机还是柴油机,无论是四冲程发动机还是二冲程发动机,无论是单缸发动机还是多缸发动机,要完成能量转换,实现工作循环,保持长时间连续正常工作,一般应具备下列机构和系统(柴油机无点火系统)。

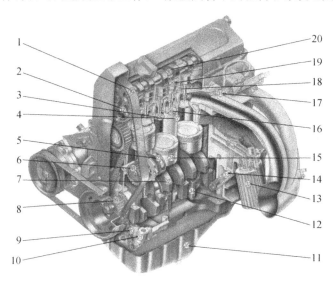

图1-5 发动机的总体构造

1—正时齿形带;2—凸轮轴正时齿形带轮;3—排气门;4—气缸体;5—水泵;6—水泵齿形带;7—曲轴;
8—曲轴正时齿形带轮;9—机油泵链;10—机油泵;11—油底壳;12—连杆;13—机油滤清器;14—限压阀;
15—活塞;16—进气门;17—喷油器;18—气缸盖;19—液压挺柱;20—凸轮轴

1) 曲柄连杆机构

曲柄连杆机构是发动机实现工作循环,完成能量转换的主要运动机构。它由机体组、活塞连杆组和曲轴飞轮组等组成,如图 1-6 和图 1-7 所示。在做功行程中,活塞承受燃气压力在气缸内做直线运动,通过连杆转换为曲轴的旋转运动,并向外输出动力。而在进气、压缩和排气行程中,飞轮释放的能量又把曲轴的旋转运动转换成活塞的直线运动。主要的部件有气缸体、曲轴箱、气缸盖、气缸垫、油底壳、活塞、连杆、曲轴、飞轮等。

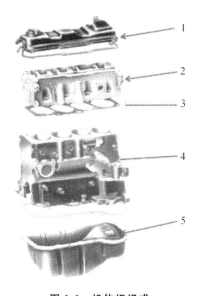

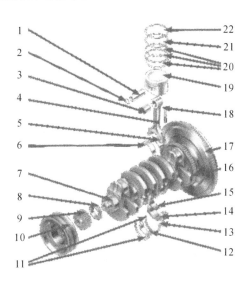

图 1-6 机体组组成

1—气门室罩;2—气缸盖;3—气缸垫;
4—气缸体;5—油底壳

图 1-7 曲柄连杆机构组成

1—活塞销;2—卡环;3—连杆小头衬套;4—连杆;5—连杆大头上轴瓦;
6—主轴承上轴瓦;7—曲轴;8—曲轴链轮;9—曲轴正时齿轮;
10—曲轴带轮;11—止推片;12—主轴承下轴瓦;13—连杆螺母;
14—连杆盖;15—连杆大头下轴瓦;16—转速传感器脉冲轮;17—飞轮;
18—连杆螺栓;19—活塞;20—油环;21—第二道气环;22—第一道气环

2) 配气机构

配气机构的功能是根据发动机的工作顺序和工作过程,定时开启和关闭进气门和排气门,使可燃混合气进入气缸,并使废气从气缸内排出,实现换气过程。配气机构大多采用顶置气门式配气机构,由气门组和气门传动组组成。主要部件有进气门、排气门、气门弹簧、挺柱体、推杆、摇臂、凸轮轴、凸轮轴正时齿形带轮等,如图 1-8 所示。

3) 燃油供给系统

汽油机燃油供给系统的功能是根据发动机的要求,配置出一定浓度的可燃混合气,定时、定量供给各个气缸所需要的燃料,并汇集各个气缸燃烧后的废气,从排气消声器排出。柴油机燃油供给系统的功能是把柴油和空气分别均匀地分配到各个气缸中,在燃烧室内形成混合气并燃烧,然后汇集各个气缸燃烧后的废气,从排气消声器排出。汽油机燃油供给系统主要的部件有空气滤清器、进气管、汽油箱、输油泵、燃油滤清器、化油器、排气管、排气消声器等。柴油机燃油供给系统主要部件有空气滤清器、进气管、柴油箱、输油泵、喷油泵、喷油器、排气管、排气消声器等。图 1-9 所示为燃油供给系统在汽车上的布置。

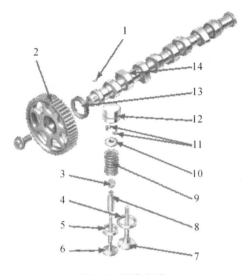

图1-8 配气机构

1—半圆键；2—凸轮轴正时齿形带轮；3—气门油封；
4—进气门座；5—排气门座；6—排气门；7—进气门；
8—气门导管；9—气门弹簧；10—上气门弹簧座；
11—气门锁片；12—挺柱体；13—凸轮轴油封；14—凸轮轴

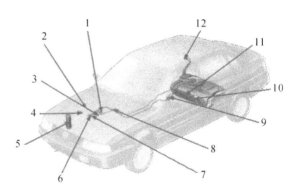

图1-9 燃油供给系统在汽车上的布置

1—供油管；2—燃油箱油气排放管；3—喷油器；
4—活性炭罐电磁阀；5—活性炭罐；6—燃油压力调节器；
7—燃油分配管；8—回油管；9—燃油滤清器；10—电动燃油泵；
11—燃油箱；12—加燃油口

4）润滑系统

润滑系统的功能是向做相对运动的零件表面输送定量的清洁机油，以实现液体摩擦，减小摩擦阻力，减轻机件的磨损，并对零件表面进行清洗和冷却。润滑系统由润滑油道、机油泵、机油滤清器和一些阀门等组成，如图1-10所示。

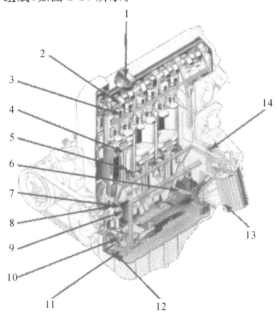

图1-10 润滑系统

1—加机油口盖；2—凸轮轴轴颈；3—气缸盖主油道；4—活塞销；5—连杆油道；6—曲柄销轴颈；7—曲轴油道；
8—曲轴链轮；9—曲轴主轴颈；10—机油泵；11—机油泵链轮；12—链条；13—机油滤清器；14—防止回流阀

5）冷却系统

冷却系统的功能是使受热零件吸收的部分热量及时散发出去，保证发动机在适宜的温度状态下工作。水冷发动机的冷却系统通常由冷却水套、水泵、风扇、水箱、节温器等组成。图1-11所示为一般的冷却系统。

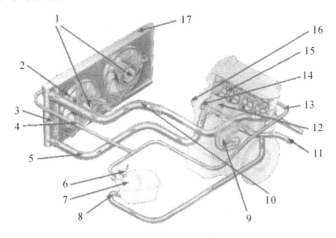

图1-11 冷却系统

1—电动风扇；2—护罩；3—电动风扇双速热敏开关；4—散热器排气管；5—冷却液下橡胶软管；6—膨胀箱盖；7—冷却液膨胀箱；8—膨胀箱管；9—节气门热水管；10—冷却液上橡胶软管；11—接暖风装置；12—气缸体水套；13—发动机水套排气管；14—水泵；15—气缸盖水套；16—齿形带带轮；17—散热器

6）点火系统

在汽油机中，气缸内的可燃混合气是靠电火花点燃的，为此在汽油机的气缸盖上装有火花塞，火花塞头部伸入燃烧室内。点火系统的功能是定时在火花塞电极间产生电火花，点燃气缸内的可燃混合气。点火系统通常由蓄电池、点火开关、发电机、点火线圈、分电器、火花塞等组成，如图1-12所示。柴油机是以压燃形式使混合气燃烧产生能量的，因此不具有点火系统。

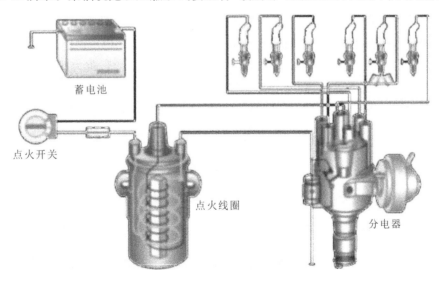

图1-12 点火系统

7) 起动系统

要使发动机由静止状态过渡到工作状态,必须先用外力转动发动机的曲轴,使活塞做往复运动,同时使气缸内的可燃混合气燃烧做功,推动活塞向下运动使曲轴旋转,发动机才能自行运转,工作循环才能自动进行。曲轴在外力作用下开始转动到发动机开始自动地怠速运转的全过程,称为发动机的起动过程。完成起动过程所需的装置,称为发动机的起动系统。起动系统的组成如图1-13所示。

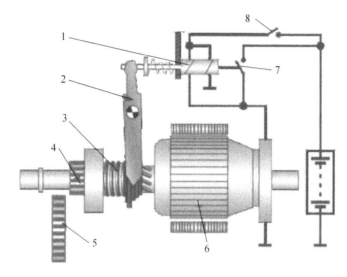

图1-13 起动系统的组成

1—铁心;2—驱动杠杆;3—弹簧;4—齿轮;5—飞轮;6—起动机;7—短路开关;8—起动开关

1.1.2 四冲程发动机工作原理

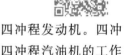

1.四冲程汽油机工作原理

1)四冲程汽油机基本工作原理

曲轴旋转两周,活塞往复四个行程完成一个工作循环的发动机,称为四冲程发动机。四冲程汽油机的工作循环是由进气、压缩、做功和排气四个冲程组成的。单缸四冲程汽油机的工作原理示意图如图1-14所示。

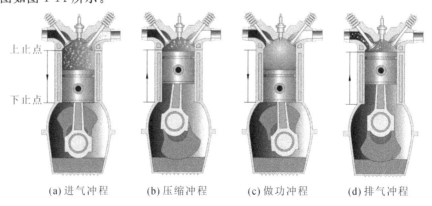

图1-14 四冲程汽油机的工作原理示意图

(1) 进气冲程。

活塞由曲轴带动从上止点向下止点运动,此时,排气门关闭,进气门开启。活塞移动过程中,气缸工作容积逐渐增大,形成一定真空度,于是经过滤清的空气与汽油混合形成的可燃混合气,通过进气门被吸入气缸。至活塞到达下止点时,进气门关闭,停止进气。

由于进气系统存在进气阻力,因此进气终了时气缸内气体的压力低于大气压力,为 0.075~0.09 MPa。又由于气缸、活塞等高温件及上一循环留下的残余废气的加热,因此气体温度升高到 370~440 K。

(2) 压缩冲程。

进气冲程结束时,活塞在曲轴的带动下,从下止点向上止点运动,气缸工作容积逐渐减小,由于进、排气门均关闭,可燃混合气被压缩,至活塞到达上止点时,压缩结束。压缩冲程中,气体压力和温度同时升高,并进一步均匀混合,压缩终了时,气缸内的压力为 0.6~1.2 MPa,温度为 600~800 K。

(3) 做功冲程。

在压缩冲程末,火花塞产生电火花点燃混合气,混合气迅速燃烧,温度、压力迅速升高而膨胀,从而推动活塞从上止点向下止点运动,连杆使曲轴旋转做功,至活塞到达下止点时做功结束。在做功冲程中,开始阶段气缸内气体压力、温度急剧上升,瞬间压力可达 3~5 MPa,瞬时温度可达 2200~2800 K。随着活塞的下行,气缸容积增大,气缸内压力、温度逐渐下降,做功终了时,压力为 0.3~0.5 MPa,温度为 1300~1600 K。

(4) 排气冲程。

在做功冲程终了时,排气门打开,进气门关闭,曲轴通过连杆推动活塞从下止点向上止点运动,废气在自身剩余压力和活塞推动作用下排出气缸。至活塞到达上止点时,排气门关闭,排气结束。排气冲程终了时,由于燃烧室容积的存在,气缸内还存有少量废气,气体压力也因排气系统存在排气阻力而略高于大气压力。此时,压力为 0.105~0.115 MPa,温度为 900~1200 K。

四冲程发动机,活塞在上、下止点间往复移动四个行程(相当于曲轴旋转了两周),完成进气、压缩、做功、排气一个工作循环。四个行程中,只有一个行程做功,造成曲轴转速不均匀,工作振动大。所以在曲轴后端安装了一个质量较大的飞轮,做功时飞轮吸收储存能量,其余三个行程曲轴则依靠飞轮惯性维持转动。四冲程汽油机的工作过程见表1-1。

表1-1 四冲程汽油机工作过程

行程名称	曲轴转角	活塞行向	进气门状态	排气门状态
进气	0°~180°	↓	开	关
压缩	180°~360°	↑	关	关
做功	360°~540°	↓	关	关
排气	540°~720°	↑	关	开

2) 往复活塞式内燃机的常用术语

(1) 工作循环 活塞在气缸内往复运动时,完成了进气、压缩、做功和排气四个工作过程(见图1-14),周而复始地进行这些过程,内燃机才能持续地运转并对外输出功率。每完成一次上述四个过程称为一个工作循环。

(2)上止点 活塞顶距离曲轴旋转中心最远的位置称为上止点。

(3)下止点 活塞顶距离曲轴旋转中心最近的位置称为下止点。

(4)活塞行程 上、下止点间的距离称为活塞行程,用 S 表示。$S=2R$(R 为曲柄半径),即曲轴每转一周,活塞完成两个行程。

(5)曲柄半径 曲轴旋转中心到曲柄销中心之间的距离,用 R 表示。

(6)气缸工作容积 活塞从一个止点移到另一个止点所扫过的容积称为气缸工作容积,用 V_h 表示。

$$V_h = \pi \left(\frac{D}{2}\right)^2 S \times 10^{-6}$$

式中:D——气缸直径(mm);

S——活塞行程(mm)。

(7)发动机排量 多缸发动机所有气缸工作容积的总和称为发动机排量,用 V_L 表示。

$$V_L = V_h i$$

式中:i——气缸数。

(8)压缩比 气缸内气体被压缩的程度,用 ε 表示。

$$\varepsilon = \frac{V_a}{V_c}$$

式中:V_a——气缸总容积(活塞处于下止点时,活塞顶部以上的气缸容积);

V_c——气缸燃烧室容积(活塞处于上止点时,活塞顶部以上的容积)。

现代汽油机压缩比一般为 7~11,如广州本田雅阁 2.4 i-VTEC 发动机压缩比为 9.7,而 3.0V6-VTEC 发动机压缩比则为 10。发动机压缩比也不能过高,否则会导致压缩终了温度和压力过高,汽油机产生爆震燃烧,且热负荷、机械负荷、噪声和振动加大,起动困难。

2. 四冲程柴油机的结构特点与工作原理

结构特点:没有火花塞,喷油器直接安装在气缸顶,向气缸内喷油。

工作原理:进气行程进入气缸的是纯空气,而不是可燃混合气;在压缩行程末,喷油器向气缸喷入高压柴油,由于气缸的高温高压作用,柴油迅速着火燃烧,使气体急剧膨胀,推动活塞做功。其着火方式属于压燃式,而不是汽油机的点燃式。

燃料:柴油,黏度高,不易挥发,自燃点低,不会产生爆燃。为了使柴油可靠着火,提高发动机燃烧热效率,柴油机的压缩比相对汽油机高得多,一般为 16~22,所以其最高燃烧压力也比汽油机的高,工作也比汽油机粗暴。

柴油机与汽油机的比较见表 1-2。

表 1-2 柴油机与汽油机的比较

性能	汽油机	柴油机
着火方式	点燃	压燃
燃油消耗	高	低
热效率	30%左右	40%左右
工作平稳性	柔和	粗暴
发动机转速	高(4000~6000 r/min)	低(2500~3000 r/min)

续表

性　能	汽油机	柴油机
升功率	大	小
起动性	易	难
制造维修成本	低	高
比质量	小	大
使用寿命	短	长
排放	CO、HC 多，NO_x、黑烟少	CO、HC 少，NO_x、黑烟多

注：柴油机的转速也在不断提高，奔驰 V230 轿车柴油机，最高转速可达 6000 r/min。

3．二冲程发动机的结构特点及工作原理

二冲程发动机指活塞在上、下止点间往复移动两个行程（相当于曲轴旋转 360°），完成进气、压缩、做功、排气一个工作循环的发动机。

1）二冲程汽油机工作原理（见图 1-15）

二冲程汽油机没有进、排气门，代之以进、排气孔，由活塞圆柱面控制其开闭。另外还有扫气孔，扫气时曲轴箱和气缸连通。

（1）第一行程（换气-压缩行程）：活塞自下止点向上止点移动，到活塞圆柱面将排气孔和扫气孔都关闭时，开始压缩上一循环吸入气缸内的汽油与空气混合气，同时在活塞下面的曲轴箱内形成真空度（曲轴箱是密封的）。当活塞继续上行时，进气孔打开，新的汽油与空气可燃混合气经进气孔被吸入活塞下方的曲轴箱内。

（2）第二行程（做功-换气行程）：活塞接近上止点时，火花塞点火，点燃被压缩的混合气，高温、高压气体急剧膨胀，推动活塞向下运动，对外做功。当活塞下行关闭进气孔到打开排气孔时，气缸开始排气，同时压缩活塞下方的可燃混合气；活塞继续下行到打开扫气孔时，受到预压的新鲜混合气自扫气孔流入缸内，并扫除废气。

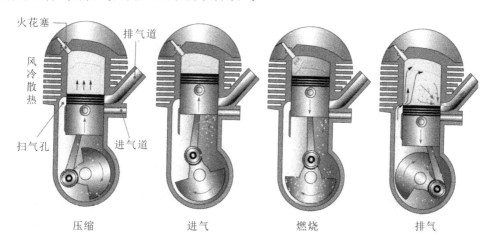

图 1-15　二冲程汽油机工作原理

为了防止新鲜混合气大量与废气混合并排出气缸而造成浪费，活塞顶做成特殊形状，使新鲜混合气的气流被引向上部，同时利用新鲜混合气来扫除废气，使排气更干净。

二冲程与四冲程汽油机的比较见表 1-3。

表 1-3　二冲程与四冲程汽油机的比较

性　　能	二冲程汽油机	四冲程汽油机
结构	简单	复杂
燃油消耗	高	低
升功率	大	小
制造维修成本	低	高
比质量	小	大
起动性	好	差
使用寿命	短	长
排放	大	小

理论上二冲程汽油机比四冲程汽油机的升功率大一倍,但实际上由于排气、换气占去了 1/3 行程,做功行程缩短,实际单位气缸工作容积的升功率只比四冲程汽油机的大 50%～60%。由于排气行程短,废气排不尽,部分新鲜可燃混合气在扫气时随废气外流,造成燃油消耗率高,经济性差,HC 排放增加。同时,由于做功频繁,机械负荷和热负荷大,润滑困难,发动机寿命短。因此,二冲程汽油机在现代汽车上较少应用,而广泛应用于摩托车和微型汽车。

2) 二冲程柴油机工作原理(见图 1-16)

二冲程柴油机在气缸盖上安装有排气门和泵喷嘴,当排气门打开时,排出的废气冲击排气涡轮叶轮使其旋转,并带动离心式风机旋转,将空气加压,增压后的空气经冷却器进入集流箱,再从缸套上的空气进气孔进入气缸。

(1) 第一行程:活塞自下止点向上止点运动,行程开始时,进气孔和排气门均开启,从离心式风机压来的空气使气缸换气。活塞继续向上移动,进气孔被遮盖,排气门也关闭,气缸内的空气受到压缩,压力和温度上升。当活塞接近上止点时,高压燃油从泵喷嘴喷入气缸并着火燃烧,使气缸内压力急剧升高。

(2) 第二冲程:高温高压气体急剧膨胀,推动活塞从上止点向下止点运动,对外做功。活塞接近下止点时,排气门开启,排出的废气冲击涡轮叶轮使其旋转,并带动离心式风机旋转,将空气加压,增压后的空气经冷却器冷却后,再从缸套上的空气进气孔进入气缸,进行换气。

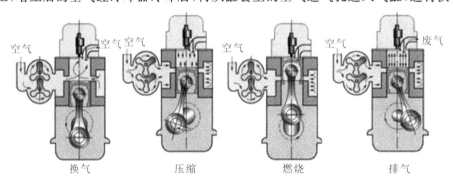

图 1-16　二冲程柴油机工作原理

二冲程柴油机的工作过程与二冲程汽油机工作过程的不同之处是,进入柴油机气缸的是纯空气,而不是可燃混合气,而且空气进入气缸前先经过增压,所以二冲程柴油机比二冲程汽油机的经济性好。日本雅马哈发动机公司于1999年3月开发出了100 km只燃用3 L柴油的车用二冲程SD型柴油机。美国GM公司生产的710G3B型二冲程柴油机功率达3060 kW,燃油消耗率仅196.4 g/(kW·h)。二冲程柴油机主要应用于内燃机车、低速船用柴油机上。

1.1.3 发动机性能指标

发动机的性能指标用来表征发动机的性能特点,并作为评价各类发动机性能优劣的依据。发动机的性能指标主要有:动力性指标、经济性指标、环境指标、可靠性和耐久性指标。

1. 动力性指标

1) 有效转矩

发动机对外输出的转矩称为有效转矩,以 T_e 表示,单位为 N·m。发动机工作时,有效转矩与外界施加于发动机曲轴上的阻力矩相平衡,如图1-17所示。可以用发动机台架试验方法测得有效转矩。

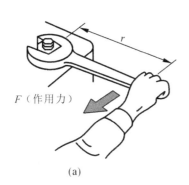
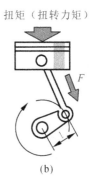

图1-17 发动机转矩示意图

2) 平均有效压力

平均有效压力指单位气缸工作容积所输出的有效功,以 P_{me} 表示,单位为 kPa。平均有效压力越大,动力性能越好。

3) 发动机转速

发动机曲轴每分钟的回转数称为发动机转速,用 n 表示,单位为 r/min。

4) 有效功率

发动机通过飞轮对外输出的功率称为有效功率,用 P_e 表示。它等于有效转矩与曲轴角速度的乘积。

$$P_e = T_e \frac{2\pi n}{60} \times 10^{-3} = \frac{T_e n}{9550} \quad (\text{kW})$$

式中:T_e——有效转矩(N·m);

n——曲轴转速(r/min)。

有效功率也可以由下式计算:

$$P_e = \frac{P_{me}V_h ni}{30\tau} \quad (\text{kW})$$

式中：P_{me}——平均有效压力(kPa)；

V_h——气缸工作容积(m^3)；

n——曲轴转速(r/min)；

i——气缸数；

τ——冲程系数，二冲程 $\tau=1$，四冲程 $\tau=2$。

有效功率可以利用测功机在发动机试验台架上测出，如图 1-18 所示。实际测量时一般直接测量发动机在某一转速下的输出转矩和相应的转速，然后通过计算得到输出功率。

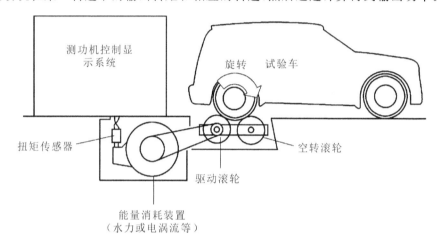

图 1-18　发动机测功试验台

发动机制造厂按国家规定标定的有效功率，称为标定功率，发动机铭牌上标明的功率就是标定功率。标定功率下的发动机转速称标定转速。

标定功率是根据发动机用途、使用特点以及连续运转时间来确定的，各个国家有所不同。我国内燃机功率标定分四级（见表 1-4）。

表 1-4　我国内燃机功率标定

分　级	含　义	应　用
15 min 功率	在标准环境条件下，内燃机能连续稳定运转 15 min 时的最大有效功率	汽车等
1 h 功率	在标准环境条件下，内燃机能连续稳定运转 1 h 时的最大有效功率	工程机械、拖拉机等
12 h 功率	在标准环境条件下，内燃机能连续稳定运转 12 h 时的最大有效功率	部分拖拉机和电站等
持续功率	在标准环境条件下，内燃机能长期连续稳定运转的最大有效功率	铁路机车、船舶和发电机组等

5）速度特性

根据不同转速下发动机动力性和经济性的变化规律，确定发动机的最大功率、最大转矩和最小燃料消耗率时的转速，从而确定发动机在不同行驶工况下应处于的最有利转速范围，此即为速度特性。有效转矩 T_e、有效功率 P_e、燃料消耗率 g_e 随 n 变化的关系曲线，称为速度曲线。节气门全开的速度曲线称为外特性曲线，如图 1-19 和图 1-20 所示。

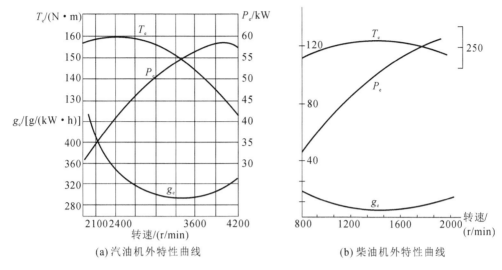

(a) 汽油机外特性曲线　　(b) 柴油机外特性曲线

图 1-19　发动机外特性曲线

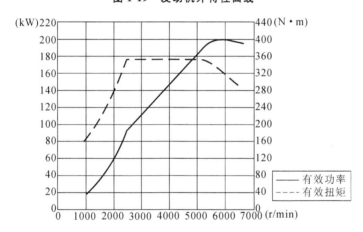

图 1-20　奥迪 2.0TFSI 发动机外特性曲线

6）升功率

升功率是指在标定工况下，发动机每升气缸工作容积所发出的有效功率。升功率是从发动机有效功率的角度对其气缸工作容积的利用率作出总的评价，它与平均有效压力和转速的乘积成正比。升功率越大，发动机的强化程度越高，发出一定有效功率的发动机尺寸越小。升功率是评定发动机动力性能和强化程度的重要指标之一。

2．经济性指标

1）燃油消耗率

发动机每发出 1 kW 有效功率，在 1 h 内所消耗的燃油质量（以 g 为单位），称为燃油消耗率，用 g_e 表示，可按下式计算。

$$g_e = \frac{B}{P_e} \times 10^3 \quad \text{g/(kW·h)}$$

式中：B——发动机每小时消耗的燃油质量(kg/h)；

P_e——发动机的有效功率(kW)。

2) 有效热效率

燃料中所含的热量转变为有效功的比例称为有效热效率，用 η_e 表示。

$$\eta_e = \frac{W_e}{Q_1}$$

式中：W_e——发动机有效功(kJ)；

Q_1——燃料中所含的热量(kJ)。

当测得发动机有效功率 P_e 和每小时消耗的燃油质量 B 时，则

$$\eta_e = \frac{3.6 \times 10^3 P_e}{B H u}$$

或

$$\eta_e = \frac{3.6 \times 10^6}{g_e H u}$$

式中：Hu——燃料低热值(kJ/kg)。

现代汽车汽油机的 η_e 值一般为 0.30 左右，柴油机为 0.40 左右。发动机热效率消耗分布如图 1-21 所示。

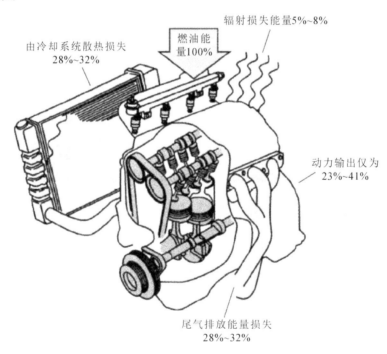

图 1-21 发动机热效率消耗分布

3. 环境指标

发动机的环境指标主要指排放指标、噪声、起动性能等。

1) 排放指标

发动机的排气中含有多种对人体有害的物质，主要有一氧化碳(CO)、碳氢化合物(HC)、氮氧化物(NO_x)、二氧化硫(SO_2)、醛类和微粒(含碳烟)等。其主要危害见表 1-5。

表 1-5 发动机主要有害排放及其危害

有害排放	有害物特征	危害
CO	无色、无臭、有毒气体	使人出现恶心、头晕、疲劳等缺氧症状,严重时窒息死亡
NO_2	赤褐色刺激性的气体	伤害心、肝、肾,与光化学反应形成臭氧和醛等
HC	刺激性的气体	破坏造血机能,造成贫血、神经衰弱,降低肺对传染病的抵抗力。与光化学反应形成臭氧和醛等
光化学烟雾	HC 与 NO_x 在阳光作用下所形成的烟雾,有刺激性	降低大气可见度,伤害眼睛、咽喉,影响植物生长
醛类	较强的刺激性臭味	伤害眼睛、上呼吸道、中枢神经
微粒	碳烟等	伤害肺组织
SO_2	无色、刺激性气体	刺激鼻喉,引起咳嗽、胸闷、支气管炎等

目前世界汽车保有量 6.6 亿辆,每年排向大气中的有害物质高达 7 亿多吨,严重污染了大气,已形成公害。为此,各国都制定了相应的汽车排放标准,如美国加州汽车排放法规,它是目前世界上最严的标准,规定 2004 年后生产的汽油轿车排放必须满足表 1-6 所示的低排放要求。

表 1-6 美国加州汽车排放法规(2004 年实施的标准)

排 放 物		NMOG	CO	NO_x	甲醛
要 求	g/mile	0.075	3.4	0.05	0.0145
	(g/km)	(0.047)	(2.11)	(0.03)	(0.009)

注:① 用"非甲烷有机气体"NMOG 替代了传统的碳氢化合物 HC,因为排气中的组合物会随燃料的改变而改变,而 NMOG 的不同组成物对环境的影响不同,给予不同的加权后再叠加。
② 表中指标测试耐久性要求为 50000 mile。

我国排放标准参照欧洲法规体系,2000 年开始执行 EU I 标准,2003 年开始执行 EU II 标准。

2) 噪声

噪声是发动机工作时发出的一种声强和频率无一定规律的声音,主要有燃烧噪声和机械噪声。它不仅损害人的听觉器官,还伤害神经系统、心血管系统、消化系统和内分泌系统,容易使人性情烦躁,反应迟钝,甚至耳聋,诱发高血压和神经系统的疾病。汽车是城市主要噪声源之一,发动机又是汽车的主要噪声源,应该给予控制。我国的噪声标准中规定,小型水冷汽油机噪声不大于 110 dB(A),轿车的噪声不大于 82 dB(A)。

3) 起动性能

起动性能是表征发动机起动难易的指标。发动机起动性能好,便于汽车起步行驶,同时减少了起动时的功率消耗和发动机的磨损。

起动性能一般以一定条件下的起动时间长短来衡量。我国标准规定,不采用特殊的低温起动措施,汽油机应能在-10 ℃、柴油机应能在-5 ℃以下的气温条件下起动,能在 15 s 以内达到自行运转。

4. 可靠性与耐久性指标

可靠性与耐久性也是汽车发动机使用中的两个重要指标。

1) 可靠性

可靠性是指发动机在规定的运转条件下,具有持续工作,不致因为故障而影响正常运转的能力。一般以保证期内的不停车故障数、停车故障数、更换主要零件和重要零件数等具体指标来衡量。按照汽车发动机可靠性试验方法的规定,我国汽车发动机应能在标定工况下连续运行 300~1000 h。

2) 耐久性

耐久性是指发动机在规定的运转条件下,长期工作而不大修的性能。一般以发动机从开始使用到第一次大修前累计运转的时间表示。

上述发动机的动力性指标、经济性指标、环境指标、可靠性和耐久性指标,对不同用途的发动机要求是不同的。各项指标之间既相互联系又相互制约,往往为了降低排气污染,而不得不牺牲发动机的动力性和经济性指标。

1.1.4 发动机名称及型号编制规则

1. 内燃机分类

内燃机种类繁多,根据不同特点有不同分类,如表 1-7 所示。

表 1-7 内燃机的分类

分类方法	类别	含义
按冲程数分	二冲程内燃机	活塞经过两个行程完成一个工作循环的内燃机
	四冲程内燃机	活塞经过四个行程完成一个工作循环的内燃机
按着火方式分	点燃式内燃机	压缩气缸内是可燃混合气,并用外源点火燃烧的内燃机
	压燃式内燃机	压缩气缸内的空气或可燃混合气,压缩终了时产生高温,引起燃料着火的内燃机
按使用燃料种类分	液体燃料内燃机	燃烧液体燃料(汽油、柴油、醇类等)的内燃机
	气体燃料内燃机	燃烧气体燃料(液化石油气、天然气等)的内燃机
	多种燃料内燃机	能够使用着火性能差异较大的两种或两种以上燃料的内燃机
按进气状态分	非增压式内燃机	进入气缸前的空气或可燃混合气未经压缩的内燃机。四冲程内燃机亦称自吸式内燃机
	增压式内燃机	进入气缸前的空气或可燃混合气先经过压气机压缩,借以增大气体充量密度的内燃机
按冷却方式分	水冷式内燃机	用水冷却气缸和气缸盖等零件的内燃机
	风冷式内燃机	用空气冷却气缸和气缸盖等零件的内燃机

续表

分类方法	类别	含义
按气缸数及布置形式分	单缸内燃机	只有一个气缸的内燃机
	多缸内燃机	具有两个或两个以上气缸的内燃机
	立式内燃机	气缸布置于曲轴上方且气缸中心线垂直于水平面的内燃机
	卧式内燃机	气缸中心线平行于水平面的内燃机
	直列式内燃机	具有两个或两个以上直立气缸,并呈一列布置的内燃机
	V形内燃机	具有两个或两列气缸,其中心线夹角呈V形,并共用一根曲轴输出功率的内燃机(见图1-4)
	对置气缸式内燃机	两个或两列气缸分别排列在同一曲轴的两边呈180°夹角的内燃机(见图1-4)
	斜置式内燃机	气缸中心线与水平面呈一定角度(不是直角)的内燃机
按用途分类	汽车用内燃机、机车用内燃机、拖拉机用内燃机、船用内燃机、坦克用内燃机、摩托车用内燃机、发电用内燃机、农用内燃机、工程机械用内燃机等	

2. 发动机产品名称和型号编制规则

国内发动机型号编制通常按照现行国家标准 GB/T 725—2008《内燃机产品名称和型号编制规则》来执行,该标准的主要内容如下。

1) 名称

发动机产品名称均按所采用的主要燃料命名,例如柴油机、汽油机、煤气机、沼气机、双(多种)燃料发动机等。

2) 型号编制

发动机型号由阿拉伯数字和汉语拼音字母或国际通用的英文缩略字母组成。发动机型号包括以下四部分,如图1-22所示。

(1) 首部:产品系列符号和换代标志符号,由制造厂根据需要自选相应字母表示,但需主管部门或主管标准化机构核准。

(2) 中部:由缸数符号、气缸排列形式符号、行程符号和缸径符号组成。

(3) 后部:结构特征符号和用途特征符号,以字母表示。

(4) 尾部:区分符号。同一系列产品因改进等原因需要区分时,由制造厂选用适当的符号表示。

3) 型号编制示例

柴油机:

165F——单缸,四冲程,缸径65 mm,风冷。

R175——单缸,四冲程,缸径75 mm,水冷,通用型(这里R表示175的换代标志符号)。

R175ND——单缸,四冲程,缸径75 mm,凝气冷却,发电机组用(R含义同上)。

X4105——四缸,四冲程,缸径105 mm,水冷(这里X表示系列代号)。

495T——四缸,四冲程,缸径95 mm,水冷,拖拉机用。

12V135ZG——12缸,V形,四冲程,缸径135 mm,水冷,增压,工程机械用。

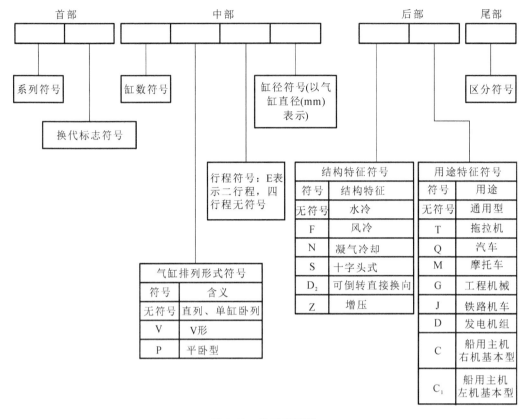

图 1-22 发动机型号

6E135C——6 缸,二冲程,缸径 135 mm,水冷,船用(或右机)。

汽油机:

1E65F——单缸,二冲程,缸径 65 mm,风冷,通用型。

6100Q——六缸,四冲程,缸径 100 mm,水冷,汽车用。

任务 1.2　气缸压缩压力的检测

气缸压缩压力是指四冲程发动机压缩终了时气缸内的压力。气缸压力与机油黏度、气缸活塞组配合情况、配气机构调整的正确性和气缸垫的密封性等因素有关。所以,测量发动机气缸的压力,可以诊断气缸、活塞组的密封情况,以及活塞环、气门、气缸垫密封性是否良好和气门间隙是否适当等。

1.测量工具

气缸压力表是一种气体压力表,由表头、导管、单向阀和接头等组成,如图 1-23 所示。接头有两种形式。一种为螺纹接头,可以拧紧在火花塞上或喷油器螺纹孔中;另一种为锥形或阶梯形的橡胶接头,可以压紧在火花塞或喷油器的孔上,接头通过导管与压力表相通。导管也有两种,一种为软导管——用于螺纹管接头与压力表的连接;一种为金属硬导管——用于橡胶接头与表头的连接。

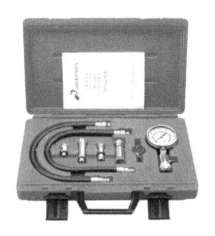

图 1-23 气缸压力表

2. 测量气缸压力

1) 气缸压力下降的现象

发动机气缸压力下降会使起动困难,动力不足,运转不稳定,油耗增加。有时还会出现化油器回火,排气管放炮,曲轴箱通风口冒黑烟及烧机油等现象。

2) 气缸压力下降的原因

(1) 气缸垫损坏,缸盖螺栓松动或缸盖变形。

(2) 气门间隙调整过小或气门与气门座密封不严。

(3) 活塞环损坏,弹力不足或环口重叠。

(4) 气缸壁磨损过甚或缸壁拉伤。

3) 检测气缸压力的方法及步骤

气缸压力一般使用气缸压力表进行检测,其检测步骤如下。

(1) 测试前车辆准备,如图 1-24 所示。

① 车辆正确摆放,做好车辆防护,如图 1-25 所示。

图 1-24 车辆准备　　　　　　　图 1-25 车辆防护

② 蓄电池电量必须充足,如图 1-26 所示。

③ 确认起动机性能正常,如图 1-27 所示。

图 1-26 测量蓄电池电压

图 1-27 检查起动机性能

④ 运转发动机，预热发动机至正常温度（75～85 ℃）后熄火，如图 1-28 所示。

⑤ 中止点火系统。

⑥ 中止燃油喷射系统，如图 1-29 所示。

图 1-28 发动机水温表显示

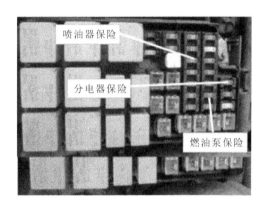

图 1-29 中止点火和燃油喷射系统

（2）拆卸火花塞，如图 1-30 所示。

① 拆卸发动机装饰盖，吹净火花塞（或喷油嘴）外部尘土，拆卸全部火花塞（或喷油嘴），并将节气门和阻风门完全打开。

② 使发动机空转几圈，排除气缸内废气。

图 1-30 拆卸火花塞

图 1-31 安装气缸压力表

(3) 压力测试的步骤。

① 将压力表归零并牢固地安装在火花塞孔上，如图1-31所示。

② 起动发动机，踩下加速踏板让节气门完全打开，使被测气缸至少运转4个压缩冲程，如图1-32所示。测量时发动机的转速：汽油机应达到150～180 r/min，柴油机不低于500 r/min。

③ 从压力表上读取并记录气缸的压力数值，按下卸压阀，让指针归零。断开压力表，检查其他各缸压力。记下压力表所示数值，每缸测量两次以上，然后依次检测其余各缸（见图1-33）。

④ 按与拆卸相反顺序装复所拆部件。

图1-32 运转发动机

图1-33 测量缸压力

4）压力表的认读和使用

压力表由表头、测杆、锥形橡皮头、回位按钮等部件组成，表头的刻度单位有 kgf/cm², kPa 和 MPa 三种。现在广泛使用的压力表的单位为 MPa。一般压力表的测量范围为 0～1.4 MPa。测量时，表针指示的刻度数值即为该缸的气压值。注意在每次测量之前要按动回位按钮，使表针指向零位。

5）气缸压力的标准数值

国家标准规定：在用汽车发动机各气缸压力应不小于原设计标准的85%；每缸压力与各缸平均压力差汽油机应不大于8%，柴油机应不大于10%。

6）检测缸压注意事项

（1）不能在冷车时测缸压。由于温度和大气压等因素的影响，只有在发动机达到正常的工作温度时测得的缸压才具有实质性的参考价值。

（2）对于电喷车，在测试中必须拆下燃油泵保险或其他继电器、保险再测量，否则会导致"淹缸"及缸压偏低的情况。

（3）测试过程中，必须将节气门、阻风门全部打开，否则燃烧室内进气量不足，会导致缸压偏低。

（4）由于缸压测量具有一定的偶然性，只测一次往往不准确，只有经过2～3次测试然后取其平均值，测试结果才有效。

（5）测试中起动机运转时间不能过长或过短。时间过长会过多消耗电能和损害起动机，过短则达不到测试标准。

3. 结果分析

测得的结果如高于原设计规定，可能是燃烧室积炭过多、气缸衬垫过薄或缸体与缸盖结合平面加工过甚造成的。测得的结果如低于原设计规定,可向该缸火花塞或喷油器孔内注入适量机油,然后用气缸压力表重测气缸压力并记录。

(1) 如果第二次测出的压力比第一次的高,说明气缸、活塞环、活塞磨损过大或活塞环对口、卡死、断裂及缸壁拉伤等原因造成气缸密封不严。

(2) 如果第二次测出的压力与第一次相近,说明进、排气门或气缸衬垫密封不严。

(3) 如果两次检测某相邻两缸压力均较低,说明两缸相邻处的气缸衬垫烧损窜气。

任务实施

1. 工具和设备准备

(1) 工具:通用工具若干套,世达套筒扳手、火花塞专用工具、气缸压力表等。

(2) 设备:实训车辆或发动机台架、工具车。

2. 实施过程

1) 车辆信息

车型		生产年份		制造商	
车辆识别码			发动机型号		
故 障 描 述					

2) 计划

根据故障现象和任务要求,确定所需要的技术资料、检测仪器、工具,并对小组成员进行合理分工,制订详细的实施计划。

(1) 技术资料:

(2) 本次任务需要的仪器及工具:

仪器及工具名称	型号	使用注意事项

项目1　发动机认识及性能检测

（3）本次任务安全注意事项：

（4）小组成员及分工：

小组名称		组长	
小组成员姓名	分配任务内容	备注	

3）实施

（1）发动机气缸压力的测试方法：

（2）气缸压力检测结果：

气缸编号	1#	2#	3#	4#
测量时发动机转速				
第一次测量值				
第二次测量值				
确认值				

视情况对有问题的气缸进行湿式缸压测试：

视情况对有问题的气缸进行动态缸压测试：

4）检查与评估

姓名		工位号		日期	
标准时间		开始时间		完成时间	
序号	项目	标准分	评分标准		得分
1	工具、仪器的准备	10分	（1）工具、仪器选错或少选扣2分		
			（2）工具丢失或恶意损坏扣10分		
			（3）任务结束工具整理，视情况扣1～5分		
2	测试前车辆准备	20分			
3	拆卸火花塞	20分	方法和步骤正确		
4	气缸压力测试	40分	方法和步骤正确		
5	安全操作、团队合作	10分	操作过程安全规范，无人员闲置		
6	总分	100分			

课后练习

1.填空题

（1）往复活塞式点燃发动机一般由_____、_____、_____、_____、_____、_____和_____组成。

（2）四冲程发动机曲轴转两周，活塞在气缸里往复运行_____次,进、排气门各开闭_____次,气缸里热能转化为机械能_____次。

（3）一般而言,相对于汽油机,柴油机的压缩比较_____（大、小）；经济性比较_____（好、差）。

2.名词解释

（1）上止点和下止点

（2）压缩比

（3）活塞行程

（4）发动机排量

（5）发动机工况

3.简答题

（1）简述四冲程汽油机工作过程。

（2）四冲程汽油机和四冲程柴油机在总体结构上有哪些相同点和不同点？

（3）柴油机与汽油机在可燃混合气形成方式和点火方式上有何不同？它们所用的压缩比为何不一样？

课后拓展

通过在线开放课程学习,启发学生的逻辑思维,方便引出后续教学环节。

● 请学生查阅相关资料,回答:为什么有的车加92#汽油,有的加95#汽油？这是由哪些因素影响的？

- 请学生查阅相关资料，回答：汽油机和柴油机的特点是什么？能作解释吗？譬如结合压缩比的概念，试着回答以下问题：柴油机为什么不需要点火系统（回答此题还需要查阅柴油的性质）？相对于汽油机，柴油机为什么易产生碳烟？等等。
- 怎样才能解决单缸四冲程发动机转速不均匀、工作不平稳、振动大的问题？

项目 2　曲柄连杆机构检修

项目导入

(1) 车型:捷达,AMG 发动机,手动,行驶里程 30 万千米,出厂时间 2010 年 6 月。

(2) 故障现象:客户将车开来时,发动机噪声很大,排气管排出大量呛人的烟雾;打开发动机舱盖,发现发动机运转不稳。客户描述此车是一个月前购买的低价二手车,卖者告知必须彻底修理才能正常驾驶。

学习目标

(1) 了解曲柄连杆机构的功用及零部件的组成;

(2) 了解曲柄连杆机构各组成部分的测量方法;

(3) 能够使用工具按照正确的操作方法对曲柄连杆机构进行拆装和清洗;

(4) 能够使用相关量具对曲柄连杆机构各零部件进行测量;

(5) 能够遵守操作规范,遵守劳动纪律和环保法规;

(6) 能够用资料说明、核查、评价自身的工作成果。

课前活动

通过网络学习平台自学,或扫描二维码完成下列学习任务。

(1) 知识点学习。

① 学习内容:发动机曲柄连杆机构。

② 学习资源:发动机曲柄连杆机构电子教案、电子教材、电子挂图、教学视频。

③ 在线作业:完成在线作业,准确率达 80% 以上。

(2) 自学学习评价。

知识/技能点	学习完成情况	作业完成情况	在线测试分数
2.1.1			
2.1.2			
2.1.3			
2.1.4			
2.1.5			
2.2.1			
2.2.2			
2.2.3			
2.2.4			
2.3.1			

续表

知识/技能点	学习完成情况	作业完成情况	在线测试分数
2.3.2			
2.3.3			
任务 2.4			

学习记录：

任务 2.1 机体组检修

2.1.1 机体组的结构和组成

曲柄连杆机构主要由机体组、活塞连杆组和曲轴飞轮组三部分组成，如图 2-1 所示。从发动机的工作原理可知，在发动机做功时，气缸内的最高温度达 2500 K 以上，最高压力达 5～9 MPa，最高转速达 6000 r/min 以上，活塞每秒钟要运行 100～200 个行程。此外，与可燃混合气和燃烧废气接触的零件(如气缸、气缸盖、活塞组等)还将受到化学腐蚀。因此，曲柄连杆机构是在高温、高压、高速和受到化学腐蚀的恶劣工作条件下工作的。

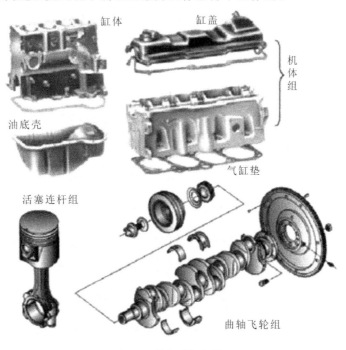

图 2-1 曲柄连杆机构

1. 机体组的组成

机体组是发动机的重要组成部分,是发动机各机构和各系统的安装基础,机体组内、外安装着发动机的所有主要零件和附件,承受各种载荷,因此,机体组必须要有足够的强度和刚度。机体组主要由气缸体、曲轴箱、气缸盖、气缸垫和油底壳等零件组成,如图2-2所示。

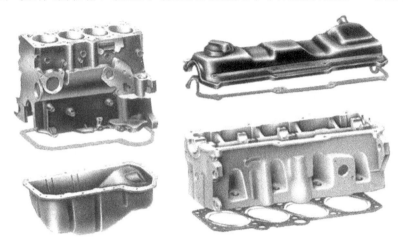

图2-2 机体组的组成

1) 气缸体

水冷发动机的气缸体和上曲轴箱常铸成一体,称为气缸体或曲轴箱。按照气缸体的制造材料,可将气缸体分为铸铁气缸体和铝合金气缸体。铝合金气缸体具有散热好、质量小等优点,被现代轿车发动机广泛采用。气缸体上部的圆柱形空腔为气缸,气缸是活塞在其内部做往复运动的圆筒状零件。气缸体下半部为支承曲轴的曲轴箱,其内腔为曲轴运动的空间。在气缸体内部铸有许多加强筋、冷却水套和润滑油道等。

气缸体应具有良好的刚性(不易变形和弯曲),即足够的强度和刚度;噪声、振动小;良好的冷却性能,即输出功率高时热传导性好;良好的耐磨性能,即活塞在高速运动的状态下也不会磨损。气缸体如图2-3所示。

图2-3 气缸体

根据气缸体与油底壳安装平面的位置不同,通常把气缸体分为一般式气缸体、龙门式气缸体和隧道式气缸体三种形式,如图 2-4 所示。

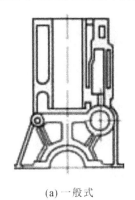 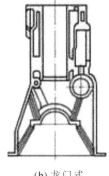 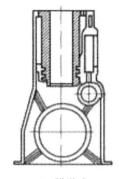

(a) 一般式　　　　　　　　　(b) 龙门式　　　　　　　　　(c) 隧道式

图 2-4　气缸体的三种形式

2) 曲轴箱

气缸体下部用来安装曲轴的部位称为曲轴箱,曲轴箱分上曲轴箱和下曲轴箱两种。上曲轴箱常与气缸体铸成一体,下曲轴箱用来储存机油,并封闭上曲轴箱,故又称为油底壳(见图 2-5)。油底壳受力很小,一般采用薄钢板冲压而成,其形状取决于发动机的总体布置和机油的容量。油底壳内装有稳油挡板,以防止汽车颠动时油面波动过大。油底壳底部还装有放油螺塞,通常放油螺塞上装有永久磁铁,以吸附机油中的金属屑,减少发动机的磨损,有些车型还装有油位传感器。在上下曲轴箱接合面之间装有衬垫,防止机油泄漏。

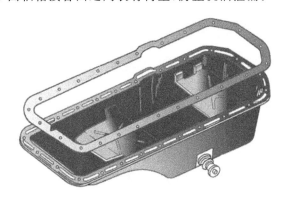

图 2-5　油底壳

3) 气缸盖及燃烧室

(1) 气缸盖。

气缸盖承受气体压力和紧固气缸盖螺栓所造成的预紧力,同时还因与高温燃气接触而承受很高的热负荷。为了保证气缸的良好密封性,气缸盖既不能损坏,也不能变形。为了使气缸盖的温度分布尽可能地均匀,避免进、排气门座之间发生变形,应对气缸盖进行良好的冷却。气缸盖一般采用铝合金制造,铝合金的导热性好,有利于提高压缩比,所以近年来铝合金气缸盖被广泛采用。气缸盖的下平面用于密封气缸和构成燃烧室,气缸盖的上部空间用于安装凸轮轴。为防止凸轮溅起机油,在凸轮轴上面设有机油反射罩。整个气缸盖上面装有气缸盖罩。

气缸盖是结构复杂的箱形零件。其上有气门导管孔、进排气门座孔、火花塞安装孔(汽油机)或预热塞安装孔(柴油机)。在气缸盖内还铸造有水套、进排气道和燃烧室或燃烧室的一部分。气缸盖上还有凸轮轴轴承孔或凸轮轴轴承座及润滑油道,如图 2-6 所示。

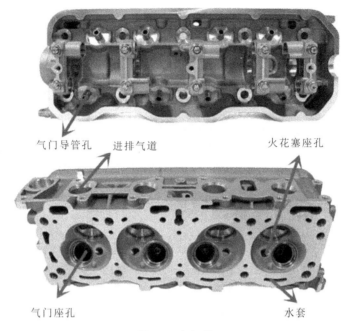

图 2-6 气缸盖

(2) 燃烧室。

气缸盖是燃烧室的组成部分,燃烧室的形状对发动机的工作影响很大。由于汽油机和柴油机的燃烧方式不同,因此其气缸盖上组成燃烧室的部分差别较大。汽油机的燃烧室主要在气缸盖上,而柴油机的燃烧室主要在活塞顶部的凹坑上。燃烧室常见的三种形式如图 2-7 所示。

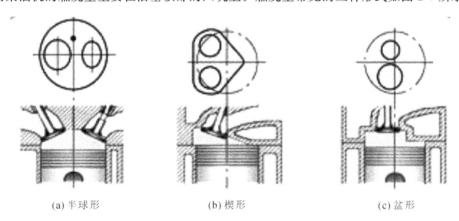

(a) 半球形　　　　　　(b) 楔形　　　　　　(c) 盆形

图 2-7 燃烧室的三种形式

4) 气缸垫

气缸垫采用三层钢板制作,缸孔处使用马口铁包边,同时又加上了金属丝环,如图 2-8 所示。在推杆孔、水孔周围有特殊涂层,以加强密封性。

气缸垫装在气缸盖和气缸体之间,其功用是保证气缸盖与气缸体接触面的密封性,防止漏气、漏水和漏油。气缸垫的材料要在具备足够的强度的前提下兼具一定的弹性,以便补偿结合面的不平度;同时要有好的耐热性和耐压性,在高温高压下不烧损、不变形。

图 2-8 气缸垫

安装气缸垫时,首先要检查气缸垫的质量和完好程度,注意气缸垫的方向,所有气缸垫上的孔要和气缸体上的孔对齐。其次要严格按照说明书上的要求装好气缸盖螺栓。拧紧气缸盖螺栓时,必须由中央对称地向四周扩展的顺序分 2~3 次进行,最后一次拧紧到规定的力矩。

2.1.2 气缸体平面度的测量

1. 测量工具

刀口尺(见图 2-9)主要用于以光隙法进行直线度测量和平面度测量,也可与量块一起检验平面精度。它具有结构简单、质量小、不生锈、操作方便、测量效率高等优点,是机械加工常用的测量工具。刀口尺的精度一般比较高,直线度误差控制在 1 μm 左右。

图 2-9 刀口尺　　　　　　　**图 2-10 塞尺**

塞尺(见图 2-10)是由一组具有不同厚度级差的薄钢片组成的量规,亦称厚薄规。塞尺用于测量间隙尺寸。在检验被测尺寸是否合格时,可以用此法判断,也可由检验者根据塞尺与被测表面配合的松紧程度来判断。塞尺一般用不锈钢制造,最薄的为 0.02 mm,最厚的为 3 mm。在 0.02~0.1 mm 间,各钢片厚度级差为 0.01 mm;在 0.1~1 mm 间,各钢片的厚度级差一般为 0.05 mm;在 1 mm 以上,钢片的厚度级差为 1 mm。使用塞尺前必须先清除塞尺和工件上的污垢与灰尘。使用时可用一片或数片重叠插入间隙,以稍感拖滞为宜。测量时动作要轻,不允许硬插,也不允许测量温度较高的工件。

2. 气缸体平面度的测量

发动机在运行或拆装过程中,各种不正常的因素会导致气缸体的平面发生翘曲。当气缸体平面变形大于技术要求时有可能出现漏气,使发动机无法正常工作。在测量气缸体平面度的时候,测量面为气缸体的上平面。为便于测量,测量前需要将气缸体的上平面水平向上,并清洁气缸体被测量平面。测量方法和位置如图2-11、图2-12所示。

在检测气缸体平面度时,需用一只手将刀口尺倾斜一定角度靠近气缸体上平面,另一只手用塞尺的测量片向刀口尺和气缸体上平面的缝隙中试插,注意观察刀口尺与被检测平面之间是否有间隙,根据间隙的大小放入合适厚度的塞尺,要求塞尺与平面之间存在轻微摩擦,从而确定该处的间隙。每一个检测位置至少选择5处进行检测。

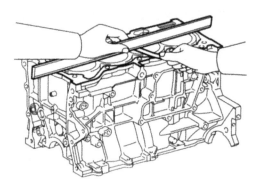

图2-11 测量气缸体平面度　　　　图2-12 气缸体平面变形检测位置

3. 结果分析

6个检测位置的所有测量点都合格,才可判断气缸体平面度符合技术要求。当检测的气缸体平面度不符合技术要求时,需要更换气缸体,具体标准数值请参考发动机对应的维修手册。

任务实施

1. 工具和设备准备

(1) 工具:刀口尺、塞尺、维修手册、抹布等。

(2) 设备:发动机台架、工具车。

2. 实施过程

1) 车辆信息

车型		生产年份		制造商	
车辆识别码			发动机型号		
故障描述					

2) 计划

根据故障现象和任务要求,确定所需要的技术资料、检测仪器、工具,并对小组成员进行合理分工,制订详细的实施计划。

(1) 技术资料:

(2) 本次任务需要的仪器及工具:

仪器及工具名称	型号	使用注意事项

(3) 本次任务安全注意事项:

(4) 小组成员及分工:

小组名称		组长	
小组成员姓名	分配任务内容	备注	

3) 实施

(1) 检测气缸体平面度的方法:

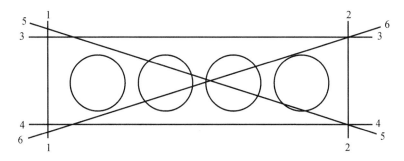

(2) 气缸体平面度检查结果：

	检测气缸体宽度方向（位置1）	检测气缸体宽度方向（位置2）	检测气缸体长度方向（位置3）	检测气缸体长度方向（位置4）	检测气缸体对角方向（位置5）	检测气缸体对角方向（位置6）
测量值						
评价	合 格□ 不合格□	合 格□ 不合格□	合 格□ 不合格□	合 格□ 不合格□	合 格□ 不合格□	合 格□ 不合格□
最终结论	合 格□			不合格□		

4）检查与评估

姓名		工位号		日期	
标准时间		开始时间		完成时间	
序号	项目	标准分	评分标准		得分
1	工具、仪器的准备	10分	(1) 工具、仪器选错或少选扣2分 (2) 工具丢失或恶意损坏扣10分 (3) 任务结束工具整理，视情况扣1~5分		
2	测量前准备，清洁气缸体上平面、刀口尺、塞尺等	5分	要清洁干净，避免存在油污或异物		
3	检测宽度方向（位置1）	10分	倾斜刀口尺紧贴于气缸体表面，测量点不少于5个，记录要及时准确		
4	检测宽度方向（位置2）	10分			
5	检测长度方向（位置3）	10分			
6	检测长度方向（位置4）	10分			
7	检测对角方向（位置5）	10分			
8	检测对角方向（位置6）	10分			
9	整理现场	5分	符合现场5S标准		
10	评价	10分	所有测量点合格，才可判断合格		
11	安全操作、团队合作	10分	操作过程安全规范，无人员闲置		
12	总分	100分			

2.1.3 气缸磨损的检测

1. 测量工具

量缸表亦称为内径百分表,是将测头的直线位移变为指针的角位移的计量器具,如图 2-13(a)所示。量缸表用比较测量法完成测量,主要用于不同孔径的尺寸及其形状误差的测量。

外径千分尺也叫螺旋测微器,如图 2-13(b)所示。它是比游标卡尺更精密的长度测量仪器,精度有 0.01 mm、0.02 mm、0.05 mm 几种,加上估读的 1 位,可读取到小数点后第 3 位(千分位),故称千分尺。

游标卡尺是一种测量长度、内外径、深度的量具,如图 2-13(c)所示。游标卡尺由主尺和附在主尺上能滑动的游标两部分构成。深度尺与游标尺连在一起,可以测槽和筒的深度。游标卡尺的主尺和游标上设有两副活动量爪,分别是内测量爪和外测量爪,内测量爪通常用来测量内径,外测量爪通常用来测量长度和外径。

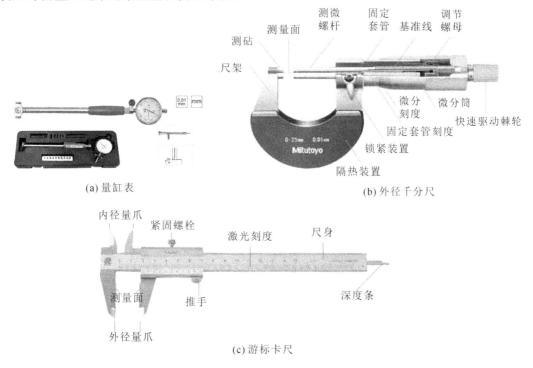

图 2-13 测量工具

2. 气缸磨损的检测

1)气缸磨损的现象

气缸磨损会导致发动机烧机油,动力下降,严重磨损还会导致缸内活塞抱死,车辆无法起动。

2)气缸磨损的类型

气缸磨损的类型主要有润滑不良造成的磨损、酸性物质造成的腐蚀、高压造成的机械磨损及磨料磨损。

3）气缸磨损的检测方法和步骤

以大众柴油发动机 AMG 为例,检测方法和步骤如下。

(1) 清洁气缸体各气缸表面,检查气缸表面是否有刮痕和拉伤。

(2) 清洁、检查和校准游标卡尺、外径千分尺、量缸表等量具。

(3) 用游标卡尺测量气缸上口直径,确定气缸修理级别。

(4) 将外径千分尺装入支架,调整外径千分尺至气缸标准直径 81.01 mm 并锁紧。

(5) 根据气缸标准直径,在外径千分尺上校正量缸表,如图 2-14 所示。

① 根据气缸标准尺寸,选择合适的固定测量杆,并装入量缸表下端。

② 将百分表装入量缸表杆上端,并使其小指针对准零位,然后锁紧。推动并放松量缸表的活动测量杆,每次百分表的指针应能回到同一位置。

③ 在外径千分尺上调整量缸表固定测量杆的长度,使百分表继续压缩 1.0~1.5 mm。

④ 在外径千分尺上,上下左右轻微摆动量缸表,使百分表的大指针顺时针摆动到最大位置,然后转动百分表表盘,使其零位与大指针对齐。

(6) 将量缸表测杆伸入气缸测量,应在测杆与气缸轴线保持垂直位置时读取测量值,如图 2-15 所示。

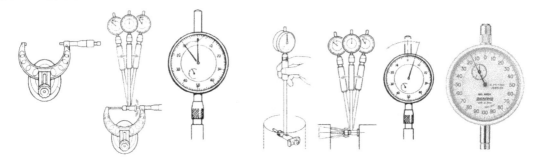

图 2-14 校正量缸表　　　　　　图 2-15 量缸表测量方法

(7) 根据气缸磨损规律,在气缸的上部、中部和下部的三个截面上,进行横向($A-A'$,轴向方向)和纵向($B-B'$,推力方向)的直径测量,如图 2-16 所示。

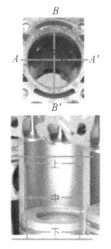

图 2-16 气缸孔内径检查的位置

4) 游标卡尺读数方法

读数时首先以游尺零刻度线为准在主尺上读取以 mm 为单位的整数部分。然后看游尺上第几条刻度线与主尺的刻度线对齐,如第 6 条刻度线与主尺刻度线对齐,则小数部分为 0.6 mm(若没有正好对齐的线,则取最接近对齐的线进行读数)。如有零误差,则一律用上述结果减去零误差(零误差为负,相当于加上相同大小的正零误差),读数结果:测量值=整数部分+小数部分-零误差。

判断游尺上哪条刻度线与主尺刻度线对准,可用下述方法:在游尺上选定相邻的三条线,如左侧的线在主尺对应线之右,右侧的线在主尺对应线之左,中间那条线便可确定对准。测量值= 对准前刻度+n(游尺上第 n 条刻度线与主尺的刻度线对齐)×分度值,以分度值为 0.02 mm 的游标卡尺为例,在零误差前提下,图 2-17 中游标卡尺的读数即为 6.0 mm+17×0.02 mm=6.34 mm。

如果需测量几次取平均值,不需每次都减去零误差,只要从最后结果减去零误差即可。

图 2-17 游标卡尺的读数方法

5) 外径千分尺读数方法

(1) 先以微分筒的端面为准线,读出固定套管下刻度线的分度值。

(2) 以固定套管上的水平横线作为读数准线,读出可动刻度上的分度值,读数时应估读到最小分度的十分之一,即 0.001 mm。

(3) 如外径千分尺的端面与固定刻度的下刻度线之间无上刻度线,测量结果即为下刻度线的数值加可动刻度的值,如图 2-18(a)所示。

(4) 如微分筒端面与下刻度线之间有一条上刻度线,测量结果应为下刻度线的数值加上 0.5 mm,再加上可动刻度的值,如图 2-18(b)所示。

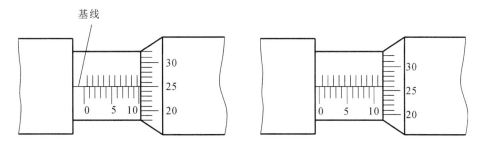

(a) 10 mm+0.250 mm=10.250 mm   (b) 10.5 mm+0.260 mm=10.760 mm

图 2-18 外径千分尺的读数方法

6) 量缸表读数方法

(1) 百分表表盘刻度为 100,指针在圆表盘上转动一格为 0.01 mm,转动一圈为 1 mm;小指针移动一格为 1 mm。

(2) 测量时,当表针顺时针离开"0"位,表示缸径小于标准尺寸的缸径,缸径是标准缸径与表针离开"0"位格数的差;若表针逆时针离开"0"位,表示缸径大于标准尺寸的缸径,缸径是标准缸径与表针离开"0"位格数之和。

(3) 若测量时,小针移动超过 1 mm,则应在实际测量值中加上或减去 1 mm。

7) 气缸磨损检测注意事项

(1) 摆动量缸表,其大指针指示到最小读数时,即表示测杆已垂直于气缸轴线,记录测量读数。

(2) 量缸表测杆进出气缸以及在气缸内不同位置测量时,量缸表杆应向固定测量杆方向倾斜后移动。

(3) 根据气缸测量值计算圆度和圆柱度误差,判断气缸技术状况。

(4) 若气缸圆度和圆柱度超过技术标准,应计算并确定气缸修理尺寸,选择修复方法,制订气缸修复工艺。

(5) 测量完一个截面以后,不能直接拉动量缸表到新的测量位置,应倾斜移动量缸表到新的位置,以防损坏气缸壁和量缸表。

8) 气缸圆度和圆柱度的测量

(1) 气缸圆度的测量。

测量的部位应选在活塞环的工作区域内,取上、中、下三个截面,如图 2-19(a)所示。在每个截面上沿发动机的前后方向和左右方向分别测量出气缸的直径。为了保证测量的精确性,测量时量缸表的测杆与气缸的轴线应保持垂直。每个截面上所测得的两直径之差的一半即为该截面的圆度误差。对三个截面所测得的圆度误差进行比较,取最大值作为被测气缸的圆度误差。

$$圆度误差 = (同一截面上的最大直径 - 最小直径)/2$$

(2) 气缸圆柱度的测量。

测量的部位一般选在气缸的上、下部位,即气缸磨损的最大处和最小处,如图 2-19(b)所示。同一气缸中所测得的直径的最大值与最小值之差的一半即为被测气缸的圆柱度误差。

$$圆柱度误差 = (不同截面上的最大直径 - 最小直径)/2$$

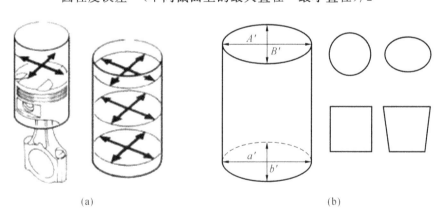

图 2-19 气缸圆度和圆柱度的测量位置和方法

3. 结果分析

气缸圆度公差：汽油机为 0.05 mm，柴油机为 0.065 mm。气缸圆柱度公差：汽油机为 0.20 mm，柴油机为 0.25 mm。当发动机的圆度误差或圆柱度误差超出厂家要求的标准时，必须进行镗缸修理或更换气缸套。

气缸的修理尺寸以标准尺寸每增加 0.25 mm 为一级，一般可增加三级，分别为 +0.25 mm、+0.5 mm、+0.75 mm。有些车型没有修理尺寸，需要更换气缸套进行修复。

任务实施

1. 工具和设备准备

(1) 工具：量缸表、外径千分尺、游标卡尺、维修手册、抹布等。

(2) 设备：发动机台架、工具车。

2. 实施过程

1) 车辆信息

车型		生产年份		制造商	
车辆识别码				发动机型号	
故障描述					

2) 计划

根据故障现象和任务要求，确定所需要的技术资料、检测仪器、工具，并对小组成员进行合理分工，制订详细的实施计划。

(1) 技术资料：

(2) 本次任务需要的仪器及工具:

仪器及工具名称	型号	使用注意事项

(3) 本次任务安全注意事项:

(4) 小组成员及分工:

小组名称		组长	
小组成员姓名	分配任务内容	备注	

3) 实施

(1) 气缸磨损的检测方法:

(2) 气缸磨损的检测结果：

截面	气缸	车型：	机型：	标准缸径：	
		1缸	2缸	3缸	4缸
上截面	轴向方向直径				
	推力方向直径				
	磨损量				
	圆度				
中截面	轴向方向直径				
	推力方向直径				
	磨损量				
	圆度				
下截面	轴向方向直径				
	推力方向直径				
	磨损量				
	圆度				
	圆柱度				
实际最大磨损量		实际圆度		实际圆柱度	
极限最大磨损量		极限圆度		极限圆柱度	
处理办法	继续使用□		加大尺寸□		更换缸套□

4）检查与评估

姓名		工位号		日期	
标准时间		开始时间		完成时间	
序号	项目	标准分	评分标准		得分
1	工具、仪器的准备	10分	(1) 工具、仪器选错或少选扣2分 (2) 工具丢失或恶意损坏扣10分 (3) 任务结束工具整理,视情况扣1～5分		
2	测量前准备,清洁所有量具的检测端面,并校零	10分	要清洁干净,避免存在油污或异物		
3	将千分尺调整至标准缸径并固定	10分	数值准确		
4	安装接杆与紧固片	5分	接杆长度合适,并旋紧		

续表

序号	项目	标准分	评分标准	得分
5	将量缸表放在调好的千分尺上调零	5分	旋转百分表外圈,将大表针调零,无误差	
6	测量气缸上截面磨损	10分	(1)测量动作不标准扣2分 (2)测量位置不正确扣5分 (3)少测一个位置扣3分	
7	测量气缸中截面磨损	10分	(1)测量动作不标准扣2分 (2)测量位置不正确扣5分 (3)少测一个位置扣3分	
8	测量气缸下截面磨损	10分	(1)测量动作不标准扣2分 (2)测量位置不正确扣5分 (3)少测一个位置扣3分	
9	评价	10分	数值准确,结论合理	
10	整理现场	10分	符合现场5S标准	
11	安全操作、团队合作	10分	操作过程安全规范,无人员闲置	
12	总分	100分		

2.1.4 气缸体裂纹和轴承座孔同轴度的检测

气缸体产生裂纹会导致发动机漏气、漏水和漏油。气缸盖、气缸体产生裂纹多是使用维护不当造成的,如长时间高负荷运转,热应力过大;发动机在高温状态突然加入冷水等。气缸体裂纹大多发生在气门座附近或水套薄壁处。

1. 测量工具

水压机、量缸表等。

2. 气缸体裂纹和轴承座孔同轴度的检测

1) 气缸体裂纹故障现象

气缸体裂纹的故障现象主要有:发动机排白烟;怠速运转时,打开水箱盖看到水箱冒气泡;缸压低等。

2) 气缸体裂纹故障原因

气缸体产生裂纹的主要原因有以下几点。

(1) 气缸体与气缸盖水套壁厚较薄。

(2) 水垢集聚过多而散热不良。

(3) 铸造时残余应力的影响。

(4) 缸体结冰冻裂、冷热急剧变化、碰撞受振。

(5) 发动机在高速运转时的惯性、热应力、气缸体受到的交变应力作用。

(6) 气缸套镶配次数过多,压配工艺不当或过盈量过大。

3) 气缸体裂纹的检查方法和步骤

检查气缸体裂纹时,应首先将气缸体各表面清洗干净,并清除缸体缸盖内的积炭,然后检查缸体表面是否有裂纹现象。检查裂纹可用目视法、水压法、气压法和染色法四种。图 2-20 所示为水压法检查气缸体裂纹。

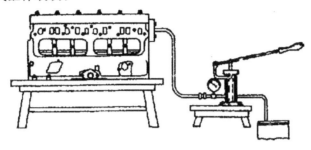

图 2-20　水压法检查气缸体裂纹

（1）目视法　用眼睛仔细检查清洗后的缸体、缸盖,可看出裂纹比较明显的部位,以便有针对性地修复。

（2）水压法　将气缸盖、气缸垫装于气缸体上,将盖板装于气缸体前壁进水口处,并用水管与水压机连通,封闭其他各水道口,将水以 300～1000 kPa 的压力压入水套,并保持 5 min,观察有无渗水痕迹。

（3）气压法　在没有水压机的情况下,可往水套内加入自来水,用气泵或打气筒向注入水的水套内充气,借气体压力检查渗漏部位。为了防止水气倒流,在使用气压试验时,应在充气软管与气缸体水管接头之间装一单向阀门。

（4）染色法　将染色渗透剂喷于被检查的部位,片刻之后将其擦干,如果渗透剂渗入内部则说明该处有裂纹存在。

4) 轴承座孔同轴度变差的主要原因

轴承座孔同轴度变差的主要原因有内应力的影响、外载荷的影响、温度的影响和修理工艺的影响。

5) 轴承座孔同轴度的检测

将主轴承盖装上(不装轴承),并用标准力矩将轴承盖螺栓拧紧。用量缸表检查座孔的圆度误差和圆柱度误差,如图 2-21 所示。凸轮轴轴承孔的检测可采用同样的方法。

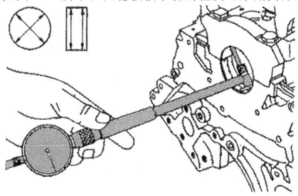

图 2-21　轴承座孔的检测

3. 结果分析

无论采用哪种方法,若检测结果不合格,均应及时更换气缸体。

任务实施

1. 工具和设备准备

(1) 工具:水压机、量缸表、维修手册、抹布等。

(2) 设备:发动机台架、工具车。

2. 实施过程

1) 车辆信息

车型		生产年份		制造商	
车辆识别码			发动机型号		
故障描述					

2) 计划

根据故障现象和任务要求,确定所需要的技术资料、检测仪器、工具,并对小组成员进行合理分工,制订详细的实施计划。

(1) 技术资料:

(2) 本次任务需要的仪器及工具:

仪器及工具名称	型号	使用注意事项

项目2　曲柄连杆机构检修

（3）本次任务安全注意事项：

（4）小组成员及分工：

小组名称		组长	
小组成员姓名	分配任务内容	备注	

3）实施
（1）气缸体裂纹的检测方法：

（2）气缸体裂纹的检测结果：

车型：	机型：
水压检查是否有裂纹	是□　　　　　　　否□

（3）轴承座孔同轴度的检测方法：

(4)轴承座孔同轴度的检测结果:

车型:		机型:				
	第一道	第二道	第三道	第四道	第五道	第六道
圆度值						
圆柱度值						
最大磨损量						

4)检查与评估

(1)气缸体裂纹检测:

姓名		工位号		日期	
标准时间		开始时间		完成时间	
序号	项目	标准分	评分标准		得分
1	工具、仪器的准备	10分	(1)工具、仪器选错或少选扣2分 (2)工具丢失或恶意损坏扣10分 (3)任务结束工具整理,视情况扣1~5分		
2	水压法检查气缸体裂纹	10分	要清洁干净,避免存在油污或异物		
3	安装水压机及各管路	20分	安装位置准确,无渗漏		
4	施加压力	10分	压力值为300~1000 kPa		
5	保持压力	10分	保持5 min		
6	观察渗漏	10分	检查缸体、缸盖外表及气缸燃烧室等部位,均应无渗水痕迹。如有则需更换气缸体		
7	整理现场	10分	符合现场5S标准		
8	评价	10分	数值准确,结论合理		
9	安全操作、团队合作	10分	操作过程安全规范,无人员闲置		
10	总分	100分			

(2)轴承座孔同轴度的检测:

姓名		工位号		日期	
标准时间		开始时间		完成时间	
序号	项目	标准分	评分标准		得分
1	工具、仪器的准备	10分	(1)工具、仪器选错或少选扣2分 (2)工具丢失或恶意损坏扣10分 (3)任务结束工具整理,视情况扣1~5分		

续表

序号	项目	标准分	评分标准	得分
2	安装主轴承盖	20分	(1) 各轴承盖位置及方向正确8分 (2) 力矩准确8分 (3) 不装轴承4分	
3	用量缸表检查座孔的圆度	20分	在圆周方向测量3～5个点,准确读数并记录	
4	用量缸表检查座孔的圆柱度	20分	沿轴线方向测量3处,准确读数并记录	
5	整理现场	10分	符合现场5S标准	
6	评价	10分	数值准确,结论合理	
7	安全操作、团队合作	10分	操作过程安全规范,无人员闲置	
8	总分	100分		

2.1.5 气缸盖平面度和燃烧室容积的检测

1. 测量工具

常用工具、火花塞套筒、刀口尺、塞尺、量杯。

2. 气缸盖平面度和燃烧室容积的检测

1) 气缸盖平面度的检测方法

气缸盖的平面度检测方法和气缸体相同,长度小于300 mm时,平面度误差应不大于0.05 mm;长度大于300 mm时,平面度误差应不大于0.10 mm。若平面度误差超过上述限度,应予以修理。当平面度误差较小时,可用铲削法、磨削法修复,或更换气缸盖。

对气缸盖下平面进行磨削加工后,其燃烧室容积会发生变化。燃烧室容积过小,会使气缸压缩比发生变化,从而引起发动机工作不正常,所以需对加工后的气缸盖燃烧室容积进行测量。

2) 燃烧室容积的检测方法和步骤

(1) 清洁燃烧室。
(2) 安装火花塞。
(3) 安装进排气门,确保不泄漏。
(4) 将气缸盖倒置放在水平位置。
(5) 在燃烧室周围涂抹机油,盖上带中心小孔的玻璃板。
(6) 将煤油(80%)和机油(20%)的混合液体用量杯注入燃烧室,量杯中液面变化的差值即为燃烧室容积。

3. 注意事项

燃烧室容积一般不得小于标准容积的95%,同一台发动机各燃烧室容积的公差为标准容积的1%～2%。

任务实施

1. 工具和设备准备
（1）工具：常用工具、火花塞套筒、刀口尺、塞尺、量杯、维修手册、抹布等。
（2）设备：发动机台架、工具车。

2. 实施过程

1）车辆信息

车型		生产年份		制造商	
车辆识别码			发动机型号		
故障描述					

2）计划

根据故障现象和任务要求，确定所需要的技术资料、检测仪器、工具，并对小组成员进行合理分工，制订详细的实施计划。

（1）技术资料：

（2）本次任务需要的仪器及工具：

仪器及工具名称	型号	使用注意事项

项目 2 曲柄连杆机构检修

(3) 本次任务安全注意事项：

(4) 小组成员及分工：

小组名称		组长	
小组成员姓名	分配任务内容	备注	

3) 实施
(1) 气缸盖平面度的检测方法：

(2) 气缸盖平面度的检测结果：

气缸盖下平面	位置 1/mm	位置 2/mm	位置 3/mm	位置 4/mm	位置 5/mm	位置 6/mm
测量值						
发动机型号		气缸盖平面变形技术要求/mm		气缸盖允许修复量/mm		
处理办法	修复		继续使用		更换	

(3) 燃烧室容积的检测方法：

· 51 ·

(4) 燃烧室容积的检测结果：

车型：　　　　　　机型：

容积	标准容积	实际容积			
		1缸	2缸	3缸	4缸
测量值					
极限值					
处理方法					

4）检查与评估

(1) 气缸盖平面度检测：

姓名		工位号		日期	
标准时间		开始时间		完成时间	
序号	项目	标准分	评分标准		得分
1	工具、仪器的准备	10分	(1) 工具、仪器选错或少选扣2分 (2) 工具丢失或恶意损坏扣10分 (3) 任务结束工具整理，视情况扣1～5分		
2	测量前准备，清洁气缸盖下平面、刀口尺、塞尺等	5分	要清洁干净，避免存在油污或异物		
3	位置1	10分	刀口尺倾斜紧贴气缸盖下表面，测量点不少于5个，记录要及时准确		
4	位置2	10分			
5	位置3	10分			
6	位置4	10分			
7	位置5	10分			
8	位置6	10分			
9	整理现场	5分	符合现场5S标准		
10	评价	10分	所有测量点合格，才可判断合格		
11	安全操作、团队合作	10分	操作过程安全规范，无人员闲置		
12	总分	100分			

(2) 气缸盖燃烧室容积检测：

姓名		工位号		日期	
标准时间		开始时间		完成时间	
序号	项目	标准分	评分标准		得分
1	工具、仪器的准备	10 分	（1）工具、仪器选错或少选扣 2 分 （2）工具丢失或恶意损坏扣 10 分 （3）任务结束工具整理，视情况扣 1～5 分		
2	测量前准备,清洁燃烧室	5 分	要清洁干净,避免存在油污或异物		
3	安装火花塞	10 分	安装牢固,扭矩标准		
4	安装进排气门	10 分	无泄漏		
5	将气缸盖倒置放在水平位置	10 分	平稳无摇晃		
6	在燃烧室周围涂抹机油	10 分	涂抹均匀		
7	盖玻璃板	5 分	缓慢放入		
8	用量杯将混合液体注入燃烧室	10 分	无溢漏		
9	整理现场	10 分	符合现场 5S 标准		
10	评价	10 分	准确读取量杯中液面变化的差值		
11	安全操作、团队合作	10 分	操作过程安全规范,无人员闲置		
12	总分	100 分			

任务 2.2 活塞连杆组检修

2.2.1 活塞连杆组的结构及组成

活塞连杆组主要由活塞、活塞环、活塞销和连杆组等组成，如图 2-22 所示。活塞连杆组的作用是与气缸盖、气缸壁等共同组成燃烧室；承受气体压力，并将此力传给连杆，以推动曲轴旋转。活塞连杆组是曲柄连杆机构的核心组件，是发动机中运动最多、工作条件最恶劣、最需要冷却和润滑的组件。

1. 活塞及其构造

活塞一般由铝合金材料制成，具有质量小、导热性好和热膨胀系数大等优点。活塞与

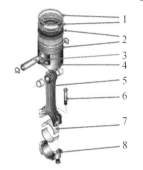

图 2-22 活塞连杆组件

1—活塞环（气环）；2—活塞环（油环）；3—活塞销；
4—活塞；5—连杆；6—连杆螺栓；7—连杆轴瓦；8—连杆盖

气缸盖、气缸壁等共同组成燃烧室,承受燃烧气体压力,并将此力传递给连杆,以推动曲轴旋转。活塞由顶部、头部、裙部和活塞销座四部分组成,如图 2-23 所示。

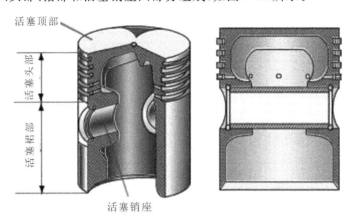

图 2-23　活塞的基本构造

（1）活塞顶部。活塞顶部是燃烧室的组成部分,用来承受气体压力。汽油机活塞的顶部形状有平顶、凸顶、凹顶和成型顶四种,如图 2-24 所示。平顶受热面积小,因此被广泛采用;凸顶与半球形燃烧室配用;凹顶是高压缩比发动机为了防止碰撞气门而设计的,可以用凹坑的深度来调整压缩比。

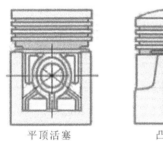 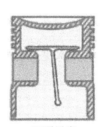 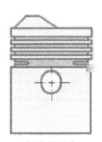

平顶活塞　　　　凸顶活塞　　　　凹顶活塞　　　　成型顶活塞

图 2-24　汽油机活塞顶部形状

（2）活塞头部。活塞头部设有三道活塞环槽,用以安装活塞环。一般上面第一、二道安装气环,第三道安装油环。气环槽与活塞内壁不相通,油环槽与内壁相通或与隔热槽相通,以便油环刮油。

（3）活塞裙部。活塞裙部为活塞运动导向并承受侧压力。承受侧压力的销座孔处有加强筋,有的设有隔热槽和膨胀槽。

（4）活塞销座。活塞销座用于安装活塞销。在活塞销座孔两端有卡环槽,用以安装卡环。

2. 活塞环

活塞环一般由球墨铸铁、镀铬合金铸铁或锰钢带冲压而成,活塞环分为气环和油环,如图 2-25 所示。

活塞环能够保证活塞与气缸壁间的密封,防止气缸中的气体窜入曲轴箱;同时还将活塞头部的热量传给气缸,再由冷却液和空气带走;另外还起到刮油、布油的辅助作用。活塞环工作在高温、高压、高速且极难润滑的环境下,因此要求活塞环具备弹性好、强度高、耐磨损等特点。第一道气环工作温度最高,承受压力最大,因此一般第一道气环采用镀铬环。

图 2-25 活塞环

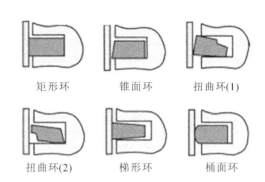

图 2-26 气环断面形状

依据气环的断面形状,气环可分为矩形环、锥面环、扭曲环、梯形环和桶面环,如图 2-26 所示。矩形环的结构比较简单,制造方便,易于生产,因此应用面比较广。锥面环减少了环与气缸壁的接触面,提高了表面接触压力,有利于磨合和密封。扭曲环的断面不对称,受力不平衡,使活塞环扭曲,但是扭曲环能够减少机油消耗,提升密封性。梯形环加工困难,精度要求高,但能够自动清除积炭,不易卡死。桶面环的外圆为凸圆弧形,具有润滑性能好、磨损小的优点。

3. 活塞环的密封原理及泵油作用

1) 气环的密封原理

活塞环装入气缸后,压紧气缸壁,同时气体对活塞环产生压力,从而形成第一道密封面,使气体不能从环外圆与缸壁之间通过。由于气体压力的作用,活塞环压紧环槽下侧面形成第二道密封面,阻碍气体从环侧面通过。在两个密封面上都有油膜存在,增加了密封性,如图 2-27 所示。

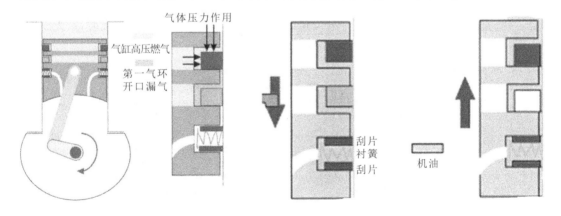

图 2-27 气环密封原理　　　图 2-28 活塞环泵油作用

2) 活塞环泵油作用

由于侧隙和背隙的存在,发动机工作时产生泵油作用。进气冲程,活塞下行,气环依靠在环槽的上侧,油环没有刮净的机油进入气环的下方侧隙及背隙;压缩冲程,活塞上行,气环依靠在环槽的下侧,环槽下侧的机油被挤向环槽上侧。如图 2-28 所示,活塞反复运动,机油被泵向活塞上部。

3) 活塞环三隙

活塞环的间隙有三种,即端隙、侧隙和背隙,如图 2-29 所示。端隙又称开口间隙,是活塞环放置于气缸套内时两端开口的间隙,一般为 0.25~0.50 mm。侧隙又称边隙,是环高方向上与环槽之间的间隙,即活塞环的厚度与环槽的宽度之差。第一道环因温度高,侧隙一般为 0.04~0.10 mm;其他气环侧隙一般为 0.03~0.07 mm。油环侧隙较小,一般为 0.025~0.07 mm。背隙是活塞环装入气缸后,活塞环背面与环槽底部的间隙,即环外径与活塞环槽底直径差的一半。

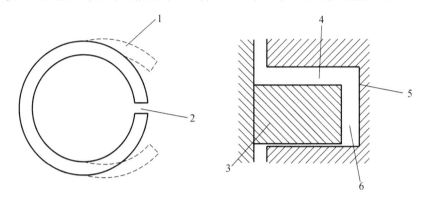

图 2-29　活塞环三隙

1—膨胀;2—端隙;3—活塞环;4—活塞环侧隙;5—活塞;6—活塞环背隙

4. 活塞销

活塞销一般用低碳钢或低碳合金钢制造,为空心圆柱体。其作用是连接活塞与连杆小头,将活塞承受气体的作用力传给连杆。活塞销分为全浮式活塞销和半浮式活塞销两种,如图 2-30 所示。全浮式活塞销在发动机正常工作温度时,能够在连杆衬套和活塞销座中自由摆动,磨损均匀。在装配活塞销时,可采用分组选配法,即销与销座孔在冷态时为过渡配合;还可以采用热装合,即将活塞放入热水或热油中加热后,迅速将销装入。半浮式活塞销与连杆小头紧配合,与活塞销座孔是间隙配合,即一处固定,一处浮动。半浮式活塞销在装配时,需先加热连杆小头,然后将销装入,冷态时为过盈配合。

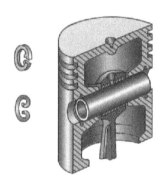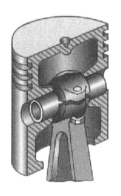

(a) 全浮式活塞销　　　　　　　　(b) 半浮式活塞销

图 2-30　活塞销连接方式

5. 连杆

连杆的作用是将活塞承受的力传给曲轴,并将活塞的往复运动转变为曲轴的旋转运动。连杆由小头、杆身和大头(包括连杆盖)三部分组成,如图 2-31 所示。

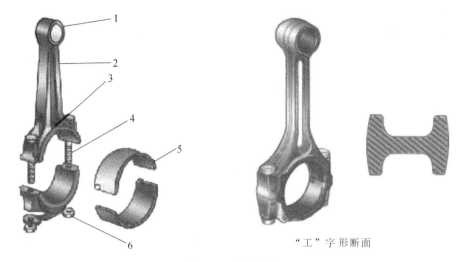

图 2-31 连杆结构

1—连杆小头；2—连杆杆身；3—连杆大头；4—连杆螺栓；5—连杆瓦；6—连杆螺母

（1）连杆小头。连杆小头用来安装活塞销（半浮式）或连杆衬套（全浮式）的圆形座孔。为了润滑摩擦表面，在小头的顶端和衬套上钻孔，以集存飞溅的润滑油从而保证润滑。

（2）连杆杆身。连杆杆身通常做成"工"字形断面，抗弯强度好，质量轻。有的连杆在杆身内加工有油道，用来润滑小头衬套、凸轮轴和冷却活塞。

（3）连杆大头。连杆大头与曲轴的连杆轴颈相连，有整体式和分开式两种。一般都采用分开式，分开式又分为平分和斜分两种。连杆大头切口的形式有平分切口和斜分切口两种，如图 2-32 所示。

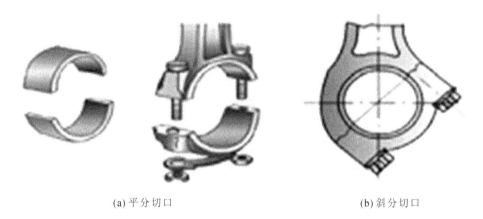

(a) 平分切口　　　　　　　　　　　(b) 斜分切口

图 2-32 切口形式

（4）连杆螺栓。连杆螺栓是承受很大冲击载荷的重要零件，一旦断裂就会造成捣缸事故，因此一般采用优质合金钢制作。装配时连杆螺栓必须按原厂规定的力矩，分 2~3 次均匀拧紧。有些车型在大修时，需要更换连杆螺栓。

（5）连杆瓦。连杆瓦由缸背和减磨合金层组成。缸背厚度为 1~3 mm，减磨合金层厚度为 0.3~0.7 mm。减磨合金层起减少摩擦、加速磨合和保持油膜的作用。有的轴承的内表面加工有油槽或油孔，以保证可靠润滑。

2.2.2 活塞连杆组的拆解

1. 拆解工具

活塞环拆装钳是一种专门用于拆装活塞环的工具,其作用是使活塞环略微张开,使活塞环的内径稍大于活塞的外径,方便将活塞环装入环槽内,或将活塞环从环槽内取出,如图2-33所示。

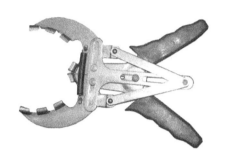
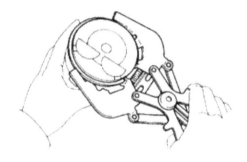

图 2-33 活塞环拆装钳及其使用方法

2. 拆解活塞连杆组

1) 拆卸活塞连杆组

(1) 将要拆卸的活塞连杆旋转到下止点位置,检查连杆是否有明显弯曲现象,检查活塞连杆组的序号是否与气缸体上的序号一致,气缸序号如图 2-34 所示。用抹布清洁气缸,检查有无缸肩,如有应先清除。

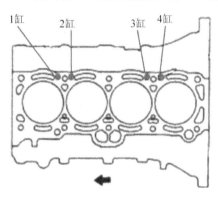

图 2-34 气缸序号

(2) 检查或设置装配标记,如果无原车标记,用记号笔在连杆和连杆轴承盖上做记号,如图 2-35 所示。用扭力扳手和套筒分两次旋松连杆螺母,之后用手拧下螺母。

(3) 用橡胶锤轻敲连杆螺栓,取出连杆盖(注意连杆轴承不要掉落),同时取下盖上的连杆轴承。

2) 分解活塞连杆组

使用活塞环扩张器拆下两道压缩环,用手拆下组合油环,用铲刀清理活塞顶面积炭。用卡簧钳取出活塞销卡簧,将活塞加热至60 ℃以上,用拇指压出活塞销,或用专用冲头将其冲出,如图2-36所示。用抹布清洁活塞连杆、活塞环、连杆轴承(两片,并注意按原来的安装位置摆放)、连杆轴承盖、连杆螺母等。

3) 拆卸步骤

(1) 按照由上至下的顺序拆卸外围附件。

(2) 拆卸气缸盖,注意将缸盖螺栓由两端向中间对称分几次旋松,以免缸盖变形。

(3) 拆卸油底壳。

(4) 检查活塞顶部的装配标记,若无则打上标记并标明气缸号。

(5) 转动曲轴,使1、4缸活塞处于下止点位置。

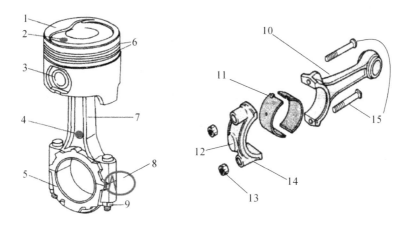

图 2-35 轴承盖连杆上的记号

1—活塞；2—活塞标记；3—活塞销；4—连杆标记；5、14—连杆轴承盖；6—活塞环；7、10—连杆；
8—轴承盖连杆对接记号；9—连杆螺栓；11—定位凸唇；12—凸台；13—螺母；15—螺栓

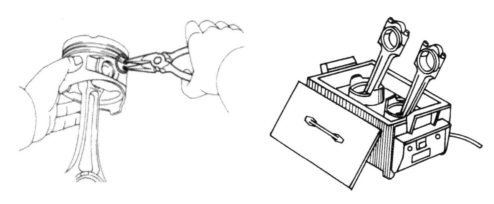

图 2-36 拆卸和加热活塞销

(6) 分次拧松1缸的连杆螺栓，取下连杆盖、轴承，并按次序放好。

(7) 用橡胶锤或铁锤木柄推出活塞连杆组，注意不要倾斜，不要硬撬、硬敲，以免损坏气缸。

(8) 用同样的方法拆下4缸的活塞连杆组。取出后的各缸活塞连杆组要按顺序摆放整齐。

(9) 取出活塞连杆组后，应将连杆盖、螺栓、螺母按原位装回，并检查连杆的装配标记。标记应朝向传动带盘，连杆和连杆大头打上对应缸号。

(10) 用活塞环拆装钳拆下活塞环。观察活塞环上的标记，"TOP"朝向活塞顶部。

(11) 转动曲轴，使2、3缸的活塞处于下止点位置，分别拆下2、3缸的活塞连杆组。

3. 注意事项

(1) 拆卸前应清除外部灰尘，仔细观察并记录各拆卸件的位置和记号。

(2) 抽出活塞连杆组前，缸套上部的积炭台阶必须刮除，以免损坏活塞和活塞环。

(3) 取活塞连杆组时，可用木棒直接推出。活塞连杆组抽出后，应立即把连杆盖、瓦片和连杆螺栓按原位装复。

(4) 拆卸缸套时,应使用缸套拉出器或木棒,不能用金属棒直接敲击缸套。

(5) 拆下的活塞环应按顺序放好,气缸垫和纸垫应妥善保管。

(6) 若需拆卸飞轮,应使用飞轮拉出器,拉出器的两个螺栓要交替拧进,严禁用手锤硬性敲击。拆下飞轮时,为防止飞轮松脱突然落下伤人,飞轮螺母旋松后不要急于拿掉。

任务实施

1. 工具和设备准备

工具套装、长柄木槌、活塞环拆装钳。

2. 实施过程

1) 车辆信息

车型		生产年份		制造商	
车辆识别码			发动机型号		
故障描述					

2) 计划

根据故障现象和任务要求,确定所需要的技术资料、检测仪器、工具,并对小组成员进行合理分工,制订详细的实施计划。

(1) 技术资料:

(2) 本次任务需要的仪器及工具:

仪器及工具名称	型号	使用注意事项

（3）本次任务安全注意事项：

（4）小组成员及分工：

小组名称		组长	
小组成员姓名	分配任务内容	备注	

3）实施

（1）活塞连杆组的拆卸方法：

（2）活塞连杆组拆卸流程：

序号	步骤	注意事项
1	按照由上至下的顺序拆卸外围附件	
2	拆卸气缸盖,注意将缸盖螺栓由两端向中间对称分几次旋松,以免缸盖变形	
3	拆卸油底壳	
4	检查活塞顶部的装配标记,若无则打上标记并标明气缸号	
5	转动曲轴,使1、4缸活塞处于下止点位置	
6	分次拧松1缸的连杆螺栓,取下连杆盖、轴承,并按次序放好	
7	用橡胶锤或铁锤木柄推出活塞连杆组,注意不要倾斜,不要硬撬、硬敲,以免损坏气缸	
8	用同样的方法拆下4缸的活塞连杆组,取出后的各缸活塞连杆组要按顺序摆放整齐	
9	取出活塞连杆组后,应将连杆盖、螺栓、螺母按原位装回,并检查连杆的装配标记。标记应朝向传动带盘,连杆和连杆大头打上对应缸号	
10	用活塞环拆装钳拆下活塞环,观察活塞环上的标记,"TOP"朝向活塞顶部	
11	转动曲轴,使2、3缸的活塞处于下止点位置,分别拆下2、3缸的活塞连杆组	
12	整理工位	

4）检查与评估

姓名			工位号		日期	
标准时间			开始时间		完成时间	
序号	项目	标准分	评分标准			得分
1	工具、仪器的准备	5分	（1）工具、仪器选错或少选扣2分 （2）工具丢失或恶意损坏扣5分 （3）任务结束工具整理，视情况扣1~5分			
2	清洁气缸	5分	清洁干净			
3	旋转活塞连杆组到下止点位置	5分	将要拆卸的活塞连杆组旋转到下止点位置，旋转到位			
4	设置装配标记	5分	在连杆和连杆轴承盖上设置，标记清晰			
5	拧下连杆螺栓	5分	（1）按拆卸原则进行 （2）可用橡胶锤轻敲连杆螺栓			
6	拆卸活塞连杆盖	5分	取下连杆盖，同时取下连杆盖上的连杆轴承，连杆轴承不要掉落			
7	推出活塞连杆组	5分	可用榔头柄推出活塞；注意活塞连杆组不要掉落；将连杆组成组摆放			
8	取各活塞连杆组	10分	按气缸顺序摆放整齐			
9	清洁活塞顶面	5分	清洁干净，无积炭和油污			
10	拆下活塞环	10分	使用专用工具，防止气环损坏			
11	按顺序摆放	5分	顺序正确，摆放整齐			
12	工具、设备复位	5分	擦拭干净，摆放归位			
13	评价	10分	数值准确，结论合理			
14	整理现场	10分	符合现场5S标准			
15	安全操作、团队合作	10分	操作过程安全规范，无人员闲置			
16	总分	100分				

2.2.3 活塞组的测量

发动机活塞与气缸必须有一定的配缸间隙。发动机活塞与气缸的配缸间隙是极为重要的技术参数。首先，活塞与气缸是发动机中最重要的摩擦副之一，若缸套与活塞及环组间的摩擦力小，发动机的摩擦功耗也小，反之，将造成相当大的功耗。其次，活塞与气缸的摩擦表面保持一定的间隙，是基于活塞裙部的热变形、弹性变形及气缸壁与活塞裙部接触之间的载荷和速度等的影响来考虑的，是为了保证活塞裙部有足够的润滑油膜，否则，将导致缸套-活塞环组的急剧磨损。

再次，车用发动机活塞是由铝合金制造的，虽然铝合金的膨胀系数稍小一些，但与铸铁相比还是有较大的区别，尽管目前大多采用的硅铝合金相对其他铝合金的膨胀系数稍小些，但与铸铁相比还是有较大的区别。如果配缸间隙太大，会导致"敲缸"、密封不良（漏气、窜油）、动力下降;间隙太小,则会使活塞裙部没有膨胀的余地,接触压力超过活塞和气缸之间的油膜所能承受的挤压强度(一般 4.9~9.8 MPa),润滑油膜将被破坏,引起黏着磨损(拉缸)故障。不同车型的发动机,由于结构、材质及其他各种技术参数不同,活塞与气缸的配缸间隙也不相同。

1. 测量工具

外径千分尺、量缸表。

2. 测量活塞与缸筒油膜间隙

用外径千分尺测量活塞裙部的直径(查阅维修手册,确定测量点的位置),用量缸表测出气缸直径,二者的差值即活塞油膜间隙,如图 2-37 所示。检查活塞时,检测部位距离裙部下缘约 10 mm,并与活塞销轴线成 90°。

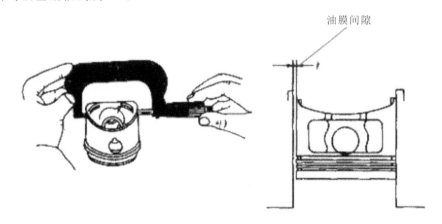

图 2-37 检测活塞直径与活塞油膜间隙

3. 结果分析

查看各缸的油膜间隙是否符合标准值。若超过极限标准值,应重新选配活塞或气缸套。

任务实施

1. 工具和设备准备

(1) 工具:外径千分尺、量缸表、清洁布、活塞环拆装钳等。
(2) 设备:实训车辆或发动机台架、工具车。

2. 实施过程

1) 车辆信息

车型		生产年份		制造商	
车辆识别码				发动机型号	
故障描述					

2) 计划

根据故障现象和任务要求,确定所需要的技术资料、检测仪器、工具,并对小组成员进行合理分工,制订详细的实施计划。

(1) 技术资料:

(2) 本次任务需要的仪器及工具:

仪器及工具名称	型号	使用注意事项

(3) 本次任务安全注意事项:

(4) 小组成员及分工:

小组名称		组长	
小组成员姓名	分配任务内容	备注	

3) 实施

(1) 油膜间隙的测量方法：

(2) 油膜间隙测量结果：

标准活塞尺寸		活塞极限值		油膜间隙极限值	
标准气缸尺寸		缸径极限值			
气缸编号	1缸		2缸	3缸	4缸
活塞直径检测					
气缸直径检测					
油膜间隙					
处理措施					

4) 检查与评估

姓名		工位号		日期	
标准时间		开始时间		完成时间	
序号	项目	标准分	评分标准		得分
1	工具、仪器的准备	5分	(1) 工具、仪器选错或少选扣2分 (2) 工具丢失或恶意损坏扣5分 (3) 任务结束工具整理，视情况扣1~5分		
2	清洁气缸	5分	清洁干净		
3	拆气环	10分	正确使用活塞环拆装钳，将活塞环从活塞内取出		
4	清洁	5分	清洁气缸壁和活塞		
5	测量活塞直径	15分	用外径千分尺测量活塞裙部的直径		
6	测量缸径	15分	用量缸表测出气缸直径		
7	记录数值	10分	准确记录测量的数值		
8	工具、设备复位	5分	擦拭干净，摆放归位		

续表

序号	项目	标准分	评分标准	得分
9	评价	10 分	准确计算出活塞与气缸间的油膜间隙。数值准确,结论合理	
10	整理现场	10 分	符合现场 5S 标准	
11	安全操作、团队合作	10 分	操作过程安全规范,无人员闲置	
12	总分	100 分		

2.2.4 连杆组的测量

发动机工作时,气缸内的气体压力始终作用在活塞顶上,这使活塞与活塞销、活塞销与连杆小头衬套压紧,并通过连杆使连杆轴承与连杆轴颈、主轴承与主轴颈相互压紧。由于上述各传力机件都具有一定的质量,且具有保持原有运动状态的趋势,即惯性,再加上发动机超负荷和爆燃等原因,连杆易发生弯曲变形、扭曲变形。

连杆的弯曲变形、扭曲变形会使活塞在气缸中歪斜,造成活塞与气缸、连杆轴承与连杆轴颈偏磨并发出响声,进而导致发动机动力下降且温度升高。

1. 测量工具

百分表、连杆变形检测器、塞尺等。

2. 测量连杆弯曲和扭曲

连杆弯曲一般产生在大小端轴线所形成的平面内,弯曲后,连杆大小端轴承孔轴线不平行(见图 2-38(a)(b))。连杆扭曲是指连杆大小端轴线不处在同一平面内(见图 2-38(c))。

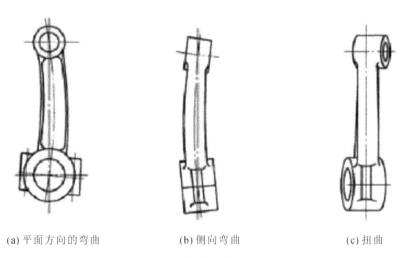

(a) 平面方向的弯曲　　(b) 侧向弯曲　　(c) 扭曲

图 2-38 连杆常见的几种变形

1) 用百分表检验

在平板(或平台)上放置两块 V 形铁,选择合适的样轴装入连杆大小头孔内,将大头端样轴连同连杆一起架在 V 形铁上,使连杆直立。用百分表分别测量两样轴两端的高度,两端测量点的距离一般取 100 mm,以检验连杆的直线度,如图 2-39(a)所示。连杆竖直时,大端的左高减右高不等于小端的左高减右高,则表明连杆存在弯曲变形。

检查连杆的扭曲度时将连杆横卧放置,用垫块将连杆小头垫起,再测量两样轴两端的高度,如图2-39(b)所示。连杆横卧时,大端的左高减去右高不等于小端的左高减去右高,则表明连杆存在扭曲变形。

2)用连杆变形检测器检验

如图2-40所示,检验前,先拆卸连杆衬套和连杆轴瓦,按规定的扭矩紧固连杆螺栓,然后按下述程序进行检验。

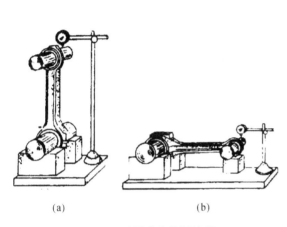

图2-39 用百分表检测连杆

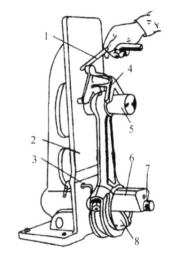

图2-40 用连杆变形检测器检测连杆

1—塞尺;2—检查平板;3—限制器;4—检查爪;
5—标准销轴;6—可调销轴;7—调整螺钉;8—半圆键

(1)根据被检验连杆大小头孔内径,选取相应的可调销轴及半圆键,并将可调销轴直径为50 mm的一端插入检查平板的孔内,使销轴上的半圆键朝下,然后扳动偏心轴摇把,将销轴压紧。

(2)旋转调整螺钉,使半圆键降到连杆大头孔能套入为止。将连杆大头孔套在可调销轴上,并使大头位于半圆键中间位置,使小头朝上处于垂直位置,然后再旋入调整螺钉,使半圆键顶紧连杆大头孔。调整限位器,使其与连杆相抵。

(3)按连杆小头孔内径选取标准销轴,如无标准销轴时,可在衬套装好后利用活塞销穿入连杆小头孔内(或连杆衬套内),再将检查爪跨放在销轴上,轻轻移动,使量脚靠近平板的平面。

(4)用塞尺仔细测量三个量脚与平面之间的间隙。若三个量脚与平板平面的间隙相等,则表明连杆正直;若左、右量脚的间隙相等,但与上脚的间隙不等,则表明连杆弯曲;若左、右量脚的间隙不等,则表明连杆扭曲;若左、右量脚的间隙不等,且上脚的间隙不等于左、右量脚之和的1/2,则表明连杆同时存在着弯曲和扭曲现象。连杆直线度和扭曲度计算方法如下:左、右量脚的平均间隙与上量脚间隙的差,即为连杆在100 mm长度上的直线度;左、右量脚与平板之间的间隙之差,为连杆在100 mm长度上的扭曲度。

(5)准确起见,可把连杆再翻个面,用上述方法复检一次,取两次检查的平均值。连杆的直线度在100 mm长度上一般不超过0.06 mm;连杆的扭曲度在100 mm长度上一般不应超过0.08 mm。

3. 结果分析

当连杆的直线度和扭曲度超限不大时,可采用更换小头衬套和连杆轴瓦的办法进行轻微修刮修正。修刮的要求:除中心线歪扭得到纠正外,配合面的接触面积均应符合要求。

当连杆的直线度和扭曲度过大时,可采用热校法修正。用氧-乙炔火焰均匀地加热需要校正的部位,当温度达到450～600 ℃,整个厚度热透后,再进行校正。校正后的部位用石棉布包好,在空气中自然冷却。

任务实施

1. 工具和设备准备

(1) 工具:百分表、连杆变形检测器、塞尺等。

(2) 设备:活塞连杆。

2. 实施过程

1) 车辆信息

车型		生产年份		制造商	
车辆识别码			发动机型号		
故障描述					

2) 计划

根据故障现象和任务要求,确定所需要的技术资料、检测仪器、工具,并对小组成员进行合理分工,制订详细的实施计划。

(1) 技术资料:

(2) 本次任务需要的仪器及工具：

仪器及工具名称	型号	使用注意事项

(3) 本次任务安全注意事项：

(4) 小组成员及分工：

小组名称		组长	
小组成员姓名	分配任务内容	备注	

3）实施

(1) 连杆的测量方法：

(2) 连杆测量结果：

连杆名称	扭曲度	弯曲度
1缸连杆		
2缸连杆		
3缸连杆		

续表

连杆名称	扭曲度	弯曲度
4缸连杆		
极限值		
处理措施		

4）检查与评估

姓名		工位号		日期	
标准时间		开始时间		完成时间	
序号	项目	标准分	评分标准		得分
1	工具、仪器的准备	5分	（1）工具、仪器选错或少选扣2分 （2）工具丢失或恶意损坏扣5分 （3）任务结束工具整理，视情况扣1~5分		
2	清洁测量面	10分	擦拭干净，无污渍		
3	正确使用检测工具及设备	40分	错误一次扣5分，扣完为止		
6	记录数值	10分	准确记录测量的数值		
7	工具、设备复位	5分	擦拭干净，摆放归位		
8	评价	10分	准确计算各测量数据。数值准确，结论合理		
9	整理现场	10分	符合现场5S标准		
10	安全操作、团队合作	10分	操作过程安全规范，无人员闲置		
11	总分	100分			

任务2.3 曲轴飞轮组检修

2.3.1 曲轴飞轮组的结构及组成

1. 曲轴飞轮组的概念

曲轴飞轮组的主要零件是曲轴和飞轮，如图2-41所示。在曲轴上还装有驱动配气机构的带轮和正时齿轮，其作用是把活塞连杆组传来的气体压力转变为扭矩对外输出，并驱动配气机构及其他附属装置。

2. 曲轴飞轮组的组成

1）曲轴

曲轴一般由主轴颈、连杆轴颈、曲柄、平衡块、前端和后端等组成，如图2-42所示，是发动

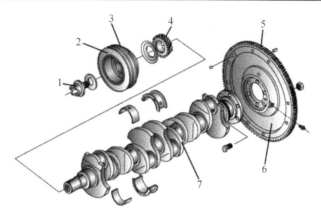

图 2-41 曲轴飞轮组

1—起动爪;2—扭转减振器;3—带轮;4—正时齿轮;5—齿圈;6—飞轮;7—曲轴

机最重要的部件之一。曲轴与连杆配合将作用在活塞上的气体压力变为旋转的动力,传给底盘的传动机构;同时,驱动配气机构和其他辅助装置,如风扇,水泵、发电机等。柴油发动机曲轴的曲柄比汽油发动机曲轴的曲柄长,这也是柴油发动机压缩比(15～21 之间)和气缸压力(3.0 MPa 左右)比汽油发动机的要高的原因。

工作时曲轴受到气体压力、惯性力及惯性力矩的作用,受力大且复杂,并且受到交变载荷的冲击作用。同时曲轴又是高速旋转件,因此要求曲轴具有足够的刚度和强度,具有良好的承受冲击载荷的能力,耐磨损且润滑良好。

曲轴一般用中碳钢或中碳合金钢模锻而成。为提高耐磨性和疲劳强度,轴颈表面经高频淬火或氮化处理,并经精磨加工,以达到较高的表面硬度和表面精度的要求。

(1) 曲轴的支承形式。

主轴颈是曲轴的支承部分,通过主轴承支承在曲轴箱的主轴承座中。主轴承的数目不仅与发动机的气缸数有关,还取决于曲轴的支承方式。曲轴的支承方式一般有两种,如图 2-43 所示,一种是全支承曲轴,另一种是非全支承曲轴。

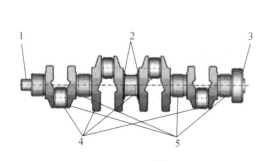

图 2-42 曲轴

1—轴头端;2—止推面;3—法兰端;4—连杆轴颈;5—主轴颈

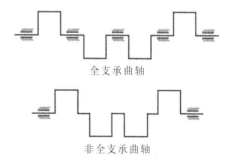

图 2-43 曲轴的支承方式

(2) 曲轴的形状和曲拐的相对位置。

曲轴的连杆轴颈是曲轴与连杆的连接部分,通过曲柄和主轴颈相连,在连接处用圆弧过渡,以减少应力集中。直列发动机的连杆轴颈数和气缸数相等。V 形发动机的连杆轴颈数等于气缸数的一半。

曲柄是主轴颈和连杆轴颈的连接部分,断面为椭圆形,为了平衡惯性力,曲柄处铸有(或紧固有)平衡重块。平衡重块用来平衡发动机不平衡的离心力矩,有时还用来平衡一部分往复惯性力。与此同时,曲轴前端装有正时齿轮,驱动风扇和水泵的带轮等。为防止机油沿曲轴轴颈外漏,在曲轴前端装有一个甩油盘,在齿轮室盖上装有油封。曲轴的后端用来安装飞轮,在后轴颈与飞轮凸缘之间制有挡油凸缘与回油螺纹,以阻止机油向后窜漏(现代汽车曲轴前后端采用曲轴前后油封来防止机油外漏,甩油盘、回油螺纹等在现代的发动机上已很少采用)。

(3) 四缸四行程发动机的点火顺序和曲拐布置。

四缸四行程发动机的点火间隔角为 $720°/4=180°$,平均曲轴每转半圈(180°)做一次功,四个缸的做功行程是交替进行的,并在720°内完成,因此,可使曲轴获得均匀的转速,工作平稳柔和。对于每一个气缸来说,其工作过程和单缸机的工作过程完全相同,只不过是要求它按照一定的顺序(即发动机的工作顺序,也称发动机的点火顺序)工作。可见,多缸发动机的工作顺序(点火顺序)就是各缸完成同一行程的次序。四缸发动机四个曲拐布置在同一平面内,如图2-44所示。

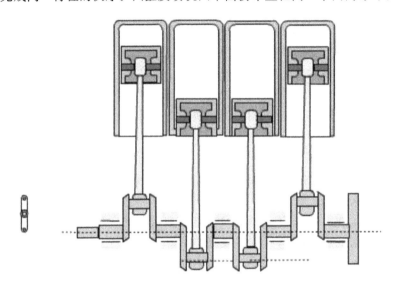

图 2-44 四缸发动机曲拐布置形式

1、4缸在上,2、3缸在下,互相错开180°,其点火顺序的排列只有两种,即1—3—4—2和1—2—4—3,两种工作顺序的发动机工作循环如表2-1所示。

表 2-1 四缸四行程发动机工作循环表

曲轴转角	第一缸	第二缸	第三缸	第四缸
0°~180°	做功	排气	压缩	进气
180°~360°	排气	进气	做功	压缩
360°~540°	进气	压缩	排气	做功
540°~720°	压缩	做功	进气	排气

(4) 四行程直列六缸发动机的点火顺序和曲拐布置。

四行程直列六缸发动机的点火间隔角为 $720°/6=120°$,六个曲拐分别布置在三个平面内(见图2-45),一种点火顺序是1—5—3—6—2—4,国产汽车的六缸直列发动机都用这种点火顺序,另一种点火顺序是1－4－2－6－3－5。六缸四行程发动机工作循环如表2-2所示。

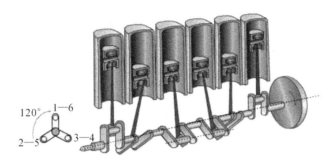

图 2-45 六缸发动机曲拐布置形式

表 2-2 六缸四行程发动机工作循环表

曲轴转角		第一缸	第二缸	第三缸	第四缸	第五缸	第六缸
0°～180°	60°	做功	排气	进气	做功	压缩	进气
	120°						
	180°			压缩	排气	做功	
180°～360°	240°	排气	进气				压缩
	300°						
	360°			做功	进气		
360°～540°	420°	进气	压缩			排气	做功
	480°						
	540°			排气	压缩		
540°～720°	600°	压缩	做功			进气	排气
	660°						
	720°		排气	进气	做功	压缩	

(5) 四行程V形八缸发动机的点火顺序和曲拐布置。

四行程V形八缸发动机的点火间隔角为720°/8＝90°,V形发动机左右两列中对应的一对连杆共用一个曲拐,所以V形八缸发动机只有四个曲拐(见图2-46)。曲拐布置可以与四缸发动机相同,四个曲拐布置在同一平面内,也可以布置在两个互相错开90°的平面内,使发动机更好地平衡。发动机点火顺序为1－8－4－3－6－5－7－2,其工作循环如表2-3所示。

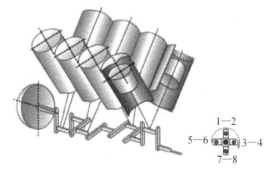

图 2-46 V形八缸发动机曲拐布置形式

表 2-3 八缸四行程发动机工作循环表

曲轴转角		第一缸	第二缸	第三缸	第四缸	第五缸	第六缸	第七缸	第八缸
0°~180°	90°	做功	做功	进气	压缩	排气	进气	排气	压缩
	180°	做功	排气	压缩	压缩	进气	进气	排气	压缩
180°~360°	270°	排气	排气	压缩	做功	进气	压缩	进气	做功
	360°	排气	进气	做功	做功	压缩	压缩	进气	排气
360°~540°	450°	进气	进气	做功	排气	压缩	做功	压缩	排气
	540°	进气	压缩	排气	排气	做功	做功	压缩	进气
540°~720°	630°	压缩	压缩	排气	进气	做功	排气	做功	进气
	720°	压缩	做功	进气	进气	排气	排气	做功	压缩

2) 曲轴轴承

曲轴轴承用来承受曲轴运动时所产生的巨大载荷。曲轴轴承是发动机中的主要磨损零件,需要进行仔细的检查。主轴承支承曲轴轴颈,连杆轴承安装在曲轴和连杆之间。

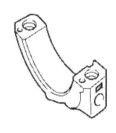

图 2-47 轴瓦

现代的曲轴轴承称为轴瓦,轴瓦有两种基本结构(见图 2-47)。整圆(整体)式轴瓦用在可以插入轴颈的轴承孔中,如凸轮轴;剖分(两半)式轴瓦用在用轴承盖固定轴颈的场合,曲轴轴承就是典型的剖分式轴瓦。整圆式轴瓦上有一个油孔,剖分式轴瓦中有一边带有油孔,安装时要把油孔对准缸体上的油孔。

(1) 曲轴轴承的材料。

多数轴承制造商通常都提供满足汽车制造技术要求的轴承,同时也提供可解决特别问题或需求的轴承。主轴承可以用铝、铝合金、铜铅合金、覆盖巴氏合金层的钢等制成,每种合金在耐腐蚀性、磨损率和疲劳强度方面各有特色。铝合金轴承使用最广泛,含有硅的双金属铝轴承有助于减少轴承磨损。有些轴承由多种金属结合而成,如在钢背上覆有一层铜铅合金,在铜铅合金层上覆有巴氏合金薄层,这种结构可利用各种金属的优点。

(2) 轴承伸展。

大多数主轴承和连杆轴在制成后都有伸展,即轴承两剖分边的距离比轴承孔的直径稍大。安装伸展的轴承时,必须轻微用力将轴瓦按到轴承孔中,保证轴瓦在轴承孔中正确定位,并在装配时固定轴承。

(3) 轴承压紧量。

每片剖分式轴瓦的半瓦都制得比精确半圆稍大。将半瓦压入轴承座中后,就很容易看出来,轴瓦的剖分边会伸出轴承座一些,伸出部分称为轴承压紧量。装好两片轴瓦并将轴承盖拧紧时,压紧量就对轴瓦施加了径向压力,使轴瓦可以紧密地贴合在轴承座孔中。轴承压紧量改善了轴承与轴承座孔之间的表面接触,便于更好地传热,还可以补偿轴承座孔的轻微变形。

3) 止推片

止推片用来控制轴的轴向运动和端隙。许多曲轴装配有带翻边的主轴承,这种轴承就是典型的止推轴瓦,如图2-48(a)所示,翻边轴瓦用在气缸体产生推力的位置,大多数止推轴瓦在两端都有翻边。还有的是单独的止推片,一般有两片,如图2-48(b)所示,止推片储油槽能为止推面提供良好的润滑。止推片磨损或脱落后会导致曲轴轴向间隙过大,离合器自由行程过大。

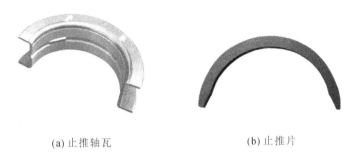

(a) 止推轴瓦　　　　　　　(b) 止推片

图 2-48　止推轴瓦和止推片

4）飞轮

飞轮用来储存做功形成的能量,用于克服进气、压缩和排气形成的阻力和其他阻力,使曲轴能均匀地旋转,如图2-49所示。飞轮外缘压有的齿圈与电动机的驱动齿轮啮合,供起动发动机用;汽车驱动装置如离合器、耦合器也装在飞轮上,利用飞轮后端面作为驱动件的摩擦面,用来对外传递动力。飞轮轮缘上的齿圈与飞轮紧配合,有一定的过盈量。飞轮轮缘上的记号（刻线或销孔）供找压缩上止点用,当飞轮上的记号与外壳上的记号对正时,正好是压缩上止点。

飞轮与曲轴在制造时一起进行过动平衡实验,在拆装时为了不破坏它们之间的平衡关系,飞轮与曲轴之间应有严格不变的相对位置,通常用定位销和不对称布置的螺栓来定位。在安装飞轮时,应注意以下几个问题。

（1）安装飞轮前必须将曲轴大头直径及法兰盘端面、螺纹孔、定位销孔清理干净,使飞轮与曲轴接合面无残存脏物,以防飞轮安装后摆差过大。

（2）用来固定飞轮的螺栓在安装时必须交叉分两次拧紧,最终要达到规定的扭矩,以免使用过程中螺栓松动。

（3）飞轮工作表面经过修磨后,难免会失去平衡,所以应对飞轮进行动平衡检测和调整,以防飞轮在旋转时振动,加速发动机各零部件的磨损。

（4）安装飞轮时必须使飞轮定位圆内孔的中心线与曲轴主轴轴线在规定的同轴度公差范围内。

（5）安装完毕必须检查飞轮上的正时标记位置是否对正。

5）曲轴减振器

曲轴是一种扭转弹性系统,其本身具有一定的自振频率。在发动机工作过程中,经连杆传给连杆轴颈的作用力的大小和方向都是周期性变化的,所以曲轴各个曲拐的旋转速度也是忽快忽慢并呈周期性变化。安装在曲轴后端的飞轮转动惯量最大,可以认为是匀速旋转,由此造成曲轴各曲拐的转动时快时慢,这种现象称为曲轴的扭转振动。

强烈的振动甚至会扭断曲轴。曲轴减振器（见图2-50)的功用就是吸收曲轴扭转振动的能量,消减扭转振动,避免发生强烈的共振及引起严重后果。一般低速发动机不易达到临界转速,但曲轴刚度小、旋转质量大、缸数多及转速高的发动机,自振频率低,强迫振动频率高,容易达到临界转速而发生强烈的共振,因而加装曲轴减振器就很有必要。

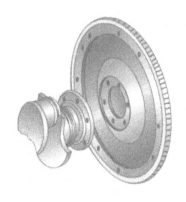

图 2-49 飞轮

图 2-50 曲轴减振器

2.3.2 飞轮组的拆卸和检查

飞轮的主要功用:储存能量,使发动机运转平稳;利用飞轮上的齿圈在起动时传力;将动力传给离合器;克服短暂的超负荷。

1. 拆卸及检查工具

常用工具、拆卸飞轮的专用工具(见图 2-51)、扭力扳手、拉力器(见图 2-52)、百分表等。

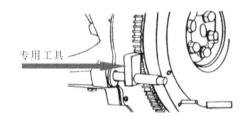

图 2-51 拆卸飞轮的专用工具

图 2-52 拉力器

2. 飞轮组的拆卸及检查

1) 拆卸飞轮

拆卸飞轮时,使用专用工具卡住飞轮齿圈,拧下飞轮紧固螺栓,从曲轴上拆下飞轮,如图 2-53 所示。

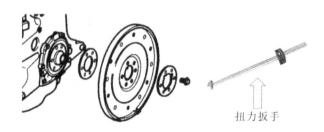

图 2-53 拆卸飞轮

2）飞轮的检测与维修调整

飞轮的损伤主要有齿圈的磨损、损坏及与离合器摩擦片接触的工作面磨损、起槽。在发动机大修时,应检查飞轮的技术状况,并根据实际情况进行修复。飞轮常见损伤及测量如图2-54所示。

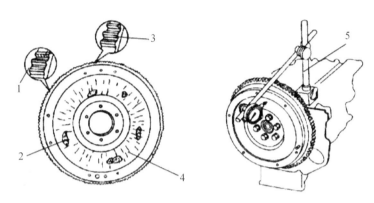

图 2-54　飞轮常见损伤及测量

1—齿面磨损;2—烧蚀;3—齿断裂;4—裂纹;5—支架百分表

(1) 飞轮端面圆跳动量的检测。

将百分表架在飞轮壳上,测头顶在飞轮工作面合适的部位,并将曲轴保持在消除了前、后轴向间隙的位置上(以防将曲轴旋转产生的轴向窜动当作飞轮摆差),旋转表盘,对好指针,转动飞轮一周,百分表的读数差即为端面的圆跳动量。圆跳动量一般不大于0.15 mm,超差时可在曲轴法兰盘端面与飞轮连接处加铜片调整,不采用机械加工方法调整。

(2) 飞轮径向圆跳动量的检测。

将百分表的测头靠在飞轮光滑的内圈或外圈上,旋转表盘,对正指针,转动飞轮一周,百分表的读数差即为径向圆跳动量。该值一般不大于0.05 mm,过大时应换用新飞轮。

(3) 飞轮端面的修整。

飞轮端面不应有裂纹、烧伤等痕迹和挠曲变形,工作表面应平整,表面粗糙度值应较低,平面度误差超过技术要求或有沟槽可磨削修平,但修减厚度一般不超过2 mm。

(4) 飞轮齿圈的检修。

齿圈用于发动机起动,常见的损伤是齿端磨损和断裂。检查齿圈的牙齿有无凹坑和刮伤等现象。一般齿圈磨损后可以翻面使用,严重磨损或断裂时,应更换新齿圈。

从旧车上拆修齿圈时,可用氧炔焰对向着发动机一面的齿圈进行加热,然后敲下齿圈,注意不能敲击飞轮。车辆大修时,齿圈需前后调换,加热压装,再继续使用。压装时注意加热温度应均匀,温度不得超过350℃,以避免飞轮齿圈退火。

(5) 飞轮固定螺栓检修。

曲轴的大头法兰盘和飞轮的接合面发生偏摆或不平整,会使连接螺栓松动。另外,螺母与螺栓间隙过大或未按规定的力矩扭紧螺栓,螺栓也会松动。检修时打开飞轮壳罩,用撬杠撬动飞轮时无明显间隙为好,必要时按规定拧紧螺栓。

(6) 飞轮工作面的修复。

飞轮工作面磨损或起槽深度超过0.5 mm时,应光磨或精车后光磨。飞轮厚度经过加工后,应不低于新飞轮厚度2 mm,波浪形深度不超过0.5 mm,最多允许两道环形沟槽存在,并应消除毛刺。

3.注意事项

高温环境作业时应注意避免烫伤。

任务实施

1.工具和设备准备

（1）工具：百分表、拆卸飞轮的专用工具、扭力扳手、拉力器等。

（2）设备：发动机台架、工具车。

2.实施过程

1）车辆信息

车型		生产年份		制造商	
车辆识别码				发动机型号	
故障描述					

2）计划

根据故障现象和任务要求，确定所需要的技术资料、检测仪器、工具，并对小组成员进行合理分工，制订详细的实施计划。

（1）技术资料：

（2）本次任务需要的仪器及工具：

仪器及工具名称	型号	使用注意事项

(3) 本次任务安全注意事项:

(4) 小组成员及分工:

小组名称		组长	
小组成员姓名	分配任务内容	备注	

3) 实施

(1) 飞轮组的拆卸和检查方法:

(2) 飞轮组拆卸流程:

序号	步骤	注意
1	拆卸外围	
2	安装拆卸飞轮的专用工具	
3	卡住飞轮齿圈	固定牢固
4	拧下飞轮紧固螺栓	
5	从曲轴上拆下飞轮	请使用拉力器

4) 检查与评估

姓名		工位号		日期	
标准时间		开始时间		完成时间	
序号	项目	标准分	评分标准		得分
1	工具、仪器的准备	10分	(1) 工具、仪器选错或少选扣2分 (2) 工具丢失或恶意损坏扣5分 (3) 任务结束工具整理,视情况扣1~5分		

续表

序号	项目	标准分	评分标准	得分
2	拆卸外围	10分	无碍事物件	
3	安装拆卸飞轮的专用工具	10分	安装牢固	
4	卡住飞轮齿圈	10分	卡到位,无间隙	
5	拧下飞轮紧固螺栓	10分	按正确顺序进行拆卸,螺栓摆放整齐	
6	从曲轴上拆下飞轮	10分	正确使用拉力器	
7	工具、设备复位	10分	擦拭干净,摆放归位	
8	评价	10分	数值准确,结论合理	
9	整理现场	10分	符合现场5S标准	
10	安全操作、团队合作	10分	操作过程安全规范,无人员闲置	
11	总分	100分		

2.3.3 曲轴的拆卸和测量

1. 拆卸及检查工具

常用工具、百分表、磁力表座、外径千分尺、V形铁等。

2. 曲轴的拆卸及检查

1) 拆卸曲轴

拆卸曲轴时,需要按照从外到内并且交叉的顺序分多次拧松轴承盖螺栓,禁止不按顺序一次全部拧下,如图 2-55 所示。

拆下所有螺栓后,如果轴承盖不能取下,可装入两条螺栓并晃动轴承盖,如图 2-56 所示。注意拆下的轴承盖按照标记顺序摆放。轴承可用一字螺丝刀小心地撬出,连同轴承盖一起按顺序摆放。

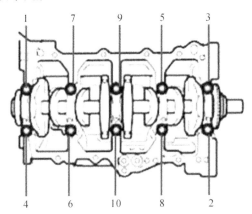

图 2-55 拧松曲轴轴承盖螺栓的顺序

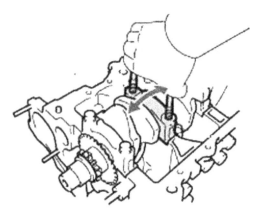

图 2-56 拆卸轴承盖

2）检查曲轴裂纹

小心地将曲轴抬下，用干净汽油清洗后放到 V 形铁上检查是否有裂纹，如图 2-57 所示。将曲轴清洗干净放在支架上，用榔头敲击各曲柄臂，如发出清脆的铛铛声，表示无裂纹；如发出嘶哑的沉闷声，说明有裂纹。一般裂纹位于曲柄和连杆轴颈的连接处及主轴颈周围。为进一步查明裂纹所在位置，可用显微镜仔细观察，或将曲轴在柴油或煤油中浸泡后，擦干曲轴表面，在轴颈上均匀涂一层白粉。然后，用手锤轻击曲柄臂，如曲轴有裂纹，则在裂纹处会渗出油液将白粉染色。有条件的，可用探伤仪进行探伤。确定有裂纹时，更换处理。

3）曲轴弯曲度测量

将曲轴两端支在平板上的 V 形架上，用百分表进行测量。将百分表的测头触及中部的主轴颈，用手慢慢转动曲轴一周，观察百分表指针变化，跳动量大于 0.15 mm 时，应对曲轴进行校正或更换，如图 2-58 所示。

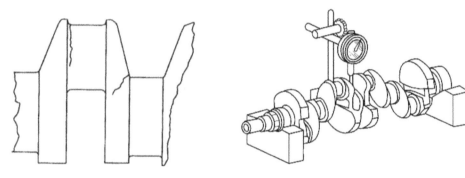

图 2-57 曲轴裂纹　　　　图 2-58 测量曲轴弯曲度

4）曲轴轴径磨损的测量

轴颈圆度和圆柱度的检查用外径千分尺进行，测量和计算方法与连杆轴颈类似，如图 2-59 所示。各轴颈的圆度和圆柱度不超过原厂规定值，且表面无损伤时，曲轴可以继续使用。不满足上述条件之一需进行修磨。

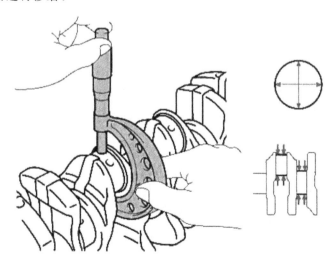

图 2-59 曲轴轴颈测量

任务实施

1. 工具和设备准备

(1) 工具：常用工具、百分表、磁力表座、外径千分尺、V形铁等。

(2) 设备：发动机台架、工具车。

2. 实施过程

1) 车辆信息

车型		生产年份		制造商	
车辆识别码			发动机型号		
故障描述					

2) 计划

根据故障现象和任务要求，确定所需要的技术资料、检测仪器、工具，并对小组成员进行合理分工，制订详细的实施计划。

(1) 技术资料：

(2) 本次任务需要的仪器及工具：

仪器及工具名称	型号	使用注意事项

(3) 本次任务安全注意事项：

(4) 小组成员及分工：

小组名称		组长	
小组成员姓名	分配任务内容	备注	

3）实施

(1) 曲轴的拆卸和检查方法：

(2) 曲轴的拆卸流程：

序号	工作步骤	注意事项
1	依次拆卸气门室罩、气缸盖、油底壳	从两端到中间、平行交叉进行，螺栓分多次扭松，卸下的工件及螺栓要按拆卸顺序摆放
2	将要拆卸的活塞连杆组旋转到下止点位置	旋转到位
3	取下连杆盖，同时取下连杆盖上的连杆轴承	拆卸前在连杆和连杆轴承盖上设置装配标记；连杆轴承不要掉落
4	推出活塞连杆组	可用榔头柄；活塞连杆组不要掉落；将连杆组成组摆放
5	依次取下各缸活塞连杆组	按气缸顺序摆放
6	拧松取下轴承盖螺栓	按照从外向内、平行交叉的顺序，分多次拧松螺栓
7	取下所有轴承盖	轴承盖按顺序摆放
8	取出曲轴	需放到 V 形铁上

续表

序号	工作步骤	注意事项
9	工具、设备复位	擦拭干净
10	清洁台案、工具柜、物料盘等	干净、无死角

4）检查与评估

姓名		工位号		日期	
标准时间		开始时间		完成时间	
序号	项目	标准分	评分标准		得分
1	工具、仪器的准备	10分	（1）工具、仪器选错或少选扣2分 （2）工具丢失或恶意损坏扣5分 （3）任务结束工具整理，视情况扣1～5分		
2	依次拆卸气门室罩、气缸盖、油底壳	10分	从两端到中间、平行交叉进行，螺栓分多次扭松，卸下的工件及螺栓要按拆卸顺序摆放		
3	将要拆卸的活塞连杆组旋转到下止点位置	5分	旋转到位		
4	取下连杆盖，同时取下连杆盖上的连杆轴承	5分	拆卸前在连杆和连杆轴承盖上设置装配标记；连杆轴承不要掉落		
5	推出活塞连杆组	5分	可用榔头柄；活塞连杆组不要掉落；将连杆组成组摆放		
6	依次取下各缸活塞连杆组	5分	按气缸顺序摆放		
7	拧松取下轴承盖螺栓	10分	按照从外向内并平行交叉的顺序，分多次拧松螺栓		
8	取下所有轴承盖	5分	轴承盖按顺序摆放		
9	取出曲轴	5分	需放到V形铁上		
10	工具、设备复位	10分	擦拭干净，摆放归位		
11	评价	10分	数值准确，结论合理		
12	整理现场	10分	符合现场5S标准		
13	安全操作、团队合作	10分	操作过程安全规范，无人员闲置		
14	总分	100分			

任务2.4 曲柄连杆机构总装

曲柄连杆机构拆装注意事项如下。

（1）先拆除外围附件，再按照由外到内、由上到下的顺序进行拆解。

(2) 要在发动机处于冷态时拆装曲柄连杆机构。

(3) 拆解曲柄连杆机构螺栓使用的工具是扭力扳手。

(4) 按照维修手册的拆装顺序和扭力拆装各螺栓。

(5) 拆解正时机构和飞轮时,注意相关正时标记。

(6) 拆卸气缸盖和连杆螺栓时要按照由外到内、先两端后中间、交叉对称的顺序分次均匀地进行,安装时顺序与之相反。禁止一次拧松或拧紧一个螺栓。

(7) 拆装正时机构、油封、轴承等零部件时要使用专用工具。

(8) 按照维修手册的要求更换螺栓、垫片、油封等。

(9) 拧松或拧紧连杆螺栓时,要不断转动曲轴,使活塞处于下止点,再用工具分多次拧松或拧紧。

(10) 每取出一组活塞连杆,要将连杆盖、螺栓等全部零件按照原样装回。

(11) 注意活塞、连杆的标记及方向。

(12) 拆装活塞环时,注意活塞环的位置和方向及标记 TOP。

(13) 拆装活塞销时,应先将活塞加热至 80 ℃。

(14) 相邻两活塞环的开口位置必须错开 120°。

(15) 每道环的开口布置应避开活塞销座和膨胀槽位置。

(16) 检查活塞环侧隙前,要清洗活塞环槽。

(17) 连杆如需更换必须成套更换。

(18) 注意连杆轴瓦的安装位置,如需更换必须成套更换。

(19) 注意不要堵塞轴瓦和活塞上的油孔。

(20) 活塞环的端隙、侧隙、背隙要达到维修手册要求。

(21) 按照气缸、活塞环的修理尺寸选配活塞环。

任务实施

1. 工具和设备准备

(1) 工具:常用工具、百分表、扭力扳手、游标卡尺、外径千分尺、V形铁等。

(2) 设备:整车或发动机台架、工具车。

2. 实施过程

1) 车辆信息

车型		生产年份		制造商	
车辆识别码		发动机型号			
故障描述					

2)计划

根据故障现象和任务要求,确定所需要的技术资料、检测仪器、工具,并对小组成员进行合理分工,制订详细的实施计划。

(1) 技术资料:

(2) 本次任务需要的仪器及工具:

仪器及工具名称	型号	使用注意事项

(3) 本次任务安全注意事项:

(4) 小组成员及分工:

小组名称		组长	
小组成员姓名	分配任务内容	备注	

3)实施

(1) 曲柄连杆机构的拆装方法:

项目 2　曲柄连杆机构检修

(2) 曲柄连杆机构的拆装流程及评分：

姓名		工位号		日期	
标准时间		开始时间		完成时间	
序号	项目	标准分	评分标准		得分
1	工具、仪器的准备	2 分	(1) 工具、仪器选错或少选扣 2 分 (2) 工具丢失或恶意损坏扣 2 分 (3) 任务结束工具整理，视情况扣 1~2 分		
2	拆卸气门室罩	2 分	从两端到中间、平行交叉进行，螺栓分多次拧松，卸下的工件及螺栓要按拆卸顺序摆放		
3	拆卸气缸盖	2 分			
4	拆卸油底壳	2 分			
5	清洁气缸	2 分	清洁干净		
6	将要拆卸的活塞连杆组旋转到下止点位置	3 分	旋转到位		
7	在连杆和连杆轴承盖上设置装配标记	3 分	标记清晰		
8	拧下连杆螺栓	2 分	按拆卸原则进行；可用橡胶锤轻敲连杆螺栓		
9	取下连杆盖，同时取下连杆盖上的连杆轴承	2 分	连杆轴承不要掉落		
10	推出活塞连杆组	2 分	可用榔头柄；活塞连杆不要掉落；将连杆组成组摆放		
11	依次取下各缸活塞连杆组	3 分	按气缸顺序摆放		
12	清洁活塞顶面	2 分	清洁干净		
13	拆下活塞环	2 分	使用专用工具，防止气环损坏		
14	拧松取下轴承盖螺栓	3 分	按照从外向内并平行交叉的顺序，分多次拧松螺栓		
15	取下轴承盖	3 分	将所有轴承盖取出并按顺序摆放		
16	取出曲轴	2 分	需放到 V 形铁上		
17	清洁气缸体上平面、刀口尺、塞尺等	2 分	要清洁干净，避免存在油污或异物		
18	检测位置 1	3 分	刀口尺倾斜紧贴气缸体表面，测量点不少于 5 个，记录要及时准确		
10	评价	3 分	抽检 1 个位置即可评价		
20	清洁测量部位及量具	3 分	要清洁干净，避免存在油污或异物		
21	活塞环放入气缸	3 分	平整		
22	将活塞环推到环行程的底部	2 分	找准环行程底部位置		

续表

序号	项目	标准分	评分标准	得分
23	测量端口间隙	2分	测量要准确	
24	记录测量数据并评价	3分	记录和评价及时、准确、清晰	
25	将活塞环塞入活塞环槽内	2分	活塞环下平面贴紧活塞环槽下平面	
26	测量活塞环上平面与环槽之间的间隙	2分	测量要准确	
27	记录测量数据并评价	2分	记录和评价及时、准确、清晰	
28	润滑主轴颈、连杆轴颈等关键部位	2分	润滑要均匀	
29	安装主轴瓦	2分	主轴瓦不能翘出凹槽边界	
30	安装曲轴	2分	要将曲轴前端轴安装在离1缸位置最近处	
31	安装主轴承盖	2分	按顺序放入轴承盖,按照从内到外、平行交叉的顺序,分多次拧紧轴承盖螺栓。拧紧螺栓时,要不断旋转曲轴,使活塞位于下止点	
32	清洁气缸内孔,并涂抹机油	2分	均匀涂油	
33	活塞环和活塞环槽涂抹机油	2分	均匀涂油	
34	将活塞环装入活塞环槽中	2分	必须使用专用工具,避免损坏活塞环,各环开口错开120°,并避开活塞销孔位置	
35	转动曲轴,使相应气缸的曲轴连杆轴径位于最上端位置	2分	旋转到位	
36	将活塞连杆总成放到相应气缸中	2分	活塞头部上的箭头指向带轮	
37	收紧活塞环,将活塞连杆总成推到气缸中	2分	必须使用专用工具	
38	转动曲轴,使相应气缸的曲轴连杆轴径位于最下端位置	2分	旋转到位	
39	连杆轴瓦涂油,并装配到位	2分	均匀涂油	
40	装上连杆螺栓和螺母,拧紧	2分	按安装原则及力矩要求拧紧;拧紧后转动曲轴应运转灵活、无卡滞	
41	安装油底壳	2分	从中间到两端、平行交叉进行,螺栓分多次扭紧	
42	安装气缸盖	2分	从中间到两端、平行交叉进行,螺栓分多次扭紧	
43	安装气门室罩	2分	从中间到两端、平行交叉进行,螺栓分多次扭紧	

序号	项目	标准分	评分标准	得分
44	工具、设备复位	2分	擦拭干净	
45	清洁台案、工具柜、物料盘等	2分	干净、无死角	
46	总分	100分		

课后练习

1. 填空题

（1）气缸体是发动机的主体，它将各个_____和_____连成一体，是安装活塞、曲轴以及其他零件和附件的支撑骨架。

（2）活塞由_____、_____、_____、_____和_____组成，与气缸盖、气缸壁共同组成_____，承受燃烧时产生的_____，并通过_____传给_____，推动_____旋转。

（3）_____、_____和_____构成了连杆组。_____承受活塞销传递来的气体压力，并将压力传递给曲轴；_____用来固定连杆，调节连杆与曲轴间隙，减小摩擦阻力；_____用来固定连杆及连杆瓦。

（4）曲轴的构造包括用于安装正时齿轮、油泵链轮和带轮的_____；用于安装飞轮的_____；用于将曲轴支承在曲轴箱内的_____；用于安装连杆轴承的_____；连接连杆轴颈和主轴颈的_____；用来平衡_____、_____和_____等产生的离心力及其力矩的_____。

（5）飞轮是一个中间薄边缘厚、转动惯量很大的_____，其主要功用是储存活塞连杆组传递_____的惯性动力。飞轮外缘上压有齿圈，其作用是在发动机起动时，与起动机齿轮啮合，带动_____旋转。

（6）曲轴的作用是将_____的直线运动转化为旋转运动，将_____产生的扭转力转化为转矩，将转矩传递到_____或_____，驱动配气机构、机油泵、冷却液泵、转向泵、发电机和其他附属总成。

（7）主轴瓦和连杆瓦外形相似，但是在_____内圈一般都有一道储油槽，其作用是固定曲轴，调节曲轴与气缸体之间的_____，减小摩擦阻力。

（8）止推片的作用是阻止_____轴向窜动。

（9）正时齿轮保证发动机运转时的_____，使进气门、排气门的开启和关闭与活塞运动相一致。

（10）油泵链轮传递动力，驱动_____。带轮将_____输出的动力传递给空调压缩机、动力转向泵、水泵、发电机等。

2. 名词解释

（1）曲轴
（2）止推片
（3）飞轮

3.简答题

(1) 曲柄连杆机构由哪几个部件组成？它们的作用分别是什么？

(2) 活塞环安装时应注意哪些事项？

(3) 活塞环装反会产生哪些不良后果？

(4) 曲轴轴向间隙如何检测？

(5) 曲轴弯曲度如何检测？造成曲轴弯曲的原因是什么？

项目3　配气机构检修

项目导入

（1）车型：桑塔纳时代超人，AJR 发动机，手动，行驶里程 30 万千米，出厂时间 2009 年 6 月。

（2）故障现象：排气管冒蓝烟，尤其是加速时有大量蓝烟冒出，并且伴随"哒哒哒"有节奏的金属敲击声，客户反映该车动力明显不足，并且机油消耗量很大，一周需要补充近 2 L 的机油。客户要求检查并修复。

学习目标

（1）熟悉配气机构的作用及结构组成；
（2）掌握配气机构的工作原理；
（3）掌握配气相位的原理；
（4）能够根据故障现象正确判断配气机构故障原因；
（5）掌握配气机构各零件的拆装和测量；
（6）能够查阅维修手册，并根据测量结果正确制订修复计划。

课前活动

通过网络学习平台自学，或扫描二维码完成下列学习任务。

（1）知识点学习。

① 学习内容：配气机构的组成、配气相位、正时机构的拆检、凸轮轴和液压挺柱的拆检、气门组的拆解、气门组相关零部件的检测、气门座修整、气缸盖检修和配气机构总装。

② 学习资源：配气机构电子教案、电子教材、电子挂图、教学动画和视频。

③ 在线作业：完成在线作业，准确率达 80% 以上。

（2）自学学习评价。

知识点	学习完成情况	作业完成情况	在线测试分数
3.1.1			
3.1.2			
3.1.3			
3.1.4			

学习记录：

任务 3.1 气门传动组检修

3.1.1 配气机构的组成

1. 配气机构的作用

配气机构的作用是及时地将可燃混合气吸入气缸,及时地将气缸中的废气排出,以保证发动机的正常工作。配气机构是实现发动机进气过程和排气过程控制的机构,它的作用是按照发动机的正常工作次序按时打开和关闭进、排气门,使新鲜空气或可燃混合气进入气缸,并把燃烧后的废气从气缸内排出。配气机构要有足够大的气体流通面积,要保证适时地开启与关闭进排气孔,使废气充分地排出,尽可能多地吸进新鲜可燃混合气。配气机构要求结构简单,工作可靠,调整维修方便。

2. 配气机构的分类

配气机构的分类方法很多,介绍如下。

1) 按凸轮轴布置的位置分类

(1) 凸轮轴下置式配气机构。

凸轮轴装在曲轴箱内,如图 3-1(a)所示。凸轮轴正时齿轮与曲轴正时齿轮相啮合,由曲轴带动凸轮轴转动。该类型的气门驱动机构复杂,配气机构噪声较大。

(2) 凸轮轴中置式配气机构。

凸轮轴位于气缸体的上部,如图 3-1(b)所示。为了减小气门传动机构往复运动部件的质量,对于高转速的发动机,可将凸轮轴的位置移到气缸体的上部,凸轮轴经过挺柱直接驱动摇臂而省去推杆。该形式的配气机构因曲轴与凸轮轴的中心线距离较远,一般要在中间加入一个中间齿轮(惰轮)。

(3) 凸轮轴上置式配气机构。

凸轮轴布置在气缸盖上,如图 3-1(c)所示。凸轮轴直接通过摇臂来驱动气门,没有挺柱和推杆,往复运动部件的质量大为减小,对凸轮轴和气门弹簧的要求也较低,因此它适用于高速强化发动机。

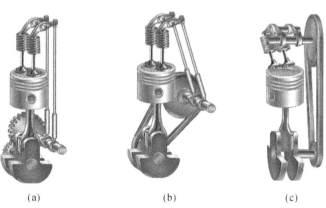

图 3-1 凸轮轴布置形式

2）按气门的布置位置分类

(1) 气门侧置式。

气门设置在机体上,凸轮轴必须下置,如图3-2(a)所示。这种气门布置形式现已淘汰。

(2) 气门顶置式。

气门布置在缸盖上,适合于高转速、高压缩比的发动机,如图3-2(b)所示。

(3) 进气门顶置,排气门侧置式。

进气门布置在缸盖上,排气门布置在缸体上。此类配气机构主要用于高速发动机。

3）按凸轮轴的动力传动方式分类

(1) 齿轮传动式。

齿轮传动式的配气相位准确,工作可靠性好,耐久性好。缺点是噪声、磨损较大,布置困难。一般用在凸轮轴下置式、凸轮轴中置式中,如图3-3(a)所示。

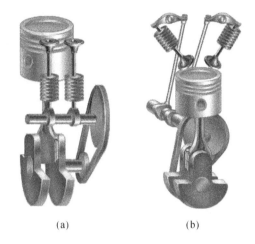

图3-2 气门布置形式

(2) 链传动式。

链传动式的布置自由度大,制造成本低,工作可靠。缺点是配气相位易变,噪声、磨损大,耐久性较差。一般用在凸轮轴上置式中,如图3-3(b)所示。

(3) 齿形带传动式。

齿形带传动式的配气相位准确,布置自由度大,磨损、噪声小。缺点是可靠性、耐久性差,摩擦阻力大,受温度影响大。现在绝大多数发动机用齿形带传动,如图3-3(c)所示。

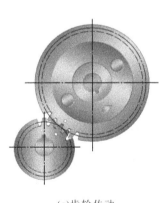  

(a)齿轮传动　　　　　　　(b)链传动　　　　　　　(c)齿形带传动

图3-3 凸轮轴的动力传动方式

4）按气门数目及排列方式分类

(1) 两气门的排列及驱动。

一般发动机都是每缸两个气门,即一个进气门和一个排气门。为了改善换气,在可能的条件下,应尽量加大气门的直径,特别是进气门的直径。这种气门排成一列,采用单根凸轮轴驱动,如图3-4所示。

(2) 四气门的排列及驱动。

某些大排量、高转速、高功率的发动机,由于气门尺寸的限制,每缸两个气门不能满足换气的需要,而采用三气门(两进一排)或四气门(两进两排),因此必须有使两同名气门同步开闭的驱动装置,如图 3-5 所示。

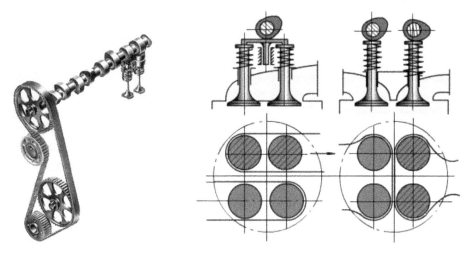

图 3-4　两气门的排列及驱动　　　　图 3-5　四气门的排列及驱动

(3) 五气门的排列及驱动

五气门发动机每缸有三个进气门和两个排气门。这种结构可明显增加进气量,但结构非常复杂,如图 3-6 所示。

3. 配气机构的组成

一般汽车的发动机都采用气门顶置式配气机构,配气机构主要由气门组和气门传动组组成,如图 3-7 所示。

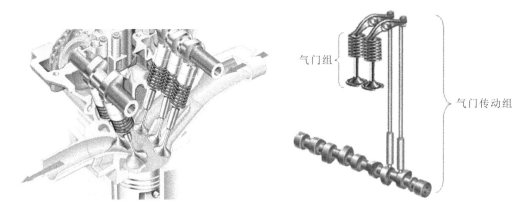

图 3-6　五气门的排列及驱动　　　　图 3-7　配气机构的组成

1) 气门组

气门组的作用是实现气缸的密封。气门组包括气门、气门导管、气门座及气门弹簧等零件,如图 3-8 所示。有的进气门还设有气门旋转机构。

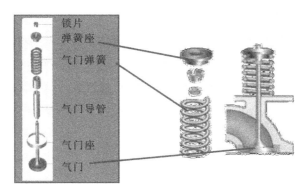

图 3-8 气门组的结构

(1) 气门。

气门的作用是与气门座相配合,对气缸进行密封,并按工作循环的要求定时开启和关闭,使新鲜气体进入气缸,废气排出气缸。气门由头部和杆部两部分组成,头部用来封闭气缸的进、排气通道,杆部则主要为气门的运动导向。

① 气门头部。

气门头部的形状有平顶、凹顶和凸顶,如图 3-9 所示。目前使用最多的是平顶气门头。平顶气门头结构简单,制造容易,吸热面积较小,质量轻,进、排气门均可采用。

气门头部与气门座接触的工作面,是与杆部同心的锥面,通常将这一锥面与气门顶部平面的夹角称为气门锥角,如图 3-10 所示,气门锥角一般做成 30°或 45°。为保证良好密合,装配前应将气门头与气门座二者的密封锥面互相研磨,研磨好的零件不能互换。

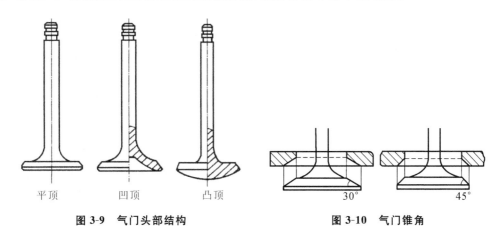

图 3-9　气门头部结构　　　　　图 3-10　气门锥角

② 气门杆部。

气门杆呈圆柱形,在气门导管中不断进行上、下往复运动。气门杆部应具有较高的加工精度和较小的表面粗糙度值,且与气门导管保持正确的配合间隙,以减小磨损和起到良好的导向、散热作用。气门杆尾部结构取决于气门弹簧座的固定方式,如图 3-11 所示。常用的结构是用剖分成两半的锥形锁片来固定气门弹簧座(见图 3-11(a)),这时气门杆的尾部可切出环形槽来安装锁片。也可以用锁销来固定气门弹簧座(见图 3-11(b)),对应的气门杆尾部应有一个用来安装锁销的径向孔。

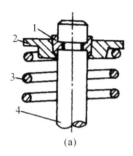 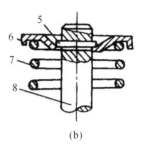

图 3-11 弹簧座的固定
1—锁片;2、6—弹簧座;3、7—气门弹簧;4、8—气门杆;5—锁销

(2) 气门导管。

气门导管的功用是给气门的运动导向,并为气门杆散热。为便于调换或修理,气门导管内、外圆柱面经加工后压入气缸盖或气缸体的气门导管孔中,然后再精铰内孔。为了防止气门导管在使用过程中松落,有的发动机对气门导管进行卡环定位,如图3-12所示,用气门弹簧下座将卡环压住,导管就有了可靠的轴向定位。气门杆与气门导管之间一般留有 0.05~0.12 mm 的间隙,使气门杆能在导管中自由运动。气门导管的工作温度较高,润滑比较困难,一般用含石墨较多的铸铁或铁基粉末冶金制成,以提高自润滑性能。

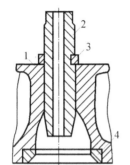

图 3-12 气门导管的固定
1—气缸盖;2—气门导管;3—卡环;4—座圈

(3) 气门座。

气缸盖或气缸体的进、排气道与气门锥面相接合的部位称为气门座,它也有相应的锥面。气门座的作用是靠其内锥面与气门锥面的紧密贴合密封气缸,并接收气门传来的热量。气门座可在气缸盖上(气门顶置时)或气缸体上(气门侧置时)。因为气门座在高温下工作,磨损严重,故有不少发动机的气门座是用耐热钢材或合金铸铁单独制成的气门座圈。一般将气门座圈嵌入气缸盖或气缸体上的气门座圈孔中,如图 3-12 所示,以便提高其使用寿命,同时便于更换。

(4) 气门弹簧。

气门弹簧借其张力克服气门关闭过程中气门及传动件因惯性力而产生的间隙,保证气门及时落座并紧密贴合,同时也可防止气门在发动机振动时因跳动而破坏密封。因此要求气门弹簧具有足够的刚度和安装预紧力。气门弹簧多为中碳铬钒钢丝或硅铬钢丝制成的圆柱形螺旋弹簧,如图 3-13 所示。

(a) 等螺距弹簧   (b) 变螺距弹簧   (c) 双弹簧结构

图 3-13 气门弹簧

2)气门传动组

气门传动组的作用是使气门按发动机配气相位规定的时刻及时开、闭,并保证规定的开启时间和开启高度。气门传动组主要包括凸轮轴、正时齿轮、挺柱及其导管、推杆、摇臂和摇臂轴等,如图 3-14 所示。

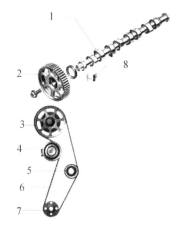

图 3-14 气门传动组结构

1—凸轮轴;2、3—凸轮轴正时齿形带轮;4—张紧轮;5—水泵齿形带轮;
6—正时齿形带;7—曲轴正时齿形带轮;8—挺柱体

(1)凸轮轴。

凸轮轴是活塞发动机里的一个部件,其作用是控制气门的开启和闭合动作。凸轮轴主要由凸轮和凸轮轴轴颈等组成,如图 3-15 所示。

图 3-15 凸轮轴

同一气缸的进、排气凸轮的相对角位置是与既定的配气相位相适应的。发动机各个气缸的进、排气凸轮的相对角位置应符合发动机各缸的点火次序和点火间隔时间的要求。因此,根据凸轮轴的旋转方向以及各缸进、排气和凸轮的工作顺序,就可以判定发动机的点火次序。图 3-16 所示的四缸四行程发动机,每完成一个工作循环,曲轴需旋转两周而凸轮轴只旋转一周,在此期间,每个气缸都要进行一次进气或排气,且各缸进气或排气的时间间隔相等,即各缸进气或排气凸轮彼此间的夹角均为 $360°/4=90°$。由图 3-16 可见,汽车发动机的点火次序为 1—2—4—3(凸轮轴旋转方向,从前端向后看)。

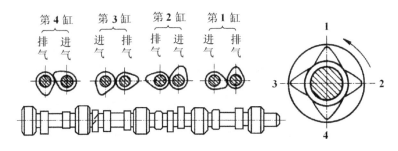

图 3-16 凸轮的排列及相对角位置

（2）挺柱。

挺柱的作用是将凸轮的推力传递给推杆或气门杆，并承受凸轮轴旋转时所施加的侧向力。挺柱可分为普通挺柱和液压挺柱两种。

① 普通挺柱。

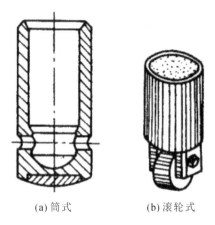

(a) 筒式　　(b) 滚轮式

图 3-17　普通挺柱

气门顶置式配气机构采用的挺柱有筒式和滚轮式两种结构形式，如图 3-17 所示。筒式挺柱圆周钻有通孔，便于筒内收集的机油流出，以对挺柱底面及凸轮进行润滑；由于挺柱中间为空心，因此其质量较轻。滚轮式挺柱可以减少磨损，但结构较复杂，质量较大，多用于大缸径柴油机的配气机构上。

② 液压挺柱。

由于气门间隙的存在，发动机工作时配气机构中将发生撞击而产生噪声。为解决这一问题，有些发动机采用了液压挺柱。液压挺柱结构如图 3-18 所示，其在高级轿车发动机中应用广泛。

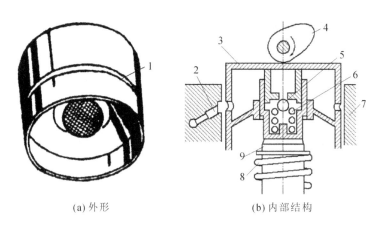

(a) 外形　　(b) 内部结构

图 3-18　液压挺柱

1—环槽；2—缸盖机油道；3—挺柱体；4—凸轮；5—球阀；
6—弹簧；7—气缸盖；8—气门弹簧；9—气门杆

发动机工作时，发动机润滑系统中的机油从主油道经挺柱体侧面的油孔流入，并经常充满柱塞内腔及其下面的空腔。当气门关闭时，柱塞弹簧使柱塞连同压合在柱塞中的支承座紧靠着推杆，整个配气机构中不存在间隙。当挺柱被凸轮推举向上时，推杆作用于支承座和柱塞上的反力将使柱塞克服柱塞弹簧的弹力而相对于挺柱体向下移动，于是柱塞下部空腔内的油压迅速增高，使单向阀关闭。由于液体的不可压缩性，整个挺柱如同一个刚体一样上升，这样便保证了必要的气门升程。当气门开始关闭或冷却收缩时，柱塞所受压力减小，在柱塞弹簧的作用下，柱塞向上运动，始终与推杆保持接触，同时柱塞下部的空腔中产生真空度，于是单向阀再次被吸开，油液便流入挺柱体腔，并充满整个挺柱内腔。

（3）推杆。

推杆的作用是将凸轮轴经过挺柱传来的推力传递给摇臂，它是配气机构中最易弯曲的细长零件。为了减小质量并保证有足够的刚度,推杆通常采用冷拔无缝钢管制成。对于缸体和缸盖都是铝合金制造的发动机,其推杆最好用硬铝制造。推杆可以是实心的,也可以是空心的,如图3-19所示。

(4) 摇臂与摇臂组。

① 摇臂。

摇臂是一个中间带有圆孔的不等长双臂杠杆,如图3-20所示,其作用是将推杆传来的力改变方向后作用到气门杆尾部使其推开气门。

② 摇臂组。

摇臂通过摇臂轴来支承,如图3-21所示,摇臂组(摇臂支架)由摇臂7、摇臂轴2和摇臂轴支座5等组成。摇臂7通过摇臂衬套6空套在两端带碗形塞1的空心摇臂轴2上,而摇臂轴又通过摇臂轴支座5和摇臂中心支座9固定在气缸盖上。摇臂上钻有油孔,通常润滑油从缸体上的主油道经缸体或缸体外油管、缸盖和摇臂轴支座中的油道进入中空的摇臂轴,然后通过轴上的径向孔进入摇臂及轴之间。为了防止摇臂轴向窜动,在摇臂轴上每两摇臂之间都装有限位弹簧10。

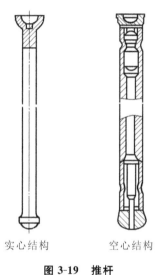

图 3-19 推杆

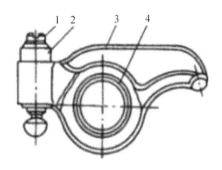

图 3-20 摇臂
1—气门间隙调整螺钉;2—调节螺母;3—摇臂;4—摇臂轴套

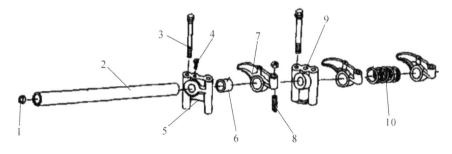

图 3-21 摇臂组
1—碗形塞;2—摇臂轴;3—螺栓;4—摇臂轴紧固螺钉;5—摇臂轴支座;
6—摇臂衬套;7—摇臂;8—调整螺钉;9—摇臂中心支座;10—限位弹簧

3.1.2 配气相位

1. 配气相位

1) 定义

用曲轴转角表示的进、排气门的开闭时刻和开启持续时间,称为配气相位,如图3-22所示。配气相位有进气相位和排气相位,通常用配气环形图表示。发动机的结构不同、转速不同,配气相位也就不同,最佳配气相位角是根据发动机性能指标的要求,由试验确定的。

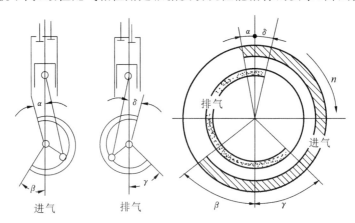

图3-22 配气相位图

2) 作用

理论上气门开关时刻是在活塞的上下止点处。实际上,由于汽车发动机转速较高,一个行程所占时间很短,当四行程式发动机以3000 r/min的转速运转时,一个行程的时间仅0.01 s,而且凸轮驱动气门开启也需要一个过程,这样气门全开的时间就更短了。这样短的时间就很难做到进气充分、排气彻底。为了改善换气情况,气门的开启和关闭时刻已经不限制在上、下止点处。采用提前打开或滞后关闭的方法来延长进、排气时间,这样发动机的实际进、排气行程对应的曲轴转角均大于180°,以使进气更充分,排气更彻底。

3) 原理

(1) 进气门的配气相位。

进气提前角:活塞到达上止点前,进气门便开启,从进气门开启到活塞到达上止点所对应的曲轴转角称为进气提前角。进气提前角用 α 表示,α 一般为10°~30°。进气门早开,活塞到达上止点开始向下运动时,进气门已有一定开度,可较快地获得较大的进气通道截面,减少进气阻力。

进气滞后角:在进气冲程下止点过后,活塞重新又上行一段,进气门才关闭,从下止点到进气门关闭所对应的曲轴转角称为进气滞后角。进气滞后角用 β 表示,β 一般为40°~80°。这样做的目的有以下两点。

① 利用压力差继续进气:活塞到达下止点时,由于进气阻力的影响,气缸内的压力仍低于大气压,进气门延迟关闭,可利用压力差继续进气。

② 利用进气惯性继续进气:活塞到达下止点时,进气气流还有相当大的惯性,进气门延迟关闭,仍能继续进气。

(2) 排气门的配气相位。

排气提前角：在做功行程的后期，活塞到达下止点前，排气门开始开启，从排气门开始开启到下止点所对应的曲轴转角称为排气提前角。排气提前角用 γ 表示，γ 一般为 $40°\sim80°$。这样做的目的有以下三点。

① 利用气缸内的废气压力提前自由排气：排气门适当地早开，气缸内还有 $300\sim500$ kPa 的压力，做功作用已经不大，可利用此压力使气缸内的废气迅速地自由排出。

② 减少排气消耗的功率：提前排气，等活塞到达下止点时，气缸内只剩 $110\sim120$ kPa 的压力，使排气冲程所消耗的功率大为减小。

③ 高温废气的早排，还可以防止发动机过热。

排气滞后角：在活塞越过上止点后，排气门才关闭，从上止点到排气门关闭所对应的曲轴转角称为排气滞后角。排气滞后角用 δ 表示，δ 一般为 $10°\sim30°$。这样做的目的有以下两点。

① 利用气缸内外压力差继续排气：活塞到达上止点时，气缸内的压力仍高于大气压，利用气缸内外压力差可继续排气。

② 利用惯性继续排气：活塞到达上止点时，废气气流有一定的惯性，利用惯性可继续排气。所以排气门适当晚关闭可使废气排得较彻底。

(3) 气门重叠角。

由于进气门早开和排气门晚关，就出现了一段进、排气门同时开启的现象，称为气门重叠。气门同时开启的角度，即进气提前角与排气滞后角之和（$\alpha+\delta$），称为气门重叠角，如图 3-23 所示。

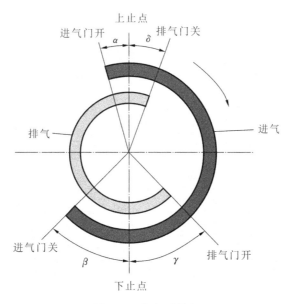

图 3-23 气门重叠角

若气门重叠角过大，当小负荷运转时，由于进气管压力很低，则易出现废气倒流现象。实际上由于重叠时气门的开度较小，且新鲜气体和废气流的惯性要保持原来的流动方向，所以只要叠开角适当，就不会产生废气倒排回进气管和新鲜气体随废气排出的问题。

4) 配气相位的确定及影响因素

从上面的分析可以看出，实际配气相位和理论上的配气相位相差很大。实际配气相位，气门要早开晚关,主要是为了满足进气充足、排气干净的要求。在实际操作中,气门开关的时刻主要根据发动机的结构、形式、技术强化程度、转速等确定,由凸轮轴的形状、位置及配气机构来实现。

同一发动机,转速不同,配气相位也应不同,目前仅少数发动机(丰田 VVT-i、本田 VTEC)能部分满足要求。

影响配气相位变化的因素主要有以下几点。

(1) 气门间隙不合适。间隙过大,会造成气门迟开早关,使发动机充气量减少;间隙过小,会造成气门关闭不严。

(2) 凸轮轴弯曲过大。

(3) 凸轮严重磨损。

(4) 气门挺杆弯曲过大。

(5) 曲轴弯曲过大。

(6) 气门弹簧过软,使气门不能迅速回位。

(7) 曲轴和凸轮轴的正时齿轮记号没有对准,造成活塞工作行程与气门工作不协调。

(8) 凸轮轴调整轴向间隙的隔圈厚度过薄,改变了凸轮轴的轴向位置。

3.1.3　正时机构的拆检

1. 正时机构的拆检

(1) 拆除正时带轮盖,拆除时螺母分几次拧松,正时机构的内部结构如图 3-24 所示。

图 3-24　正时机构的内部结构

1—凸轮轴带轮正时标记;2—皮带;3—曲轴带轮正时标记;4—凸轮轴带轮;5—张紧轮;6—曲轴带轮

(2) 调整正时,将正时标记对准,如图 3-25 所示。

如果没有将正时标记对准就开始拆卸正时机构,在安装时就无法确定正时齿轮朝向,安装后发动机可能无法正常工作。

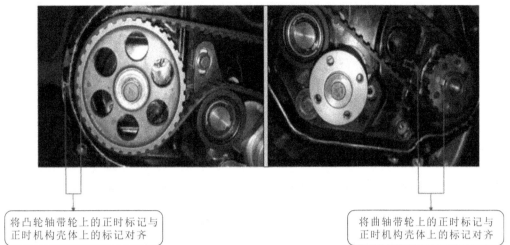

将凸轮轴带轮上的正时标记与正时机构壳体上的标记对齐

将曲轴带轮上的正时标记与正时机构壳体上的标记对齐

图 3-25 对正时标记

(3) 松开张紧轮,撬开弹簧卡扣,如图 3-26 所示。

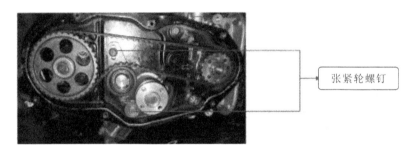

张紧轮螺钉

图 3-26 松开张紧轮

(4) 取下正时皮带,如图 3-27 所示,并用粉笔或者其他工具做好方向标记,如图 3-28 所示。

做好方向标记

图 3-27 取下正时皮带　　图 3-28 正时皮带方向标记

(5) 取下张紧轮、曲轴带轮和凸轮轴带轮等,拆解正时机构,如图 3-29 所示。

2. 正时机构检查

(1) 检查正时皮带是否有硬化、龟裂、剥离、脱落、纤维松散等缺陷,如图 3-30 所示。

(2) 检查正时皮带张紧轮是否转动灵活,如图 3-31 所示。

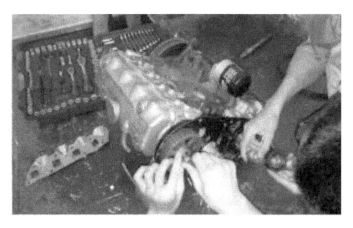

图 3-29 拆解正时机构

图 3-30 检查正时皮带

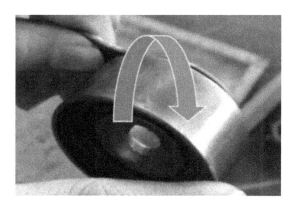

图 3-31 检查正时皮带张紧轮

（3）检查张紧轮弹簧的自由长度是否符合技术说明书要求，如图 3-32 所示。如果弹簧的自由长度与规定值不符，应更换弹簧。

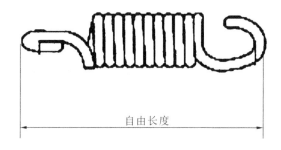

图 3-32 检查张紧轮弹簧

3. 拆检注意事项

（1）将凸轮轴正时齿轮的记号与气门室盖上的记号对准。
（2）将曲轴正时齿轮记号与前盖记号对准。
（3）将正时皮带依次装入曲轴正时齿轮、水泵带轮、惰轮、凸轮轴正时齿轮和滑轮。
（4）拧松滑轮安装螺栓 1/4～1/2 圈，将自动张紧器推杆压缩到最低位置，用钢针插入孔内，用卡环钳调整滑轮进行逆时针旋转，使滑轮两调整孔与地面平行，锁紧固定螺栓，拔出钢针。

项目3 配气机构检修

(5) 顺时针旋转曲轴两圈,检查正时记号是否正确对准。
(6) 依次装回发动机右支架、正时皮带外下罩、正时皮带外上罩。
(7) 装回发电机、空调压缩机皮带。
(8) 检查发动机有无异常,不同车型有所区别。

任务实施

1. 工具和设备准备
(1) 工具:通用工具若干套、世达套筒扳手、专用工具、粉笔、抹布等。
(2) 设备:实训车辆或发动机台架、工具车。

2. 实施过程

1) 车辆信息

车型		生产年份		制造商	
车辆识别码			发动机型号		
故障描述					

2) 计划

根据故障现象和任务要求,确定所需要的技术资料、检测仪器、工具,并对小组成员进行合理分工,制订详细的实施计划。

(1) 技术资料:

(2) 本次任务需要的仪器及工具:

仪器及工具名称	型号	使用注意事项

(3) 本次任务安全注意事项:

(4) 小组成员及分工：

小组名称		组长	
小组成员姓名	分配任务内容	备注	

3）实施

(1) 正时机构拆装步骤：

(2) 正时机构检查结果：

检查项目	检测结果	标准值	更换或修理
正时皮带外观			
张紧轮			
张紧轮弹簧			

视情况对有问题的正时皮带进行更换：

视情况对有问题的张紧轮和张紧轮弹簧进行更换：

4）检查与评估

姓名		工位号		日期	
标准时间		开始时间		完成时间	
序号	项目	标准分	评分标准		得分
1	工具、仪器的准备	10分	(1) 工具、仪器选错或少选扣2分		
			(2) 工具丢失或恶意损坏扣10分		
			(3) 任务结束工具整理，视情况扣1~5分		
2	拆装前车辆准备	10分			

续表

序号	项目	标准分	评分标准	得分
3	曲轴标记对准	15分	与前盖记号对准	
4	凸轮轴标记对准	15分	与气门室盖上的记号对准	
5	正时皮带检查	10分		
6	张紧器检查	10分		
7	拆装步骤的正确性	20分		
8	安全操作、团队合作	10分		
9	总分	100分		

3.1.4 凸轮轴和液压挺柱的拆检

1. 凸轮轴的拆检

1) 凸轮轴的拆解

使发动机前端处于维修工作台上，拆下正时皮带上的防护罩。旋松凸轮轴正时带轮(固定住凸轮轴)，转动曲轴使凸轮轴正时带轮位于第一缸上止点标记处。凸轮轴正时带轮上的标记必须对准正时皮带防护罩上的标记，转动曲轴到第一缸上止点。松开半自动张紧轮，从凸轮轴正时带轮上拆下正时皮带，拆下气门罩盖，再拆下凸轮轴正时带轮，从凸轮轴上拿下半圆键。先拆下第1、3、5号轴承盖，然后对角交替松开第2、4号轴承盖，如图3-33所示。

图3-33 凸轮轴的拆解

2) 凸轮轴的检查

凸轮轴的损伤有凸轮轴弯曲、轴颈磨损、凸轮磨损等。

(1) 凸轮轴弯曲的检修。

如图3-34所示，将凸轮轴放到检验平台的V形铁上，同时把装有百分表的磁性表座安装到检验平台上，让百分表垂直安放在凸轮轴中间的轴颈上，百分表短指针压缩1~2 mm，锁紧磁性表座，固定百分表。转动凸轮轴一周，观察百分表长指针摆动的角度，此百分表示值的一半即为凸轮轴弯曲的变形量,此值不应超过 0.03 mm。

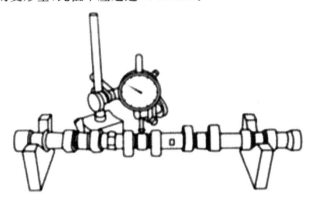

图 3-34 凸轮轴弯曲度的检测

(2) 凸轮轴高度的检验。

用肉眼检查凸轮工作面,应无斑痕,用标准样板检查凸轮轮廓变化情况。如图 3-35 所示,先用千分尺测量凸轮轴高度,再将凸轮轴转动 90°,在高度的垂直方向用千分尺测量凸轮轴轴颈直径。两次测得的数据之差即为凸轮轴的高度。

(3) 凸轮轴轴向间隙的检查与修理。

图 3-36 所示为用塞尺检查凸轮轴轴向间隙。标致发动机凸轮轴轴向间隙为 0.05~0.14 mm,最大不得超过 0.30 mm。若间隙过大,则可加厚止推凸缘;若间隙过小,可减薄止推凸缘,也可在凸轮轴前端台肩上加上垫圈。

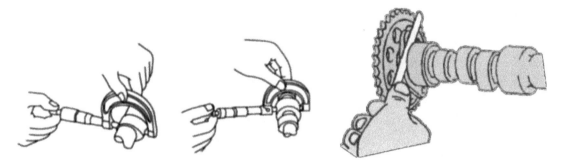

图 3-35 凸轮轴高度的检测   图 3-36 凸轮轴轴向间隙检查

3) 摇臂和摇臂轴的检查和修理

(1) 检查摇臂与摇臂轴的配合情况,将摇臂沿摇臂轴径向推拉,如图 3-37 所示。测量摇臂与摇臂轴配合间隙,如图 3-38 所示。

   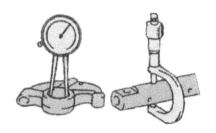

图 3-37 检查摇臂与摇臂轴的配合情况   图 3-38 测量摇臂与摇臂轴间隙

(2) 检查摇臂与摇臂轴有无裂纹与损伤现象。

(3) 检查摇臂与凸轮接触面的磨损情况。若接触面有严重磨损,应进行修磨或喷镀金属粉末 Cr60 后修磨,必要时更换新的摇臂。

2. 液压挺柱的拆检

1) 液压挺柱的拆卸

(1) 卸下凸轮轴轴承盖紧固螺母,其顺序是先松第 1、3、5 轴承盖螺母,之后对角交替旋松 2、4 轴承盖螺母,取出凸轮轴。

(2) 取出液压挺柱,用专用工具或自制工具压下气门弹簧座,取出气门锁片和内外气门弹簧,以及气门油封和气门。

2) 液压挺柱的检修

(1) 液压挺柱与导孔配合间隙的测量,如图 3-39 所示。

(2) 液压挺柱耦合件密封性检查,如图 3-40 所示。

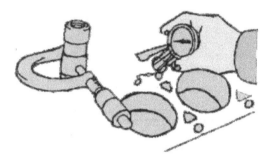

图 3-39 液压挺柱与导孔的间隙测量

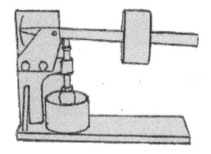

图 3-40 液压挺柱耦合件密封性检查

3) 气门间隙的调整

如图 3-41 所示,将规定厚度的塞尺插入气门脚与摇臂或挺柱与凸轮之间,来回拉动,感觉有轻微阻力即为合适。否则应先拧松调整螺栓上的锁紧螺母,然后转动调整螺栓,直到合适后拧紧锁紧螺母,再复查一次。如间隙变化,需重复上述工作。

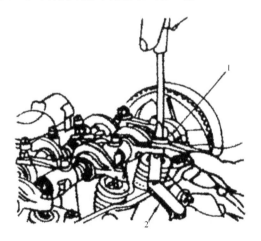

图 3-41 气门间隙的调整

1—塞尺;2—调整螺母

任务实施

1. 工具和设备准备

(1) 工具：通用工具若干套、世达套筒扳手、扭力扳手、专用工具、塞尺、V形块、磁性底座、百分表、千分尺、抹布等。

(2) 设备：实训车辆或发动机台架、工具车。

2. 实施过程

1) 车辆信息

车型		生产年份		制造商	
车辆识别码			发动机型号		
故障描述					

2) 计划

根据故障现象和任务要求，确定所需要的技术资料、检测仪器、工具，并对小组成员进行合理分工，制订详细的实施计划。

(1) 技术资料：

(2) 本次任务需要的仪器及工具：

仪器及工具名称	型号	使用注意事项

（3）本次任务安全注意事项：

（4）小组成员及分工：

小组名称		组长	
小组成员姓名	分配任务内容	备注	

3）实施

（1）凸轮轴和液压挺柱的拆解步骤：

（2）凸轮轴和液压挺柱检测结果：

检查项目	检测结果	标准值	更换或修理
凸轮轴弯曲			
轴颈磨损			
凸轮磨损			
摇臂与摇臂轴有无裂纹			
摇臂与摇臂轴的配合			
摇臂与凸轮接触面的磨损			
挺柱与导孔配合间隙			
挺柱耦合件密封性检查			

4）检查与评估

姓名		工位号		日期	
标准时间		开始时间		完成时间	
序号	项目	标准分	评分标准		得分
1	工具、仪器的准备	10分	（1）工具、仪器选错或少选扣2分 （2）工具丢失或恶意损坏扣10分 （3）任务结束工具整理，视情况扣1~5分		
2	凸轮轴螺栓拆解顺序	5分	按照维修手册中规定的顺序		
3	凸轮轴的测量	20分	测量工具和测量精度		
4	凸轮轴轴向间隙测量	15分	测量工具和测量精度		
5	摇臂和摇臂轴的测量	10分	测量工具和测量精度		
6	液压挺柱的检修	10分			
7	气门间隙的调整	20分	调整到标准值		
8	安全操作、团队合作	10分			
9	总分	100分			

任务3.2　气门组检修

3.2.1　气门组的拆解

1.拆装工具简介

拆装气门组需要的工具如图3-42所示，分别有气门组拆装专用工具、吸棒、一字螺丝刀、抹布。

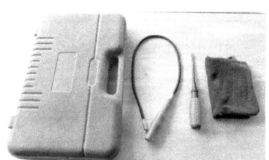

图3-42　气门组拆装工具

2.气门组的拆卸

（1）从发动机上拆除与燃油供给系统、点火系统等有关的部件。

（2）拆卸前、后气门室及摇臂机构，取出推杆。

(3) 拆下气缸盖,确认所需拆卸的气门,取出液压挺柱,如图 3-43 所示。

(4) 认识气门组拆装专用工具,如图 3-44 所示。

图 3-43 气门组拆卸

图 3-44 气门组拆装专用工具

(5) 选择合适大小的气门拆装接头和接杆,如图 3-45 所示。

(6) 组装气门拆装工具,并调整气门拆装工具,如图 3-46 所示。

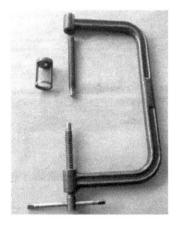

图 3-45 气门拆装接头和接杆

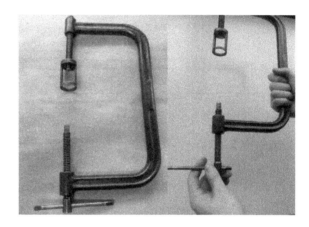

图 3-46 气门拆装工具的组装和调整

(7) 压缩气门弹簧,如图 3-47 所示。

(8) 用吸棒配合一字螺丝刀,依次取出锁片、弹簧座、弹簧和气门。将拆下的气门组件做好相应标记,按顺序放置,如图 3-48 所示。

图 3-47 压缩气门弹簧

图 3-48 气门组件拆卸与标记

任务实施

1. 工具和设备准备

(1) 工具:通用工具若干套、世达套筒扳手、气门组拆装专用工具、吸棒、一字螺丝刀、抹布。

(2) 设备:实训车辆或发动机台架、工具车。

2. 实施过程

1) 车辆信息

车型		生产年份		制造商	
车辆识别码			发动机型号		
故障描述					

2) 计划

根据故障现象和任务要求,确定所需要的技术资料、检测仪器、工具,并对小组成员进行合理分工,制订详细的实施计划。

(1) 技术资料:

(2) 本次任务需要的仪器及工具:

仪器及工具名称	型号	使用注意事项

（3）本次任务安全注意事项：

（4）小组成员及分工：

小组名称		组长	
小组成员姓名	分配任务内容	备注	

3）实施

气门组拆解步骤：

4）检查与评估

姓名		工位号		日期	
标准时间		开始时间		完成时间	
序号	项目	标准分	评分标准		得分
1	工具、仪器的准备	10分	（1）工具、仪器选错或少选扣2分； （2）工具丢失或恶意损坏扣10分； （3）任务结束工具整理，视情况扣1~5分		
2	测试前车辆准备	10分			
3	拆装步骤正确性	50分			
4	安全操作、团队合作	10分			
5	5S规范	20分			
6	总分	100分			

3.2.2 气门组相关零部件的检测

1. 气门工作面的检修

1）外观检验

当发现气门有裂纹、破损或熔蚀烧损时,需更换气门。

2）测量气门尺寸

如果气门尺寸超过磨损极限,则应更换气门。

光磨后的气门:大端圆柱面厚度不小于 1 mm,工作锥面径向跳动误差不超过 0.01 mm,粗糙度值不大于 0.25 μm,与气门杆部的同轴度误差不超过 0.05 mm。

2. 气门杆磨损检修

气门杆磨损会使气门杆与导管孔的间隙增大,易造成气门歪斜,导致气门关闭不严而漏气。高温废气通过导管孔间隙会使气门及导管过热,加速磨损,并可能因导管中润滑油烧结,使气门卡死而无法动作。气门杆与气门导管的配合间隙过大时,应更换气门和气门导管。用外径千分尺测量气门杆的磨损程度,测量部位在气门杆上、中、下三个箭头所示的部位,如图 3-49 所示,若磨损程度超过规定范围,则应更换。气门耗损达下列情形之一时,应予以修校或换新。气门杆磨损:轿车大于 0.05 mm,货车大于 0.1 mm,或有明显的台阶形;气门头圆柱面厚度小于 1 mm;气门尾端磨损大于 0.5 mm。

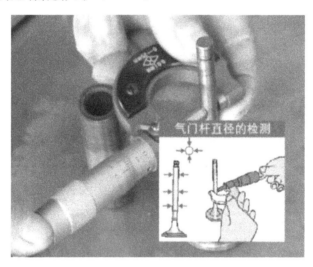

图 3-49 气门杆磨损测量

3. 气门杆弯曲和端面的检修

1）气门杆弯曲

气门杆的弯曲可用百分表来测定,先清除气门积炭并将气门擦净,将气门杆支承在两个距离 100 mm 的 V 形架上,然后用百分表测头测量气门杆中部的弯曲度,若其值超过 0.05 mm,应更换或校正气门。在气门头部用百分表测量,转动气门头部一圈,读数最大和最小之差的 1/2 即为气门头部的倾斜度误差,许用倾斜度误差为 0.02 mm。气门杆弯曲或气门头部歪斜超过规定范围,需更换气门。

2）气门杆端面

气门杆端面磨损或有斑痕，往往会使端面不平。当气门顶起时，挺柱（或摇臂）作用力将产生侧向力，使气门杆歪斜，气门关闭不严。气门杆端面磨损，可用磨气门机修正。磨气门机上设有V形铁座，将气门杆平放在铁座上，一手按住气门杆，一手转动气门头，并使杆端轻微靠在砂轮上磨平。

4．气门导管的检修

气门导管用来引导气门做直线运动，保证气门和气门座同心，配合严密而不漏气。因此，气门杆与气门导管之间需要有一定的配合间隙。不同发动机机型，其间隙也不同。若因磨损使其值超限过大，气门在运动时就会出现摆动并受到冲击，造成气门磨损不均匀，气门关闭不严，引起漏气以致气门烧损。同时使润滑杆身的机油大量漏入气缸燃烧，不仅浪费机油，还会造成严重积炭，加速零件磨损。间隙过小会影响气门的自由运动，在杆身受热膨胀时可能卡死，使气门不能关闭。因此，在维修时不能忽略检查气门导管间隙值。

1）气门导管与气门杆间隙的三种检测方法

（1）将气缸盖倒置在工作台上，把气门提起至气缸盖平面以上15 mm左右，用百分表的测头抵在气门头部边缘上，如图3-50所示，用手在测头的直线方向来回晃动气门，百分表指针摆动量的一半即配合间隙量。

（2）测量气门导管的内径，如图3-51所示，将测得的内径减去气门杆的实际直径，所得差值即为气门与导管的配合间隙。

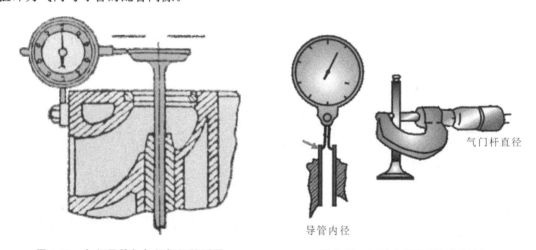

图3-50　气门导管与气门杆间隙测量　　　　图3-51　通过内径测量气门间隙

（3）经验法：将气门提起至离气缸盖平面10 mm，沿发动机轴向或垂直发动机轴方向摇摆气门，根据经验来判断气门与气门导管的间隙；或者将气门杆部涂上机油，插入气门导管内，进行数次往复运动后，气门能在自重作用下缓慢落下，即认为配合间隙适当，如图3-52所示。

2）更换新气门导管

更换新的气门导管既要内径符合要求，又要使外径比旧导管加大0.01～0.02 mm，以保证外表以一定的紧度（过盈配合）压入气缸盖导管座孔中。在安装新导管时注意：应将导管外表涂一层机油，然后垂直放在座孔中，慢慢压入，切忌用铁锤猛击，如图3-53所示。

图 3-52　经验法测量气门间隙

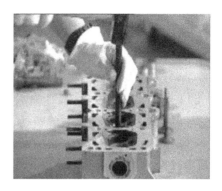

图 3-53　更换新气门导管

5.气门弹簧的检查

1）气门弹簧预紧力的检查

气门弹簧的预紧力可用专用的弹簧拉压试验器来检测，如图 3-54 所示，也可用新旧弹簧对比检测，比较新旧弹簧的自由长度，并将新旧弹簧叠加后一起放在台虎钳上，压缩后比较长度。如旧弹簧长度远小于新弹簧，说明旧弹簧弹力太弱，应该更换。

图 3-54　气门弹簧预紧力检测

2）气门弹簧垂直度的检查

在修理中，气门弹簧的垂直度在全长上允许偏差±(1～2)mm，否则应当更换，如图 3-55 所示；弹簧的自由长度允许缩短 3%～4%，如果超过应予以更换，如图 3-56 所示。

图 3-55　气门弹簧垂直度

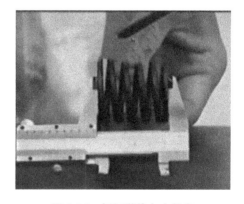

图 3-56　气门弹簧自由长度

任务实施

1.工具和设备准备

（1）工具：通用工具若干套、塞尺、V 形块、磁性底座、百分表、千分尺、角尺等。

（2）设备：实训车辆或发动机台架、工具车、专用的弹簧拉压试验器。

2. 实施过程

1) 车辆信息

车型		生产年份		制造商	
车辆识别码			发动机型号		
故障描述					

2) 计划

根据故障现象和任务要求,确定所需要的技术资料、检测仪器、工具,并对小组成员进行合理分工,制订详细的实施计划。

（1）技术资料：

（2）本次任务需要的仪器及工具：

仪器及工具名称	型号	使用注意事项

（3）本次任务安全注意事项：

(4) 小组成员及分工：

小组名称		组长	
小组成员姓名	分配任务内容	备注	

3) 实施

气门组相关零部件的检测结果：

检查项目	检测结果	标准值	更换或修理
气门工作面			
气门尺寸			
气门杆磨损			
气门杆弯曲			
气门杆端面			
气门导管与气门杆间隙			
气门弹簧预紧力			
气门弹簧垂直度			

4) 检查与评估

姓名		工位号		日期	
标准时间		开始时间		完成时间	
序号	项目	标准分	评分标准		得分
1	工具、仪器的准备	10分	(1) 工具、仪器选错或少选扣2分； (2) 工具丢失或恶意损坏扣10分； (3) 任务结束工具整理，视情况扣1~5分		
2	测试前台架准备	10分			
3	测量的步骤	30分	(1)测量手法不正确每项扣2分； (2)测量步骤不正确每项扣2分		
4	测量数值的正确读取	20分	测量数值不正确每项扣2分		
5	安全操作、团队合作	10分			
6	5S规范	20分	符合现场5S标准		
7	总分	100分			

任务 3.3 气缸盖检修

3.3.1 气门座修整

发动机在工作过程中,气门与气门座发生频繁而剧烈的冲击,造成机械磨损与挤压塑性变形,气门头工作圆锥面形成凹陷环带,有时还会出现疲劳剥落凹坑。此外,排气门与气门座还受到高温燃烧气体的冲刷和腐蚀,产生烧蚀麻点;进气门与气门座还受到夹杂在空气中的磨料磨损,因而磨损较排气门与气门座严重。气门与气门座产生上述缺陷后,其密封性下降,影响发动机正常工作,应及时修理。

1. 配研气门与气门座

当气门与气门座的工作圆锥面磨损不大时,可采用气门与气门座直接互相研磨的方法恢复其密封性。常用的是手工配研法。

首先将气门、气门座和气门导管用柴油清洗干净,在气门工作圆锥面上涂上一层薄薄的粗研磨膏,把气门杆插入气门导管中,用气门捻子吸住气门头部进行配研。配研时,一边用手搓动木柄,使捻子带动气门在气门座上往复转动,一边提起气门轻轻拍打气门座,并频繁地改变气门与气门座的相对位置。当工作圆锥面上出现一条较整齐的接触环带后,再换用细研磨膏继续配研,直至气门工作圆锥面上出现一条整齐的暗灰色环带为止。最后将工作圆锥面上的研磨膏洗净,涂上机油再配研片刻,使之更好地密合。根据气门和气门座的工作圆锥面状况,有的可不经粗研而直接用细研磨膏精研。

配研好后的接触环带宽度,一般以 1.2~2.5 mm 为宜。接触环带过窄会加剧磨损和影响气门的散热,过宽则易漏气和形成积炭。

气门与气门座配研结束后,应进行密封性检查。常用的方法是将气门放入气门座内,在气门顶下沉处注入煤油,经过 2~3 min 后,油面不下降,说明密封性良好。

2. 磨修气门工作圆锥面及铰修气门座

当气门与气门座磨损严重,或出现烧蚀麻点、剥落时,用配研法难以修复,常采用磨修气门工作圆锥面和铰修气门座来修复。

1) 磨修气门工作圆锥面

磨修气门前,应检查和校直气门杆的弯曲。气门杆的弯曲度一般在 100 mm 长度上应不大于 0.015 mm(即径向摆差不超过 0.03 mm)。磨修气门座如图 3-57 所示,磨修后,气门头圆锥面对气门杆的摆差一般应不超过 0.05 mm。气门的磨修在磨气门机上进行,磨修气门时应保证原斜角(一般为 45°),并用较小的切削用量磨至光整为止。磨修后的气门,其头部圆柱面的厚度应不小于 0.5 mm,否则容易变形,且影响气门在气缸盖上的下陷量。

2) 铰修气门座

气门座铰修应用气门铰刀进行。气门铰刀的角度分为 30°、45°、75°和 15°四种。30°和 45°铰刀用以铰修气门座相应角度的工作圆锥面,分粗刃和细刃两种;75°和 15°铰刀供调整接触带宽度和位置使用。

铰修气门座前,先检查气门导管磨损情况,若磨损严重,应更换新气门导管后,再铰修气门

图 3-57　磨修气门座

座。铰修气门座的步骤如下。

（1）首先用 45°粗刃铰刀铰修工作圆锥面，至消除表面的凹坑、麻点等缺陷为止。

（2）用 15°和 75°铰刀分别铰修工作圆锥面上、下口，修正工作圆锥面宽度和位置。当气门与气门座接触环带偏下时，可用 75°铰刀修正气门座，使接触环带上移；当接触环带偏上时，可用 15°铰刀修理气门座，使接触环带下移。

（3）最后用 45°细刃铰刀轻轻铰修工作圆锥面，使其粗糙度和接触宽度都符合要求。

铰修气门座如图 3-58 所示，铰修时，用力要均匀，转动要平稳，否则容易将气门座铰偏。同时，应尽量少铰削掉金属层，以延长气门座的使用寿命。

图 3-58　铰修气门座

3. 气门座的检修

1）气门座接触面的检查

（1）检查气门座接触面时，气门必须完全符合要求。只有气门杆和气门导管的配合间隙符合要求，才能进行气门接触面的检查。

（2）气门头工作面接触印痕标准配合宽度及状况的规定：标准配合宽度 1.3～1.5 mm，印痕状况为连续无间断环形印痕（进、排气门规定相同），如图 3-59 所示。

（3）检查方法。一般是在气门座上均匀地涂上一层红丹油，使用气门研磨工具（或合格的进、排气门）将气门座与气门头旋转研配，就能得到各气门的接触印痕。各气门配合面得到的接触印痕必须符合规定。

2）气门座位置尺寸的检查

气门座位置尺寸的检查方法如图 3-60 所示。在气门座中放入合格的进、排气门，用深度千分尺测量气门最高部位距气缸盖下平面的距离，该值应保持在规定的极限值内。该极限值的规定按制造厂的技术文件规定执行。

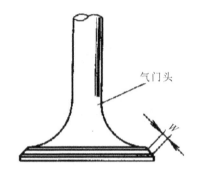

图 3-59　气门座接触面检查

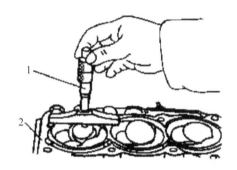

图 3-60　气门座位置尺寸的检查

1—深度千分尺；2—气缸盖总成

3.3.2　气缸盖燃烧室密封性检测

气缸盖燃烧室密封性检测方法主要有画线法、渗漏法、轻拍法和仪器检验法。

1. 画线法

在研磨过的气门工作面上，每隔 8 mm 左右用软铅笔画一条线，如图 3-61 所示，然后将气门放在相配的气门座上旋转 1/4 圈，如所画的线条均被切断，则表示密封性良好，如有的线条未被切断，说明密封不良，需重新研磨。

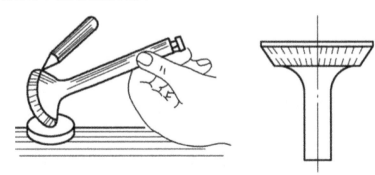

图 3-61　画线法

2. 渗漏法

在气门与气门座密合后,在气门座周围加注少量汽油。观察是否漏油,漏油则密封不严。同时在气门与气门座密合后,也可观察是否漏光,以判断其密封性。

3. 轻拍法

轻拍法如图 3-62 所示,将气门在相配的气门座上轻拍数次,观察气门与气门座的工作面,如有明亮而完整的光环,则可认为研磨符合要求。

4. 仪器检验法

仪器检验法如图 3-63 所示,将仪器的空气室罩在气门座上并用手压紧,挤压橡皮球,使空气室内具有 69 kPa(0.7 kgf/cm²) 的压力,如在 0.5 min 内压力不下降,即认为其密封良好。

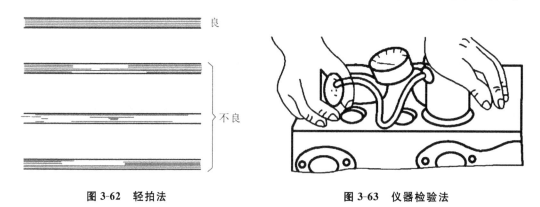

图 3-62 轻拍法　　　　图 3-63 仪器检验法

任务 3.4　配气机构总装

配气机构总装要清楚各元件的连接关系、构造及其装配步骤和要求等。

1. 安装气门

1) 气门的安装

将气门油封压装于气门导管上,安装时,油封一定要压到位,防止油封变形或损坏。装上气门弹簧和弹簧座,在气门杆上涂少许润滑油,按原次序插入气门导管内,用专用工具压紧气门弹簧,装上锁片。

2) 安装正时齿轮和张紧轮

凸轮轴正时齿轮的齿数为曲轴正时齿轮齿数的 2 倍。正时齿轮、齿形皮带上都有正时记号,装配时应将正时记号对准,以保证正确的配气相位和点火时间。张紧轮主要用于调整齿形皮带张力的大小。

3) 齿形皮带的安装

齿形皮带的安装按下列步骤进行。

(1) 将齿形皮带套在曲轴齿轮和中间轴齿轮上。

(2) 曲轴三角皮带盘用一只螺栓固定。

(3) 凸轮轴正时齿轮上的标记应与气门室罩平面对齐,转动凸轮轴时,曲轴不可置于上止点。

(4) 将曲轴三角皮带盘上止点记号和中间轴齿轮上的记号对齐。

(5) 将齿形皮带套到凸轮轴正时齿轮上。

(6) 按箭头方向转动张紧轮,以张紧齿形皮带。用拇指和食指捏住凸轮轴齿轮和中间轴中间的齿形皮带,应刚好可以扭转 90°。如果张紧程度不符,可松开张紧轮螺母,进行第二次调整。

齿形皮带经长期使用后,会产生硬化、龟裂、剥离、脱落、磨损、纤维松散等缺陷,严重时会折断。如发现上述情况,一般均需更换新件。

张紧轮出现异常的声音或不平稳及摇晃的现象时,说明张紧轮已损坏,必须更换。

4) 气门室罩的安装

在气缸盖和气门室罩的密封表面上,将密封胶的残渣清理干净,防止安装后发生漏油现象。在干净的气缸盖密封表面上涂以密封胶,涂胶层要均匀适量。在密封胶开始固化以前,将气门室罩安装在气缸盖上,注意不能让密封胶接触其他零部件。安装气门室罩紧固螺钉,以 6.37 N·m 的力矩拧紧。螺钉不可拧得过紧,以免损坏铝合金的气门室罩。为防止气门室罩的变形,在拧紧螺钉时,应按照常用的交叉方式来进行。

5) 气门间隙的检查和调整

发动机工作时气门及气门传动件会因温度升高而膨胀,对于非液压挺柱的发动机,气门及气门传动件如果在冷态时无间隙或间隙过小,则在热态下会因为受热膨胀而引起气门关闭不严,造成发动机在压缩和做功行程中漏气。因此,正常的气门间隙是非常必要的。

调整好的气门间隙也会因配气机构机件的磨损而发生变化。如果间隙过大,会使气门升程减小,引起充气不足、排气不畅,而且会带来不正常的敲击声。如果间隙过小,则会使气门工作时关闭不严密,造成漏气及气门与气门座的工作面烧蚀。

2. 安装凸轮轴

(1) 先不装挺柱,把凸轮轴装入轴承中,用百分表或厚薄规检查凸轮轴轴向间隙,极限为 0.15 mm。轴向间隙合适后再拆下凸轮轴。

(2) 将气门挺柱涂以润滑油,插入相应导孔内。

(3) 安装凸轮轴时,将轴承和轴颈涂上润滑油,把凸轮轴放在轴承孔上。第 1 气缸凸轮必须朝上。凸轮轴转动时,曲轴不可置于上止点,否则会损伤气门及活塞顶部。安装轴承盖,上下两半部要对准。按照拆卸相反的顺序拧紧轴承盖,先对角交替拧紧第 2、3 轴承盖,紧固力矩为 20 N·m,凸轮轴轴承盖安装时注意对准上下位置,然后装上第 1、4 轴承盖,装上凸轮轴并紧固,拧紧扭矩为 80 N·m。

(4) 在油封的唇边和外围涂上薄油,将油封放入专用导管,平整压入。注意不要压到头,否则会堵塞回油孔。

(5) 先装半圆键,再压上正时齿轮,拧紧固定螺钉,扭矩为 80 N·m。

安装好凸轮轴后,在 30 min 之内不得起动发动机,以便液压挺柱的补偿元件进入状态,否则气门将敲击活塞。在对配气机构进行维修后,应小心地转动曲轴至少两圈,以防止发动机起动时敲击气门。

3. 组装气缸盖

(1) 安装气缸垫。

提示:将 1 缸活塞置于上止点,安装时注意区分气缸垫的正反面。

(2) 安放气缸盖。

提示：注意气缸盖的定位销。

(3) 拧紧气缸盖的紧固螺栓。

提示：螺栓按由内向外的对角顺序分4次拧紧。力矩：第一次40 N·m，第二次60 N·m，第三次75 N·m，第四次90 N·m。

(4) 安装气门罩盖密封垫。

(5) 安装机油反射罩。

(6) 安装气门室罩盖。

(7) 安装压条。

(8) 拧紧压条的螺母。

(9) 安装凸轮轴正时齿轮后护罩。

4. 调整齿形皮带

装配齿形皮带时应使曲轴正时齿轮和凸轮轴正时齿轮与齿形皮带的正时记号对齐，以保证发动机有正确的配气相位。齿形皮带张紧力应适当，过大会加速皮带磨损；过小会打滑，影响发动机的配气相位。

首先用专用工具插入张紧轮的方形孔内，并挂上重块，然后慢慢拧松张紧轮锁紧螺母，让齿形皮带张紧，再按照规定的力矩拧紧张紧轮锁紧螺母，拧紧力矩为23 N·m，最后拆下齿形皮带张紧力调节专用工具。

5. 总装配气机构的注意事项

(1) 要在冷态时拆装配气机构。

(2) 拆解配气机构螺栓时，使用的工具是扭力扳手。

(3) 按照维修手册中的拆装顺序和扭力拆装各螺栓。

(4) 拆解正时机构和飞轮时，注意相关正时记号。

(5) 拆解凸轮轴螺栓时要按照由外到内、先两端后中央、交叉对称的顺序分次地拆解，安装时按照与之相反的顺序。禁止一次拧松或拧紧一个螺栓。

(6) 拆装气门弹簧时要使用专用工具。

(7) 按照维修手册的要求更换螺栓、垫片、油封等，安装时注意不要损伤新的气门油封。

(8) 安装气门弹簧时，要注意内外弹簧旋向相反。

(9) 按照正确的方法安装凸轮轴。

(10) 拆下气门挺柱后，要按其工作面朝下的顺序摆放，安装时要灌满机油。

(11) 气门拆卸时要警惕气门压缩器滑落而导致气门锁片脱落，以防对人员造成伤害。

任务实施

1. 工具和设备准备

(1) 工具：通用工具若干套、世达套筒扳手、扭力扳手、抹布等。

(2) 设备：实训车辆或发动机台架、工具车。

2. 实施过程

1) 车辆信息

车型		生产年份		制造商	
车辆识别码			发动机型号		
故障描述					

2) 计划

根据故障现象和任务要求,确定所需要的技术资料、检测仪器、工具,并对小组成员进行合理分工,制订详细的实施计划。

(1) 技术资料:

(2) 本次任务需要的仪器及工具:

仪器及工具名称	型号	使用注意事项

(3) 本次任务安全注意事项:

（4）小组成员及分工：

小组名称		组长	
小组成员姓名	分配任务内容	备注	

3）实施

总装配气机构的步骤：

4）检查与评估

姓名		工位号		日期	
标准时间		开始时间		完成时间	
序号	项目	标准分	评分标准	得分	
1	工具、仪器的准备	10 分	（1）工具、仪器选错或少选扣 2 分； （2）工具丢失或恶意损坏扣 10 分； （3）任务结束工具整理，视情况扣 1～5 分		
2	测试前的车辆准备	30 分	（1）未安装车漆表面防护垫扣 5 分，未安装车内座椅防护套、方向盘套扣 5 分； （2）发动车辆未接尾气排放管扣 5 分； （3）车辆轮胎未放止动垫木扣 5 分		
3	总装配气机构的步骤	50 分	（1）装配步骤每错一项扣 2 分； （2）扭力每错一项扣 2 分		
4	安全操作、团队合作	10 分	（1）安全操作未达标，视情况扣 1～5 分； （2）小组成员参与度与配合度不够，视情况扣 1～5 分		
5	总分	100 分			

课后练习

1. 填空题

(1) 气门式配气机构由_____和_____组成。

(2) 四冲程发动机每完成一个工作循环,曲轴旋转_____周,各缸的进、排气门各开启_____次,此时凸轮轴旋转_____周。

(3) 由曲轴到凸轮轴的传动方式有_____、_____和_____等三种。

(4) 气门由_____和_____两部分组成。

(5) 在装配曲轴和凸轮轴时,必须将_____对准以保证正确的_____和_____。

2. 名词解释

(1) 气门间隙

(2) 配气相位

(3) 气门重叠角

(4) 进气提前角

(5) 进气滞后角

(6) 气门锥角

3. 简答题

(1) 配气机构的作用是什么?顶置式配气机构和侧置式配气机构分别由哪些零件组成?

(2) 气门顶置式配气机构有何优缺点?

(3) 简述气门顶置式配气机构的工作过程。

(4) 为什么一般在发动机的配气机构中要留气门间隙?气门间隙过大或过小对发动机工作有何影响?在哪里调整与测量?调整时挺柱应处于配气凸轮的什么位置?

(5) 为什么现代轿车多采用液压挺柱?

项目4 冷却系统检修

项目导入

(1) 车型:迈腾,EA888发动机,自动挡,行驶里程15万千米,出厂时间2013年6月。
(2) 故障现象:车辆高速行驶时,发动机水温过高,水温表指针越过红线(高于100 ℃)。

学习目标

(1) 熟悉发动机冷却系统的功用与组成;
(2) 掌握冷却液的作用与分类,学会选用冷却液;
(3) 掌握冷却液液面的检查方法,并学会检测冷却系统的密封性;
(4) 掌握散热器与散热风扇的检修;
(5) 掌握节温器与水泵的检修。

课前活动

通过网络学习平台自学,或扫描二维码完成下列学习任务。
(1) 知识点学习。
① 学习内容:冷却系统的结构及组成、冷却液液面及系统密封性的检测、散热器与散热风扇的检修、节温器与水泵的检修。
② 学习资源:冷却系统检修电子教案、电子教材、电子挂图、教学视频。
③ 在线作业:完成在线作业,准确率达80%以上。
(2) 自学学习评价。

知识点	学习完成情况	作业完成情况	在线测试分数
任务4.1			
4.2.1			
4.2.2			
4.2.3			

学习记录:

任务 4.1　冷却系统的结构及组成

1. 发动机冷却系统的功用

冷却系统的功用是把发动机受热零件吸收的部分热量及时散发出去,使发动机能在各种工况下保持最适宜的工作温度。汽车发动机冷却液的正常工作温度为 80~90 ℃。在发动机起动后,要保证发动机迅速升温,在短时间内达到正常的工作温度。极热条件下,发动机长时间高转速运行时,要保证发动机始终保持在适宜温度范围,使其工作可靠、耐久,以得到良好的动力性和经济性。

冷却系统既要防止发动机过热,也要防止发动机工作温度过低。发动机工作时,气缸内的气体温度可高达 1727~2527 ℃,若不及时冷却,将造成发动机零部件温度过高,尤其是直接与高温气体接触的零件,会因受热膨胀影响正常的配合间隙,导致活塞"咬缸"、轴瓦"抱轴"、柴油机因柱塞卡死而"飞车"等严重事故;还会使发动机工作过程恶化,产生爆燃;零部件的机械强度下降;润滑油变质,润滑不良,零件磨损加大,最终导致发动机经济性、可靠性、耐久性及排放性的全面下降。发动机温度过低时,燃油蒸发雾化不良,燃烧恶化,起动困难;低温下机油黏度增大,使摩擦损失增大,机械损失与零件磨损加大;CO 及 HC 排放增加,排放恶化,导致发动机功率下降及燃油消耗增加。

2. 发动机冷却系统的分类

按照冷却介质不同,冷却系统可以分为风冷系统和水冷系统,把发动机中高温零件的热量直接散入大气而进行冷却的装置称为风冷系统;而把这些热量先传给冷却液,然后再散入大气进行冷却的装置称为水冷系统。由于水冷系统冷却均匀,效果好,而且发动机运转噪声小,目前汽车发动机上广泛采用的是水冷系统。

1) 风冷系统

一般在铝合金缸体和气缸盖表面均布了散热片。风冷系统是利用高速空气流直接吹过气缸盖和气缸体的外表面,把从气缸内部传出的热量散发到大气中,以保证发动机在最有利的温度范围内工作,如图 4-1(a)所示。

2) 水冷系统

水冷系统是以冷却液为冷却介质,通过冷却液的不断循环,从发动机水套中吸收多余的热量并散发到大气中。根据冷却液循环方式的不同,水冷系统又可以分为自然循环方式和强制循环方式。目前,汽车上普遍采用的是强制循环水冷系统,如图 4-1(b)所示。

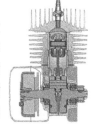
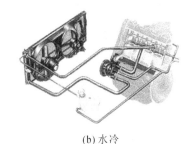

(a) 风冷　　　　(b) 水冷

图 4-1　冷却系统的类型

3. 发动机冷却系统的组成

强制循环水冷系统是利用水泵强制冷却液在冷却系统中循环流动。它由散热器、节温器、水泵、散热风扇、水温传感器、膨胀箱等组成,如图 4-2 所示。

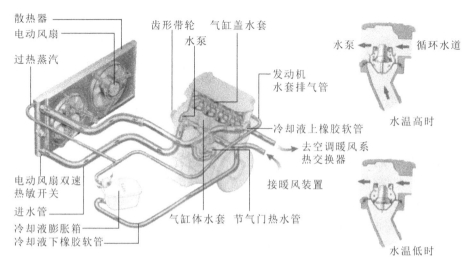

图 4-2 冷却系统的组成

1) 散热器

散热器是一个热交换器,可增大散热面积,加速水的冷却,冷却水经过散热器后,其温度可降低 10~15 ℃。散热器由上储水室、散热器芯和下储水室等组成。散热器上储水室顶部有加水口,冷却水由此注入整个冷却系统并用散热器盖盖住。在上储水室和下储水室分别装有进水管和出水管,进水管和出水管分别用橡胶软管与气缸盖的出水口、水泵的进水口相连,当发动机和散热器之间产生少量位移时不会漏水。在散热器下面一般装有减振垫,防止散热器受振动损坏。在散热器下储水室的出水管上还有放水开关,必要时可将散热器内的冷却水放掉,如图 4-3 所示。

2) 节温器

节温器通常装在发动机或水泵中,根据发动机冷却系统温度的变化,自动地控制通过散热器的冷却液流量,使发动机在正常的温度范围内。目前,多数发动机采用蜡式节温器,如图 4-4 所示。

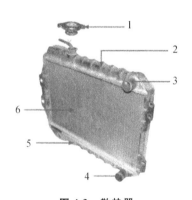

图 4-3 散热器

1—散热器盖;2—上储水室;3—进水管;
4—出水管;5—下储水室;6—散热器芯

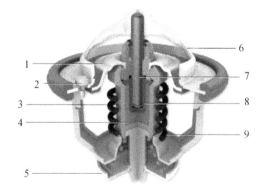

图 4-4 节温器

1—主阀门;2—通气孔摆锤;3—蜡管;4—石蜡;
5—副阀门;6—支架;7—推杆;8—胶管;9—弹簧

节温器通常决定冷却液是走"冷车循环",还是"正常循环"。节温器在 80 ℃后开启,95 ℃

时开度最大。节温器不能关闭,会使冷却液循环从开始就进入"正常循环",这样会造成发动机不能尽快达到或无法达到正常温度。节温器不能开启或开启不灵活,会使冷却液无法经过散热器散热,造成温度过高,或时高时正常。当因节温器不能开启而引起过热时,散热器上下两水管的温度和压力会有所不同。

3）水泵

水泵的作用是对冷却液加压,使之在冷却系统中循环流动。由于离心式水泵具有尺寸小、出水量大、结构简单,损坏后不妨碍水在冷却系统中自然循环的特点,故其在强制循环式冷却系统中被广泛采用。水泵一般安装在发动机机体内,由曲轴或凸轮轴单独驱动。水泵的故障通常是水封的损坏造成的漏液和轴承损坏导致的水泵轴运转异常或异响。在出现发动机过热现象时,最先应该注意的是水泵皮带,检查皮带是否断裂或松动。图4-5所示为水泵的构造。

图 4-5 水泵的构造

4）散热风扇

散热风扇的作用是提高通过散热器芯的空气流速和流量,增加散热效果,加速冷却液的冷却。目前,常见的散热风扇类型有电动风扇和硅油式风扇。轿车发动机大多采用电动风扇,由电动机驱动,有受冷却液温度控制的温控开关,可以控制风扇的转动,不受发动机转速的影响。这样,既能保证发动机在汽车低速时的冷却,又可以减少发动机功率的消耗。电动风扇温控系统一般由带感温元件的温控开关、电动风扇和风扇继电器组成,如图4-6所示。

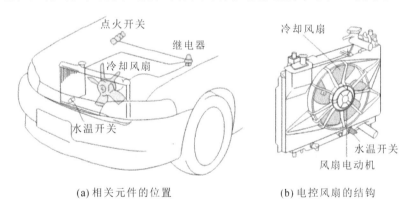

(a) 相关元件的位置　　　　　　(b) 电控风扇的结构

图 4-6 电动风扇温控系统的组成

散热风扇电动机的通、断电和变速,是由装在散热器一侧的温控热敏开关来控制的。当冷却液温度高于95℃时,温控开关的低温触点闭合,风扇电动机以1600 r/min的转速低速转动;当冷却液温度升高到105℃时,温控开关的高温触点闭合,风扇电动机便以2400 r/min的转速高速转动。

5）水温传感器

水温传感器安装在发动机缸体或缸盖的水套上,与冷却液直接接触,用于测量发动机的冷却液温度。其内部装有负温度特性的热敏电阻,利用半导体的电阻随温度变化而变化的特性,即温度愈低电阻愈大,温度愈高电阻愈小的特性来感知温度的变化。ECU 根据这一变化便可测得发动机冷却液的温度,进行喷油量修正。

6)膨胀箱

为了防止冷却液的损失,冷却系统设置了膨胀箱,它对散热器内的冷却液损失起到自动补偿的作用。膨胀箱上有橡胶水管,可与散热器加水口处的出气口相连。膨胀箱设置于散热器一侧,当冷却液受热膨胀压力升高时,散热器的蒸汽阀会打开,部分冷却液就会随着高压蒸汽通过水管进入膨胀箱,如图 4-7 所示。而当温度降低后,散热器内便会产生真空,膨胀箱内的冷却液及时回流到散热器,起到补偿作用。膨胀箱应没有渗漏,箱盖密封应良好,通气孔通畅,否则就会破坏冷却液的回流,如果出现问题,必须立即更换。

图 4-7 膨胀箱

4.发动机冷却系统的工作过程

冷却液在冷却系统内的循环流动路线有两条:一条为大循环;另一条为小循环。所谓大循环是冷却液温度过高时,冷却液经过散热器而进行的流动循环;而小循环就是冷却液温度过低时,冷却液不经过散热器而进行的循环流动,可使冷却液温度升高。冷却系统的大小循环流量通常利用节温器来控制。

1)小循环

当冷却液温度低于 70 ℃时,节温器阀门关闭通往散热器的管道,同时打开通往水泵的旁通管,冷却液经水泵增压后,从气缸体水套流过,再向上流入气缸盖水套,之后流经节温器,经水泵又流回气缸体水套中,进行小循环,如图 4-8 所示。其目的是使发动机温度迅速升高到正常工作温度。

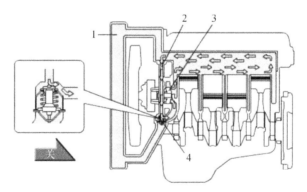

图 4-8 发动机冷却系统小循环路线

1—散热器;2—旁通管;3—水泵;4—节温器

2)大循环

当发动机在正常热状态下工作,即冷却液温度高于 80 ℃时,节温器阀门打开通往散热器的通道,同时关闭通往水泵的旁通管,冷却液经节温器及散热器进水软管流入散热器,经散热器降温后返回水泵,形成大循环,如图 4-9 所示。

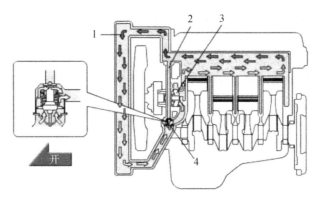

图 4-9 发动机冷却系统大循环路线
1—散热器；2—旁通管；3—水泵；4—节温器

任务 4.2 冷却系统检修

4.2.1 冷却液及系统密封性的检测

1. 冷却液的相关知识

冷却液是发动机冷却系统中重要的工作介质，汽车常用的冷却液有水冷却液和加有防冻剂的防冻冷却液。冷却液除了要求具有冷却作用之外，还须具有防冻、防腐蚀、防水垢等功能。

1) 水冷却液

水冷却液是指直接用水作发动机的冷却液。它具有简单、方便的特点，但易结冰、结垢，沸点低。

水在 0 ℃时会结冰，如果发动机水冷却系统中的冷却液结冰，将会使冷却液终止循环而影响发动机正常工作温度，甚至可能会使气缸体、气缸盖和散热器等因为水结冰时体积膨胀而胀裂。冷却水最好选用软水，即含矿物质少的水（如雨水、雪水、自来水等），否则易在水套内产生水垢，使气缸和气缸盖的导热性能变差，造成发动机过热。水的沸点低，容易蒸发，需经常添加。

2) 防冻冷却液

现代轿车普遍采用防冻冷却液，以提高冷却液的防冻和防沸能力。防冻冷却液主要由冷冻剂和水按一定比例混合而成。按冷冻剂种类的不同，防冻冷却液分酒精型、甘油型、乙二醇型三种。目前使用较多的为乙二醇型防冻冷却液。

用不同比例的乙二醇和水混合可配制不同冰点的防冻冷却液。这类冷却液沸点高、冰点低、冷却效率高，但具有毒性，对金属有腐蚀作用，一般呈红色或绿色，使用时应注意安全。发现冷却液泄漏时应及时检查并添加。防冻冷却液按其冰点不同，分为－25、－30、－35、－40、－45、－50 共 6 个牌号，应根据车辆使用地区冬季的最低气温来选择合适的牌号。为防意外，选用的防冻冷却液冰点应比最低气温低 10 ℃ 左右。

2. 冷却液液面检查

1) 冷却液液面检查的原因

发动机在使用过程中，冷却液会有一定损失，需要及时向冷却系统补充冷却液。冷却液减少会降低发动机的散热能力,从而加速发动机零件的磨损。若液位过低,应检查冷却系统是否有渗漏现象。冷却液渗漏不仅会漏到发动机的外部,而且还会漏到发动机内部。若冷却液很脏,内含褐色的油泥,则表明发动机机油渗漏到冷却系统内。若发动机机油呈乳白色,应该检查发动机内部是否存在冷却液渗漏。

2) 冷却液液面检查

发动机冷却液液面检查一般在汽车行驶之前和汽车收车之后进行,在行驶中一般只注意冷却液温度即可。冷却液液面的检查方法有两种:一种是旋下散热器盖检查冷却液的多少,另一种是通过观察膨胀箱内的液位,或者根据液位指示灯提示来检查。冷车时可以直接打开散热器盖,热车时必须等发动机停机 30 min 后才能打开散热器盖。操作时作业人员应先用湿毛巾包住散热器盖,缓慢地打开第一道开关(约 1/4 转),待水蒸气压力释放完毕后,再将散热器盖慢慢打开,以防止高压蒸汽从散热器加水口喷出造成烫伤。

检查膨胀箱内的冷却液,液面高度在膨胀箱上、下标线之间(一般在 max 线和 min 线之间),则冷却液的量为合适。如低于 min 线,则应补充冷却液,如图 4-10 所示。

3) 冷却液的加注

(1) 首先关掉发动机并让其冷却,以免加注冷却液时液温过高对人体造成伤害。

(2) 停车后应检查车下有无大量水迹,发动机室内有无水痕,发现有冷却液泄漏的,应查明原因并修理,确保加注冷却液后不再有类似故障。

(3) 将仪表板的暖风开关拨至一端,使暖风控制阀完全开启。

(4) 根据气候状况和车辆状况选用合适的冷却液,将冷却液慢慢加入膨胀箱内,直至液面高度与最高标志齐平为止。

(5) 拧紧膨胀箱箱盖,起动发动机直至风扇运转 2~3 min。

(6) 将发动机熄火,检查液面高度,必要时补充至足量。

3. 冷却系统密封性检测

冷却系统密封性能检测的主要目的是检查散热器、气缸体、气缸盖等部件及连接部位是否密封良好。

测试冷却系统密封性的方法如下。

(1) 将测试器装到散热器加液口上并密封,如图 4-11 所示。在散热器内充入 0.1 MPa 以上压力的压缩空气,观察测试器的压力下降值,若 2 min 内压力下降超过 0.015 MPa,则散热器或冷却水道等有泄漏。检查冷却系统各部件及连接部位是否有渗漏现象。

图 4-10 冷却系统液面检查

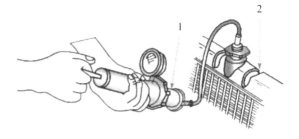

图 4-11 散热器及连接管路的密封性检测

1—测试器;2—散热器

(2)散热器盖密封性检测。检查散热器盖密封衬垫,如图 4-12 所示,如果密封衬垫弯曲或变形,则需更换。将散热器盖旋装在压力检测器上,如图 4-13 所示。用手推测试器,直至压力阀打开为止。压力阀一般在压力为 0.026～0.037 MPa 时打开。若压力过低,则应更换散热器盖。

图 4-12　检查密封衬垫

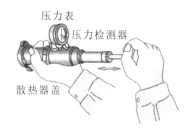
图 4-13　散热器盖压力测试

4.2.2　散热器及冷却风扇的检修

1. 散热器的检修

1) 外观检查

散热器的异常主要是指管道沉积水垢、散热片与散热管堵塞、散热管因裂纹或脱焊而漏水以及机械损伤。

(1)从外部查看散热器上、下储水室及散热器芯,不得有渗漏现象,散热器框架不得有断裂和脱焊现象;散热器芯上如果有杂物,可用细钢丝进行清理;如果散热器有倒伏、扭斜,则应予以扶正、压校平整。

(2)检查散热器紧固情况,散热器应当紧固可靠,前后晃动应无松动现象。

(3)检查散热器盖。散热器盖与散热器加水管间的密封垫如有损坏应更换。在车辆使用中,如果发现发动机出水管被吸瘪,则说明散热器盖的进气阀门损坏,应检修或更换散热器盖。

(4)检查膨胀箱到散热器的连接管是否有漏气或堵塞现象,发现有漏气或堵塞现象应予以排除,以防止补偿散热器的冷却液回不到散热器内。

2) 散热器的清洗

散热器出现堵塞时,应进行清洗,以保证畅通。清洗散热器一般采用化学法,即用清洗剂清洗,让清洗剂与水垢发生化学反应,生成能溶于水的物质,从而将水垢除去。

3) 散热器的渗漏检查

散热器经外部清洗及清除水垢后,要进行水压试验,检查是否漏水。其方法是堵住散热器的进出口,在散热器内充入 50～100 kPa 压力的压缩空气,并将散热器浸泡在水中,检查有无气泡冒出。如有气泡冒出,则在冒泡部位做好记号,以便焊修。

4) 散热器损伤的修复

根据散热器芯管破漏的部位和渗漏程度,可采取不同方法进行修复,必要时更换散热器芯管。若漏水的散热器芯管数目不超过散热器芯管总数的 10%,可采取将芯管堵死的方法修复。若漏水的散热器芯管数目超过 15%,则不能用此方法,以免降低冷却系统的冷却效果,此时可采用焊补法,对散热器芯管的个别渗漏部位进行锡焊。散热器修复后,应再次进行密封性试验。

2. 冷却风扇的检修

现代汽车发动机广泛采用了电动冷却风扇,风扇的运转受到水温、空调离合器的工作状态、空调系统的压力等多重因素的影响。不同车系、不同车型发动机的电动冷却风扇控制电路存在较大差别,丰田5S发动机电动冷却风扇控制电路如图4-14所示。

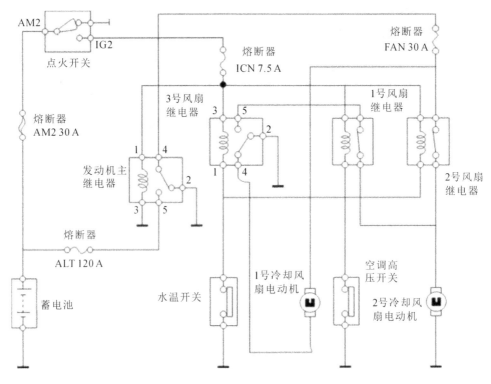

图4-14 丰田5S发动机电动冷却风扇控制电路

1)电动冷却风扇的就车检查

(1)在水温低于83℃的情况下,将点火开关转到"ON"位置(不起动发动机),检查风扇是否运转。此时风扇应该不运转,如果风扇运转,应检查2号、3号风扇继电器以及水温开关,并检查这两个继电器与水温开关之间的线路是否存在断路。

(2)拔下水温开关的电插头,风扇应开始高速运转。如果不转,则检查主继电器,2号、3号风扇继电器以及相关熔断器,并检查2号、3号风扇继电器与水温开关之间线路是否与搭铁短接。插回水温开关的电插头,风扇停止运转。

(3)拔下空调高压开关线束插头,风扇应开始低速运转。如果不转,则检查1号风扇继电器及其线路。

(4)起动发动机,并适当踩下加速踏板,使发动机水温升至93℃以上,看风扇是否开始运转。此时风扇应该高速运转,如果不运转,则更换水温开关。

2)风扇控制电路有关元件的检查

(1)水温开关的检查。

将水温开关拆下并放入水中,然后逐渐加热并用万用表电阻挡测量水温开关接线端与外壳的阻值。当水温达到 93 ℃以上时,万用表指示水温开关断开(电阻为无穷大);当水温下降至 83 ℃以下时,万用表指示水温开关导通。否则表明水温开关损坏,应更换新件,如图 4-15 所示。

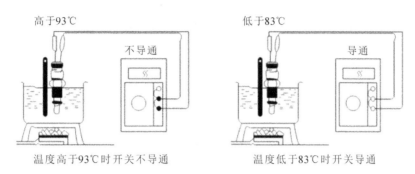

图 4-15　水温开关的检查

(2) 风扇电动机的检查。

拔下冷却风扇供电插头,用万用表电阻挡测量风扇电动机阻值,正常情况下测得的阻值为 1~3 Ω。若测得的阻值很大,则可能风扇电动机内部线圈已烧坏。

4.2.3　节温器和水泵的检修

1. 节温器的检修

节温器是冷却系统用来调节冷却温度的重要部件,它的工作是否正常,对发动机工作温度影响很大,并间接地影响了发动机的动力性和耗油量。因此,节温器不可随便拆除。

1) 就车检查

发动机起动后,当冷却液温度表指针读数为 80 ℃时,用手触摸散热器的上储水室,若冷却液温度迅速上升,表示节温器和水泵工作正常,否则说明节温器故障。然后打开散热器盖,加大节气门,如果观察到散热器上储水室中冷却液有翻腾现象,即表明节温器和水泵正常。

2) 将节温器拆下检查

检查时将节温器放在水中逐渐加热,如图 4-16 所示。当水温达到 76 ℃时,主阀门应打开,副阀门应逐渐关闭;当水温超过 86 ℃时,主阀门应全开,全开升程应不小于 8 mm(新节温器为 9 mm)。如不符合上述要求,则说明节温器工作不正常,必须予以更换。

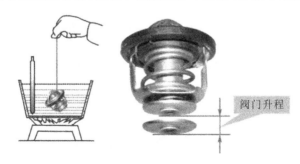

图 4-16　节温器的检查

2.水泵的检修

1)水泵的检查

(1)检查泵体及带轮有无磨损及损伤,必要时应更换。

(2)检查水泵轴有无弯曲,检查轴颈的磨损程度。

(3)检查叶轮上的叶片有无破损、轴承孔磨损是否严重。

(4)检查水封和胶木垫圈的磨损程度,如超过使用极限应更换新件。

(5)检查轴承的磨损情况,可用百分表测量轴承的间隙,如超过0.10 mm,则应更换新的轴承。

2)水泵的修理

(1)泵壳的修理。如果泵壳有裂纹,可进行焊接或更换。壳与盖结合面的变形如果大于0.05 mm,应予以修平。若因压入、压出轴承使轴承孔磨损而不能使用,可用镶套的方法修复或更换。

(2)水泵轴的修理。如果水泵轴弯曲大于0.05 mm,应用冷压方法进行校正;轴颈磨损后可进行堆焊,也可用镀铁或镀铬法修复,并修磨至标准尺寸,磨损严重时应予更换。

(3)水泵叶轮的修理。水泵叶轮与水泵轴的配合为静配合或过渡配合,其配合间隙为 $-0.048 \sim 0.013$ mm。若叶轮孔与泵轴配合间隙超过0.04 mm,应镗孔并进行镶套,衬套材料可用灰铸铁或20钢。水泵叶轮裂纹较小时,可锡焊或胶补;裂纹较大或破裂,应予以更换。

(4)水封的修理。水封若磨损起槽,可用砂布磨平,如磨损过度应予以更换;水封座如有毛糙刮痕,可用平面铰刀或在车床上修理。

(5)水泵装合后的检验。水泵装合后,先用手转动带轮,泵轴转动时应无卡滞现象,叶轮与泵壳之间应无擦碰感。最后在试验台上,按照原厂规定进行压力-流量试验。

任务实施

1.工具和设备准备

(1)工具:通用工具若干套、世达套筒扳手、温度计、热水器、万用表等。

(2)设备:实训车辆或发动机台架、工具车。

2.实施过程

1)车辆信息

车型		生产年份		制造商	
车辆识别码			发动机型号		
故障描述					

2)计划

根据故障现象和任务要求,确定所需要的技术资料、检测仪器、工具,并对小组成员进行合理分工,制订详细的实施计划。

(1) 技术资料：

(2) 本次任务需要的仪器及工具：

仪器及工具名称	型号	使用注意事项

(3) 本次任务安全注意事项：

(4) 小组成员及分工：

小组名称		组长	
小组成员姓名	分配任务内容	备注	

3）实施

(1) 发动机冷却系统密封性的检测方法：

(2) 冷却系统主要部件的检修：

部件	检修项目
水泵	(1) 水泵的拆装步骤： (2) 水泵的检查： 泵壳和带轮有无损坏：□正常　□不正常　维修结论：_____ 叶轮有无松脱或损坏：□正常　□不正常　维修结论：_____ 泵轴有无磨损或变形：□正常　□不正常　维修结论：_____ 水封有无损坏或变形：□正常　□不正常　维修结论：_____

续表

部件	检修项目
散热器	(1)散热器检查： 散热器有无堵塞：□正常　□不正常　维修结论：＿＿＿＿＿＿＿＿ 散热器有无渗漏：□正常　□不正常　维修结论：＿＿＿＿＿＿＿＿ (2)散热器盖检查： 检查方法：＿＿＿＿＿＿＿＿＿＿＿＿＿＿＿＿＿＿＿＿＿＿＿＿ 压力阀开启压力：＿＿＿＿＿＿＿＿；维修结论：＿＿＿＿＿＿＿
节温器	检查方法：＿＿＿＿＿＿＿＿＿＿＿＿＿＿＿＿＿＿＿＿＿＿＿＿ 节温器阀门开启温度：＿＿＿＿＿＿＿＿＿＿＿＿＿＿＿＿＿＿ 节温器阀门升程：＿＿＿＿＿＿＿＿＿＿；维修结论：＿＿＿＿＿
冷却风扇	(1)风扇电动机的检查： 检查方法：＿＿＿＿＿＿＿＿＿＿＿＿＿＿＿＿＿＿＿＿＿＿＿＿ 风扇电动机阻值：＿＿＿＿＿＿＿＿＿；维修结论：＿＿＿＿＿＿ (2)温控开关的检查： 检查方法：＿＿＿＿＿＿＿＿＿＿＿＿＿＿＿＿＿＿＿＿＿＿＿＿ 温控开关随冷却液温度的变化规律：＿＿＿＿＿＿＿＿＿＿＿＿＿ ＿＿＿＿＿＿＿＿＿＿；维修结论：＿＿＿＿＿＿＿＿＿＿＿＿＿

4）检查与评估

姓名		工位号		日期	
标准时间		开始时间		完成时间	
序号	项目	标准分	评分标准		得分
1	工具、仪器的准备	10分	(1) 工具、仪器选错或少选扣2分； (2) 工具丢失或恶意损坏扣10分； (3) 任务结束工具整理，视情况扣1～5分		
2	测试前车辆准备	20分	(1) 未安装车漆表面防护垫扣5分，未安装车内座椅防护套、方向盘套扣5分； (2) 发动车辆未接尾气排放管扣5分； (3) 车辆轮胎未放止动垫木扣5分		
3	冷却系统密封性检测	20分	(1) 未按规定要求开启散热器盖扣5分； (2) 测试器与散热器连接不到位，视情况扣1～5分； (3) 未按规定要求充入压缩空气进行保压，视情况扣1～5分； (4) 未进行冷却系统各连接管道处的渗漏检查扣5分		

续表

序号	项目	标准分	评分标准	得分
4	冷却系统主要部件检修	40分	(1) 未按规定要求拆装水泵总成,视情况扣1~5分; (2) 未完成水泵各零部件的检查,视情况扣1~5分; (3) 未检查散热器渗漏、堵塞情况,扣5分; (4) 未检查散热器盖的压力阀开启压力,扣5分; (5) 未检查节温器开启温度扣5分; (6) 未检查节温器阀门升程扣5分; (7) 未按规定要求完成冷却风扇电动机的检测,视情况扣1~5分; (8) 未按规定要求完成温控开关的检测,视情况扣1~5分	
5	安全操作、团队合作	10分	(1) 安全操作未达标,视情况扣1~5分; (2) 小组成员参与度与配合度不够,视情况扣1~5分	
6	总分	100分		

课后练习

1. 填空题

（1）汽车发动机常用的冷却方式有两种,即_____和_____。

（2）当冷却系统中压力过高时,散热器盖中的_____阀打开,而当压力过低时,盖中的_____阀打开。

（3）节温器是通过改变冷却水的_____来调节冷却强度的,目前汽车上多采用_____式节温器。

（4）若蜡式节温器因石蜡漏出而损坏,则节温器的_____阀门永远关闭,_____阀门永远开启,发动机工作时,冷却系统的水流只进行_____循环。

（5）目前水冷发动机常用的水泵大多是_____水泵。

（6）当风扇正确安装时,冷却风应该吹向_____。

2. 判断题

（1）蜡式节温器损坏,则冷却强度变大,使发动机产生过冷现象。　　　　（　　）

（2）当发动机冷却系统"开锅"时,应该立即停车并马上将发动机熄火。　　（　　）

（3）发动机冷却系统中应该加的是"软水"。　　　　　　　　　　　　　（　　）

（4）冷却系统向外散发的热量越多,发动机的经济性越差。　　　　　　　（　　）

（5）蜡式节温器失效后无法修复,应按照其安全寿命定期更换。　　　　　（　　）

3. 简答题

（1）发动机为什么要冷却?最佳水温范围一般是多少?

（2）水冷却系统一般由哪些零部件组成?它的作用是什么?

(3) 试分析汽车在路上行驶时发动机"开锅"的故障原因。

(4) 如果蜡式节温器的石蜡漏失，节温器将处于怎样的工作状态？发动机可能出现什么故障？

(5) 试述冷却液在使用过程中应注意的事项。

课后拓展

电子节温器

传统发动机使用蜡式节温器，它是通过热敏石蜡来感受冷却液温度的高低，利用石蜡体积膨胀程度的不同，来推动石蜡的中心杆，进而控制阀门的开启大小，实现冷却液大小循环的切换。但这种机械式节温器上面的感温石蜡，由于表面受水垢沉积的影响，往往不能灵敏地感应温度，不能及时控制阀门的开启。若节温器主阀门开启过晚，就会造成发动机过热；但若主阀门开启过早，则会使发动机温度过低，延长预热时间，使油耗增大。

电子节温器是在感温的石蜡中加装一个加热电阻，阻值约有 12 Ω。感温石蜡除了能感受冷却液温度外，电阻通电时也可对石蜡加热。石蜡膨胀使阀门发生位移而开启，位移量的大小与加载的电压高低有关。电子节温器可对冷却液的量进行机械调节，更精确地控制冷却液的大小循环方式，进而能精细调节发动机冷却液的温度。而加载到加热电阻上的电压的高低，是由控制计算机根据温度传感器信号来调节的。

项目 5　润滑系统检修

项目导入

（1）车型：大众，AKT发动机，自动，行驶里程10万千米，出厂时间2012年6月。
（2）故障现象：客户反映该车机油报警灯突然点亮。之前听专业人员说过，如遇到此情况应立即熄火，不能继续行驶，所以将车拖来进行检修。

学习目标

（1）能正确描述润滑系统主要部件的组成、作用、原理、分类及构造特点、间隙调整方法；
（2）能正确描述润滑系统油路路线图；
（3）能正确掌握各种汽车检测仪器的工作原理及使用方法；
（4）能正确掌握汽车维修基本知识。

课前活动

通过网络学习平台自学，或扫描二维码完成下列学习任务。
（1）知识点学习。
① 学习内容：润滑系统的组成及作用、润滑剂的种类及选用、机油的更换、机油及其压力的检测。
② 学习资源：润滑系统的电子教案、电子教材、电子挂图、教学视频。
③ 在线作业：完成在线作业，准确率达80%以上。
（2）自学学习评价。

知识/技能点	学习完成情况	作业完成情况	在线测试分数
任务5.1			
任务5.2			
任务5.3			
任务5.4			

学习记录：

任务 5.1　润滑系统的组成及作用

1.润滑系统的作用与类型

1）润滑系统的作用

发动机工作时,传力零件的运动表面之间必产生摩擦,摩擦不仅增大功率消耗,还使零件工作表面迅速磨损,因摩擦产生的热也会导致零件工作表面烧损。如曲轴以 7000 r/min 的高速旋转,一旦缺少润滑,马上烧熔"抱轴";活塞与活塞环在气缸中高速往复运动,其线速度高达 17～23 m/s,易造成发热而"拉缸"。因此需在两零件工作表面间加入一层润滑油使其形成油膜,使零件处于完全的液体摩擦状态下,降低功率消耗,减轻机件磨损。

润滑系统的功用有以下几点。

(1) 润滑作用:润滑运动零件表面,减小摩擦阻力和磨损,减小发动机的功率消耗。

(2) 清洗作用:机油在润滑系统内不断循环,清洗摩擦表面,带走磨屑和其他异物。

(3) 冷却作用:机油在润滑系统内循环,带走摩擦产生的热量,起到冷却作用。

(4) 密封作用:在运动零件之间形成油膜,提高它们的密封性,有利于防止漏气或漏油。

(5) 防锈蚀作用:在零件表面形成油膜,对零件表面起保护作用,防止腐蚀生锈。

(6) 液压作用:机油可用作液压油,起液压作用,如液压挺柱。

(7) 减振缓冲作用:在运动零件表面形成油膜,吸收冲击并减小振动,起减振缓冲作用。

2）润滑方式

(1) 压力润滑:以一定的压力把机油供入摩擦表面的润滑方式。该方式润滑可靠,但结构较为复杂,主要用于曲轴主轴承、连杆轴承及凸轮轴承等负荷较大的摩擦表面的润滑。

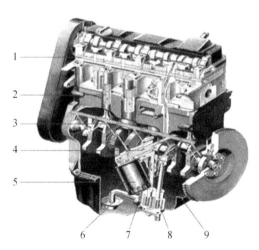

图 5-1　汽车发动机润滑系统

1—气缸盖油道;2—回油孔;3—主油道;
4—滤清器出油道;5—滤清器;6—集滤器;
7—滤清器进油道;8—机油泵;9—油底壳

(2) 飞溅润滑:利用发动机工作时运转零件撞击机油溅起来的油滴或油雾润滑摩擦表面的润滑方式。该方式结构简单,但可靠性较差,主要用于负荷较轻的气缸壁面和配气机构的凸轮、挺柱、气门杆、摇臂等零件的工作表面。

(3) 润滑脂润滑(定期润滑):通过定期加注润滑脂来润滑零件工作表面的方式,如水泵及发电机轴承的润滑等。

2.润滑系统的总体组成

润滑系统一般由油底壳、机油集滤器、机油泵、安全阀、机油滤清器、机油冷却器等组成。图 5-1 所示为汽车发动机润滑系统。

1）油底壳

油底壳用于存储机油。它由薄钢板冲压而成,为防止机油渗漏,其与机体结合面加垫片和密封胶密封。

2) 机油集滤器

机油集滤器安装在油底壳机油的入口处,用来滤除机油中粗大的杂质。

机油集滤器有浮式集滤器和固定式集滤器两种。浮式集滤器如图 5-2 所示,浮筒 4 能随着油底壳油平面高低浮动,始终浮在油面上,以吸入上层干净的机油。滤网 5 采用金属丝编织,有弹性,中央有环口,一般情况下,借助滤网弹性,环口压紧在浮筒罩 6 上。浮筒罩边缘有缺口,浮筒罩与浮筒装合后形成进油狭缝。

正常工作时,机油从油底壳经进油狭缝、滤网进入吸油管,大杂质被滤网滤除。当滤网被杂质堵塞时,滤网上方真空度提高,将滤网吸向上方,环口离开浮筒罩,机油经进油狭缝和环口直接进入吸油管,以防供油中断。

浮式集滤器由于浮在机油面上,容易吸入油面的泡沫而使机油压力下降,可靠性差。而固定式集滤器的浮筒淹没在油面下,其他结构与浮式集滤器类似。它工作可靠,但容易吸入油底壳底部杂质。

3) 机油泵

机油泵用于将油底壳中的机油吸出,并以一定压力压向各润滑部位。按其结构不同分为齿轮式机油泵和转子式机油泵两种,如图 5-3 所示,齿轮式机油泵又分外接齿轮式机油泵和内接齿轮式机油泵两种。

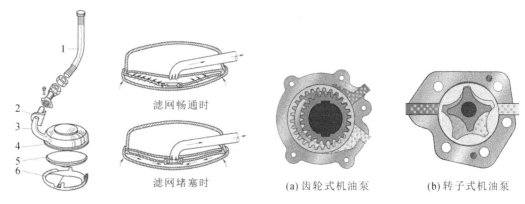

图 5-2 浮式集滤器
1—固定油管;2—支承套;3—吸油管;
4—浮筒;5—滤网;6—浮筒罩

图 5-3 机油泵的两种形式

(1) 外接齿轮式机油泵(见图 5-4)。

为了防止封闭在轮齿径向间隙内的油压过高引起的工作阻力加大和机油泵轴衬套加快磨损,在泵盖 4 上加工有卸压槽,使轮齿径向间隙内的机油经卸压槽流入出油腔。

在机油泵齿轮与泵盖之间加有垫片密封,同时可以通过调整垫片厚度,调整齿轮端面间隙为 0.05～0.20 mm。该间隙过大,机油压力下降,泵油量减少。

外接齿轮式机油泵工作原理示意图如图 5-5 所示。工作时,主动齿轮带动从动齿轮反向旋转。两齿轮旋转时,充满在齿轮齿槽间的机油沿油泵壳壁由进油腔带到出油腔,在进油腔一侧由于齿轮脱开啮合以及机油被不断带出而产生真空,油底壳内的机油在大气压力作用下经集滤器进入进油腔;而在出油腔一侧由于齿轮进入啮合和机油被不断带入而产生挤压作用,机油以一定压力被泵出。

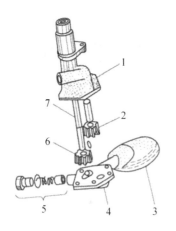

图 5-4　外接齿轮式机油泵

1—泵体；2—从动齿轮；3—集滤器；4—泵盖；
5—限压阀；6—主动齿轮；7—齿轮轴

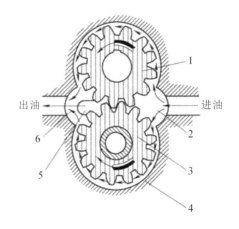

图 5-5　外接齿轮式机油泵工作原理示意图

1—主动齿轮；2—进油口；3—从动齿轮；
4—泵壳；5—卸油槽；6—出油口

（2）内接齿轮式机油泵（见图 5-6）。

外齿轮 2 为主动齿轮，套在曲轴前端，通过花键套直接由曲轴驱动。内齿轮 3 为从动齿轮，安装在机油泵体内，泵体固定在发动机机体前端。当主动齿轮旋转时，从动齿轮被带动旋转，进油容积由小变大，不断进油；出油容积不断由大变小，油压升高。这种齿轮泵直接由曲轴驱动，不需要中间传动机构，所以零件数少，体积小，成本低，但泵油效率较低。其工作原理示意图如图 5-7 所示。

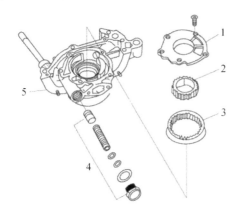

图 5-6　内接齿轮式机油泵

1—泵盖；2—主动齿轮；
3—从动齿轮；4—限压阀；5—泵壳

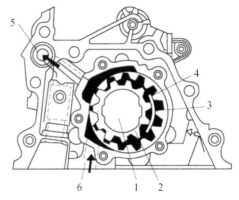

图 5-7　内接齿轮式机油泵工作原理示意图

1—驱动轴；2—主动齿轮；3—月牙块；
4—从动齿轮；5—出油口；6—进油口

（3）转子式机油泵（见图 5-8）。

转子式机油泵由内外转子等零件组成。内转子有多个凸齿，外形为次摆线，固定在机油泵传动轴上，由机油泵齿轮驱动。外转子比内转子多一个凹齿，它自由地安装在机油泵体内，并与内转子啮合转动。内外转子有一定偏心距，它们与机油泵体和泵盖组成了进油腔、过渡油腔和出油腔。

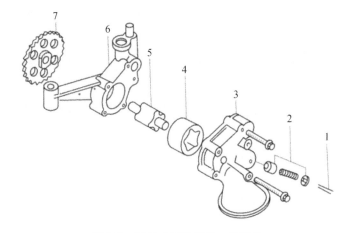

图 5-8 转子式机油泵的一般结构
1—开口销；2—限压阀；3—泵盖；4—外转子；
5—内转子；6—泵壳；7—链轮

转子的齿形齿廓设计须使转子转到任何角度时，内、外转子每个齿的齿形廓线上总能形成点接触。这样内、外转子间形成四个工作腔，随着转子的转动，这四个工作腔的容积是不断变化的。在进油道一侧的空腔，由于转子脱开啮合，容积逐渐增大，产生真空，机油被吸入，转子继续旋转，机油被带到出油道的一侧，这时，转子正好进入啮合，使这一空腔容积减小，油压升高，机油从齿间挤出并经出油道压送出去。这样，随着转子的不断旋转，机油就不断地被吸入和压出。

4）安全阀

机油泵由发动机驱动，当发动机转速升高时，机油泵运转速度加快，输油量增加，机油压力升高。为了防止压力过高，在润滑油路中（有的直接在机油泵上或滤清器上）设置有安全阀。当机油压力超过规定值时，安全阀打开，多余的机油经安全阀流回机油泵的进油腔或流回油底壳。

5）机油滤清器

机油滤清器用来滤除机油中的金属屑、机械杂质和机油氧化物。为了保证滤清效果，一般使用多级滤清器：集滤器、粗滤器和细滤器。与主油道串联的滤清器一般为粗滤器；与主油道并联的滤清器一般为细滤器，过油量为10%～30%。整体式机油滤清器构造如图5-9所示。

机油滤清器若串联安装在机油泵与主油道之间，所有机油经过滤清器过滤，称该滤清器为全流式滤清器；若滤清器与主油道并联安装，只有一部分机油经过滤清器过滤，称该滤清器为分流式滤清器。有的发动机（如重型货车发动机）两种滤清器都有。全流式滤清器作为粗滤器，滤除机油中直径为0.05 mm以上的较大杂质后，机油再进入主油道，润滑各运动零件表面；分流式滤清器作为细滤器，滤除机油中直径为0.001 mm以上的细小杂质后，机油再返回油底壳。

全流式滤清器的外壳内安装有纸滤芯总成，从机油泵来的机油从滤芯外围进入滤清器中心，过滤后的干净机油经出油口

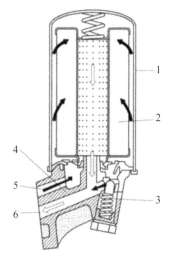

图 5-9 整体式机油滤清器构造
1—外壳；2—滤芯；3—旁通阀；
4—壳体；5—进油道；6—出油道

进入主油道。滤清器使用一定时间后,滤芯外会留下较多杂质,应该按说明书要求及时更换新滤清器。

为了防止用户未及时更换新滤清器而造成滤芯堵塞以致发动机缺机油的严重后果,在滤清器中设置有安全阀。当滤芯堵塞,机油压力升高时,机油能克服弹簧的压力,顶开安全阀,直接进入主油道。

滤清器的滤芯材料有纸质、锯末和金属等。纸质滤芯结构简单、质量轻、体积小、滤清效果好、成本低、保养方便,得到广泛应用。

为了提高机油过滤效果,有的发动机采用双滤芯,即复合滤清器。正常情况下,从机油泵来的机油经进油口进入外滤芯(粗滤芯),再进入内滤芯(细滤芯),然后经中心油道从出油口流向主油道。当内滤芯堵塞,内滤芯前后压差达 0.09～0.1 MPa 时,旁通阀打开,机油从旁通阀流向主油道;当外滤芯堵塞,外滤芯前后压差达 0.2～0.25 MPa 时,安全阀打开,机油从安全阀流向主油道。

6) 机油冷却器

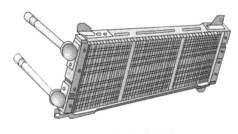

图 5-10 机油冷却器

机油在发动机机体内循环,温度高达 95 ℃以上,尤其是热负荷较高的发动机。过高的温度使机油黏度下降,不利于在摩擦表面形成油膜润滑,同时会加快机油氧化变质,失去作用,所以有些发动机带有机油冷却器。机油冷却器有风冷式和水冷式两种形式。风冷式机油冷却器一般安装在发动机冷却系统散热器的前面,利用冷却风扇的风力使机油冷却。水冷式机油冷却器装在发动机冷却水路中,如图 5-10 所示,当油温较高时靠冷却液降温,而起动期间油温较低时,则从冷却液吸热来迅速提高机油温度。

任务 5.2 润滑剂的种类及选用

汽车发动机润滑剂有润滑油(机油)和润滑脂(黄油)两类。

1. 润滑油

1) 润滑油的主要性能

(1) 黏度。

黏度是指润滑油受外力作用移动时,分子间产生的内摩擦力大小。它是润滑油分级和选用的主要依据。黏度过小,在高温、高压下容易从摩擦表面流失,不能形成足够厚度的油膜;黏度过大,冷起动阻力增加,起动困难,润滑油不能及时被泵送到摩擦表面,导致起动磨损严重。

(2) 黏温性。

黏温性是指润滑油黏度随温度变化而变化的特性。发动机从起动到满负荷工作,温度变化范围大,导致润滑油温度变化大于 100 ℃。若润滑油的黏度随温度变化太大,就会使高温时黏度太低,而低温时黏度太高,影响正常润滑。

(3) 氧化安定性。

氧化安定性是指润滑油抵抗氧化作用不使其性质发生永久变化的能力。润滑油工作温度高达 95 ℃,氧化后,颜色变暗,黏度增加,酸性增大,并产生胶状沉积物。氧化变质的润滑油将腐蚀发动机零件,甚至破坏发动机的正常工作。

(4) 其他性能。

其他性能如极压性、防腐性、起泡性、清净分散性等,它们对发动机的润滑都产生一定的影响,需要加入各种添加剂,保证润滑油的性能。

2) 润滑油的分类

我国润滑油分以下三类。

(1) 汽油机油　SB、SC、SD、SE、SF、SG 六个级别。

(2) 柴油机油　CC、CD、CD-Ⅱ、CE、CF-4 五个级别。

(3) 二冲程汽油机油　ERA、ERB、ERC、ERD 四个级别。

级号越靠后,使用性能越好,适用于新机型或强化程度高的发动机。我国汽油机油质量分类具体如表 5-1 所示。

表 5-1　我国汽油机油质量分类

质量等级	特性和使用场合
SB	用于缓和条件下工作的货车、客车或其他的汽油机,具有一定的清净性、分散性和抗腐蚀性
SC	用于中等条件下工作的货车、客车或其他的汽油机,也可用于国外要求使用 SAEJ183 SC 级油的汽油机。具有较好的清净性、分散性、抗氧化抗腐蚀性和防锈性
SD	用于较苛刻条件下工作的货车、客车和某些轿车的汽油机,并能满足装有曲轴箱强制换气装置的汽油机要求,也可用于国外要求使用 SAEJ183 SD 和 SC 级油的汽油机,具有比 ESC 级油更好的性能
SE	用于苛刻条件下工作的轿车和某些货车的汽油机,并能满足装有尾气转化装置的汽油机以及类似国外要求使用 SAEJ183 SE、SD 和 SC 级油的汽油机,具有比 ESD 级油更好的性能
SF	用于苛刻条件下工作的轿车和某些货车的汽油机,也可用于国外要求使用 SAEJ183 SF、SE、SD 和 SC 级油的汽油机,具有比 ESE 级油更好的性能
SG	用于高级轿车和某些要求使用 SG 级油的进口汽车

API 是美国石油学会的英文缩写,API 等级代表发动机机油质量的等级。它采用简单的代码来描述发动机机油的工作能力。

API 发动机机油分为两类:"S"开头系列代表汽油发动机用油;"C"开头系列代表柴油发动机用油;若"S"和"C"两个字母同时存在,则表示此机油为汽柴油发动机通用型。在 S 或 C 后面的字母表示的意义是:从"SA"一直到"SL",顺序排列,后一种机油的性能都会优于前一种,机油中会有更多用来保护发动机的添加剂。字母越靠后,质量等级越高,国际品牌机油级别多是 SF 级别以上的,如表 5-2 所示。

表 5-2　美国汽油机油 API 分级

等级	使用对象	油品性能
SA	一般低负荷汽油机与柴油机	不加添加剂或只加降凝与抗泡剂
SB	中负荷汽油机	加入某些抗氧剂与抗磨剂
SC	用于 1964—1967 年生产的汽油车	加入清净分散剂与抗氧抗腐剂

续表

等级	使用对象	油品性能
SD	用于1968—1971年生产的汽油车	具有更好的减少低温油泥的能力与防锈性能
SE	用于1972年以后生产的汽油车	具有更好的高温抗氧化及抗低温油泥性能
SF	用于1980年以后生产的汽油车	具有比SE级油更好的抗氧化及抗磨性能
SG	用于1989年以后生产的汽油车	具有比SF级油更好的分散性及抗氧化性能
SH	用于1994年以后生产的汽油车	执行MTA多次评审通过标准,比SG级油性能更好

每一种级别又有若干种单一黏度等级和多黏度等级的润滑油牌号。例如,CC级润滑油有三个单一黏度等级(30、40和50号)和六个多黏度等级(5W/30、5W/40、10W/30、10W/40、15W/40和20W/40)的润滑油牌号。

单一黏度等级的润滑油黏温性较差,只适合某一温度范围使用。多黏度等级的润滑油黏温性好,适用温度范围宽。

美国汽车工程师协会(SAE)的黏度分类如表5-3所示。例如SAE40、SAE50或SAE15W-40、SAE5W-40,"W"表示winter(冬季),其前面的数字越小说明机油的黏度越低,流动性越好,代表可供使用的环境温度越低,在冷起动时对发动机的保护能力越好;"W"后面(一横后面)的数字则是机油耐高温性的指标,数值越大说明机油在高温下的保护性能越好。

表5-3 内燃机油黏度分类

SAE黏度级	在以下温度最高黏度/(mPa·s)	泵送极限最高温度/℃	最高稳定倾点/℃	100℃黏度/(mm²/s)	
				最小	最大
0W	3250在-30℃	-35	—	3.8	—
5W	3500在-25℃	-30	-35	3.8	—
10W	3500在-20℃	-25	-30	4.1	—
15W	3500在-15℃	-20	—	5.6	—
20W	4500在-10℃	-15	—	5.6	—
25W	6000在-5℃	-5	—	9.3	—
20	—	—	—	5.6	<9.3
30	—	—	—	9.3	<12.5
40	—	—	—	12.5	<16.3
50	—	—	—	16.3	<21.9
60	—	—	—	21.9	<26.1

如SAE40、SAE50这样只有一组数值的是单级机油,不能在寒冷的冬季使用。如SAE15W-40这样两组数值都有的,15表示冬天时机油黏度等级为15号,40表示夏天时机油黏度等级为40号。这就代表这种机油是先进的"多级机油",适合从低温到高温的广泛区域,黏度值会随温度的变化给予发动机全面的保护。

多级油不仅具有低温特性(低温起动、泵送性),还具备高温性能(热稳定性、高温黏度、蒸发损失)。多级油不仅可以改善发动机的低温冷起动性能,而且比发动机单级油节省燃料。

3) 润滑油的选用

(1) 汽油机选择汽油机机油,柴油机选择柴油机机油,二冲程汽油机选择相应机油。这是因为不同发动机工作原理、工作条件不同。

(2) 根据发动机的强化程度选用合适的润滑油使用等级。

柴油机的强化程度用系数 K 表示,按下式计算:

$$K = p_{me}C_m\tau$$

式中:p_{me}——气缸内气体平均有效压力(MPa);

C_m——活塞平均速度(m/s);

τ——冲程系数(四冲程 $\tau=0.5$,二冲程 $\tau=1$)。

当 $K\leqslant50$ 时,选用 CC 级润滑油;当 $K>50$ 时,应选用 CD 级润滑油。

(3) 根据气温选用适当黏度等级的润滑油,可参见表 5-4 选择。具体机型应按使用说明书进行润滑油选用与保养。

表 5-4 黏度等级与使用环境温度范围

黏度等级	使用温度/℃	黏度等级	使用温度/℃
5W	−40~−10	5W/30	−40~30
10W	−30~5	10W/30	−30~30
20	−10~30	15W/40	−20~40
30	0~30	20W/40	−10~40
40	10~50		

2. 润滑脂

润滑脂具有良好的黏附性,在常温下可附着于垂直表面而不流淌,可以在敞开、密封不良及受压较大的摩擦部位工作,并有防水、防尘、密封作用。润滑脂按使用场合可分为通用润滑脂、专用润滑脂、高温润滑脂三大类,起到减摩、密封、防护等作用。

汽车发动机主要在水泵轴承及发电机轴承使用润滑脂。目前普遍推荐使用的是通用锂基润滑脂,它具有良好的高低温适应性,可在 −30~120 ℃ 的温度范围内使用,具有良好的抗水性、防锈性、安定性和润滑性,在高速运转的水泵及发电机轴承上使用,不变质,不流失,保证润滑。

润滑脂按锥入度范围划分牌号如表 5-5 所示。

表 5-5 润滑脂按锥入度范围划分牌号

牌号	000	00	0	1	2	3	4	5	6
锥入度(25 ℃)/0.1 mm	445~475	400~430	355~385	310~340	265~295	220~250	175~205	130~160	85~115

润滑脂储存及使用注意事项:

(1) 润滑脂应储存在通风良好、温度适宜的室内,防止日晒雨淋。

(2) 启用桶盖时应防止灰尘、水分、杂物的混入,用后盖紧桶盖。

（3）使用润滑脂时应清洗润滑面,干燥后加入润滑脂。
（4）换脂时,应除去全部旧脂,将润滑面清洗干净后再加入润滑脂。
（5）不同种类、不同牌号的润滑脂不得混用。

任务 5.3　机油的更换

发动机机油对发动机性能有重要的影响,所以每天在行车前都应检查发动机机油量。对于磨合期满的车辆来说,及时规范地更换发动机机油是非常必要的。

1. 发动机机油的检查

1）机油液位的检查

（1）将车辆停放在平坦地面上,将车轮挡块安装到位,保证车辆稳定停靠。
（2）起动发动机并让发动机达到正常工作温度。
（3）停止发动机并等待约 5 min,使机油流回油底壳。
（4）打开发动机舱盖,拉出油尺,擦干净,然后全部插回去。机油标尺在发动机中的位置如图 5-11 所示。
（5）拔出机油标尺,检查油量,油量应在"F"与"L"之间,如图 5-12 所示。
（6）如果发现油量靠近或在"L"位置,应补充机油直到油量到达"F"位置,千万不能过量。

图 5-11　机油标尺在发动机中的位置

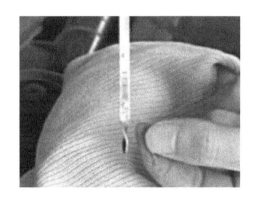

图 5-12　机油标尺刻度

机油加注位置如图 5-13 所示,机油加注到距离上刻线 2/3 处时为合适。

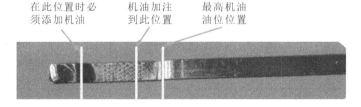

图 5-13　机油加注位置

2）机油质量的检查

（1）检查发动机机油是否变质、进水、轻微变色。

(2) 如果质量明显不良，需要更换机油。

2. 发动机机油的更换

更换发动机机油时需要将车辆举升到适合操作的高度位置，在举升之前需要打开机油加注口盖。为了防止异物通过机油加注口进入发动机，需要用干净的布将机油加注口遮盖住。

1) 预热发动机

(1) 把车辆停在平整的地面上，起动发动机，进行发动机暖机。

(2) 关闭发动机，拉紧驻车制动器，打开汽车发动机盖和机油加注口盖，如图 5-14 所示。

图 5-14　打开机油加注口盖

2) 举升车辆

(1) 在车辆停靠到位的基础上，放置举升托臂。

(2) 操纵举升机，当车轮离开地面，停止举升并以一定的力量按动车辆前后部，检查车身是否稳固。

(3) 在车身稳定的情况下，继续操纵举升机，将车辆举升到适合操作的最高位置。

3) 排放机油

(1) 清洁地面，防止有水或油造成打滑，影响安全操作。

(2) 如图 5-15 所示拆卸机油放油塞，如图 5-16 所示将机油排入一个容器中。此时需要特别注意，防止热车后的机油将手烫伤，另外还需要放置好容器位置，防止漏油。

图 5-15　拆卸机油放油塞

图 5-16　将机油收集到回油桶

4) 更换密封垫

放完机油后，更换放油塞密封垫，用 39.2～44.1 N·m 范围内的规定力矩拧紧。

3. 机油滤清器的更换

机油滤清器的功用是及时地滤除机油中各种杂质和胶质，防止润滑油路的堵塞，保障主油道的油液清洁。当机油滤清器长时间使用而未按要求定期更换时，其内部的滤纸将被机油杂质堵塞，使滤清器的过滤效果下降，机油的流通阻力增大，最终导致发动机的润滑效果不良而损坏发动机。

（1）利用机油滤清器扳手拆卸机油滤清器，如图 5-17 所示。

（2）检查并清洗气缸体与机油滤清器的安装表面。

（3）检查新机油滤清器部件编号是否与旧编号相同。

（4）将机油滤清器加满机油，用发动机机油涂抹在新机油滤清器的 O 形环上，如图 5-18 所示。

图 5-17　机油滤清器的拆卸　　　　　　　图 5-18　在新机油滤清器的 O 形环上涂抹机油

（5）用手把新的机油滤清器拧在机油滤清器支座上，直到滤清器 O 形环与安装表面接触，如图 5-19 所示，用机油滤清器扳手再把滤清器拧 3/4 转。为了恰当地拧紧机油滤清器，注意识别滤清器 O 形环与安装表面初始接触的精确位置。

图 5-19　拧紧机油滤清器　　　　　　　　图 5-20　机油的加注

4. 加注发动机机油

（1）从举升机上放下车辆。

（2）如图 5-20 所示，从发动机机油加注口注入车辆制造商规定黏度的高品质汽油发动机专用机油，直至油位达到机油标尺上的满油位标记即可停止加注。

（3）盖上机油加注口盖，使发动机怠速空转 5 min 后停止运转。3 min 后拔出机油标尺，检查油位是否处在正常位置。注意：不足时再加油，油位超过最高油位标记时需放出过量机油。

（4）安装机油加注口盖。

（5）起动发动机并检查是否漏油。

（6）重新检查发动机机油量。

（7）检查漏油情况，发动机润滑系统漏油情况的检查主要包括发动机各种区域的接触面、油封处和放油塞。

注意：

(1) 检查完毕后对机油加注口及油底壳进行清洁。

(2) 加注新机油时必须注意防止机油外漏，以免造成对传感器、执行器的损坏。

(3) 长时间及重复接触矿物油会导致皮肤的脱落，致使干燥、刺激和病变。另外，发动机废机油含有潜在的有害杂质，会引起皮肤癌。

(4) 为了缩短时间及降低油与皮肤接触的频率，穿上防护服并戴上手套。用肥皂和水彻底清洗皮肤，或使用清洁剂去除发动机机油。禁止使用汽油、稀释剂或溶剂清洗。

(5) 为了保护设备，只能在指定的清除位清除废弃的发动机机油和机油滤清器。

任务实施

1. 工具和设备准备

(1) 工具：通用工具若干套、世达套筒扳手、机油滤清器专用工具、翼子板三件套等。

(2) 设备：实训车辆、工具车。

2. 实施过程

1) 车辆信息

车型		生产年份		制造商	
车辆识别码			发动机型号		
故障描述					

2) 计划

根据故障现象和任务要求，确定所需要的技术资料、检测仪器、工具，并对小组成员进行合理分工，制订详细的实施计划。

(1) 技术资料：

(2) 本次任务需要的仪器及工具：

仪器及工具名称	型号	使用注意事项

（3）本次任务安全注意事项：

（4）小组成员及分工：

小组名称		组长	
小组成员姓名	分配任务内容	备注	

3）实施

发动机机油更换的步骤及注意事项：

4）检查与评估

姓名		工位号		日期	
标准时间		开始时间		完成时间	
序号	项目	标准分	评分标准		得分
1	工具、仪器的准备	10分	（1）工具、仪器选错或少选扣2分 （2）工具丢失或恶意损坏扣10分 （3）任务结束工具整理，视情况扣1～5分		
2	测试前车辆准备	20分			
3	举升机的使用	20分			
4	机油的更换	40分			
5	安全操作、团队合作	10分			
6	总分	100分			

任务5.4 机油压力的检测

机油压力的检测是检测发动机机油的液量和质量的重要标准,机油压力的高低将造成发动机起动困难、不能起动等故障现象。机油压力可用于判断机油的质量的好坏、机油泄漏等的故障原因。因此,机油压力的检测,对提高车辆使用性能具有十分重要的意义。

1. 机油品质的检测

机油品质的变化现象:颜色变黑、黏度下降或上升、添加剂性能丧失。

机械杂质:道路尘埃、摩擦或磨损剥落下来的金属颗粒、未完全燃烧的重质材料、胶质和积炭。

机油老化:高温条件下机油氧化生成的氧化物或氧化聚合物使机油变质。

1) 机油品质的检测方法

常用方法:滤纸油斑法(或称滤纸斑点法)。

其他方法:理化性能指标检测法(主要是做研究时使用)、情景性分析法、介电常数分析法、光谱分析法、铁谱分析法、磁性探测器分析法。

2) 滤纸斑点分析法

将一滴在用机油按照规定条件滴在专用滤纸上,油滴逐渐向四周浸润扩散,在滤纸上形成颜色深浅不同的多圈环形斑点。把滴定的斑点图与标准斑点图谱进行对比分析,是现场分析机油品质的一种简单、快速的方法。该方法能表征在用机油的剩余清净分散性和老化变质程度。

(1) 油样采集方法。

① 应在发动机处于热状态怠速运转时,从润滑系主油道取样。

② 无法在主油道取样时,可在发动机走热并熄火后 5 min,从机油池放油孔取样。

③ 多次测量,多次采样,同时保持采样容器清洁、无水和无杂质。

(2) 滴定仪器。

① 滤纸:直径 70~90 mm,定性快速滤纸。

② 滴油棒:直径 2 mm,长 150 mm 的金属棒,棒端尖而光滑。

③ 框架:120 mm×70 mm 的有机玻璃(硬纸或塑料板),中间有直径 50 mm 的通孔,如图 5-21 所示。

④ 滴油温度:在室内常温下进行,最低温度不低于 20 ℃(要求油温与室温基本一致)。

⑤ 滴油量:直径 2 mm 滴油棒,平均每滴油量为 0.02 g。

(3) 油斑形态(见图 5-22)。

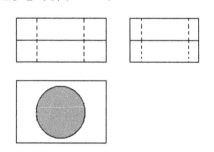

图 5-21 滴定仪器框架

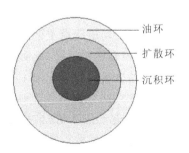

图 5-22 斑点图

沉积环:斑点图中心,是机油内粗颗粒杂质沉积区,从其颜色的深浅可粗略判断机油被污染的程度。

扩散环:悬浮细颗粒杂质向外扩散时留下的痕迹,宽度和颜色的均匀程度表示机油中污染杂质的分散程度,即机油的清净分散能力或清净分散剂的消耗程度。

油环:颜色由浅黄到棕红,表示机油被氧化的程度。

2. 机油压力的检测

机油压力可以用专用的机油压力表来测量,也可以用普通的油压表(量程为 1 MPa 左右)配上相应的高压软管和接头来测量。测量机油压力的方法如下。

(1) 拔下机油压力传感器的线束插头,拆下机油压力传感器。

(2) 将机油压力表的软管接头拧入安装机油压力传感器的螺孔内,并拧紧接头。

(3) 将机油压力表放置在不会接触到发动机旋转部件及高温部件的地方。

(4) 起动发动机,检查机油压力表接头处有无漏油,如有漏油,应熄火后重新拧紧接头。

(5) 运转发动机使之达到正常的工作温度,分别在怠速和 2000 r/min 时检查油压表的读数,并与标准压力值进行比较。各种车型发动机的机油压力标准不完全相同,一般在怠速时的值应大于 0.05 MPa,在 2000 r/min 时的值应大于 0.2 MPa。

在测量完机油压力后,应拆下机油压力表,装上机油压力传感器并按规定扭矩拧紧,接上线束插头。起动发动机,确认机油压力传感器没有漏油。

润滑系的机油压力值由汽车仪表盘上的机油压力表显示出来,也可根据指示灯闪亮情况判断压力是否正常(由机油压力传感器提供触发信号),但是由于机油压力表或油压传感器不能保证必要的测量精度,因此,定期检测时应采用专用油压表,如图 5-23 所示。

图 5-23 机油压力表

检测时,首先拆下发动机润滑主油道上的油压传感器,装上油压表,如图 5-24 所示。然后起动发动机使其在规定转速下运转,此时油压表上的指示值即为润滑系统的机油压力。

检测值标准:汽油机机油压力应为 196～392 kPa;柴油机机油压力应为 294～588 kPa。

机油压力测试:

(1) 在运行温度下起动发动机(机油温度≥80 ℃)。

(2) 取下油压开关(看箭头),如图 5-25 所示。

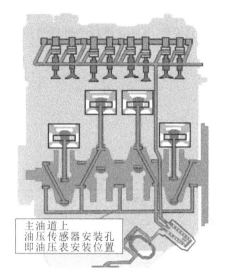

图 5-24 机油压力表安装位置

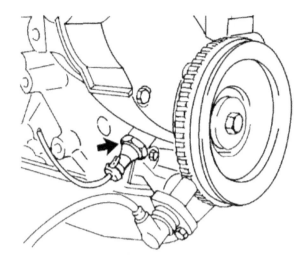

图 5-25 油压开关位置

（3）将油压表 KM-498-B 和适配器 KM-135 一起拧进油压开关的螺孔中，如图 5-26 所示。

（4）测量油压，怠速时的最小油压为 30 kPa。

（5）拿开油压表和适配器。

（6）装好油压开关。

（7）注油至量油计的"最高"位置。

压力偏低原因：机油集滤器、滤清器堵塞；限压阀或旁通阀弹簧过软、折断；机油泵工作不良；机油黏度太低。

压力偏高原因：机油黏度过大；润滑油道堵塞不畅通；机油滤清器滤芯堵塞且旁通阀开启困难。

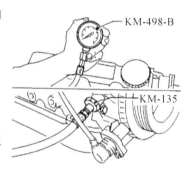

图 5-26 油压表安装

实验表明：曲轴主轴颈每向里磨损 0.01 mm，机油压力约降低 10 kPa。

任务实施

1. 工具和设备准备

（1）工具：通用工具若干套、机油压力表、世达工具、抹布等。

（2）设备：实训车辆或发动机台架、工具车。

2. 实施过程

1）车辆信息

车型		生产年份		制造商	
车辆识别码			发动机型号		
故障描述					

2) 计划

根据故障现象和任务要求,确定所需要的技术资料、检测仪器、工具,并对小组成员进行合理分工,制订详细的实施计划。

(1) 技术资料:

(2) 本次任务需要的仪器及工具:

仪器及工具名称	型号	使用注意事项

(3) 本次任务安全注意事项:

(4) 小组成员及分工:

小组名称		组长	
小组成员姓名	分配任务内容	备注	

3) 实施

(1) 发动机机油压力的测试方法:

(2) 机油压力检查结果:

4）检查与评估

姓名		工位号		日期	
标准时间		开始时间		完成时间	
序号	项目	标准分	评分标准		得分
1	工具、仪器的准备	10分	（1）工具、仪器选错或少选扣2分； （2）工具丢失或恶意损坏扣10分； （3）任务结束工具整理，视情况扣1~5分		
2	测试前车辆准备	20分			
3	机油品质的检测	20分			
4	机油压力测试	40分			
5	安全操作、团队合作	10分			
6	总分	100分			

课后练习

1. 选择题

（1）汽车发动机各零件最理想的摩擦形式是（　　）。

A. 干摩擦　　　　　B. 半干摩擦　　　　　C. 液体摩擦　　　　　D. 半液体摩擦

（2）机油细滤器上设置低压限制阀的作用是（　　）。

A. 机油泵出油压力高于一定值时,关闭通往细滤器油道

B. 机油泵出油压力低于一定值时,关闭通往细滤器油道

C. 使进入机油细滤器的机油保持较高压力

D. 使进入机油细滤器的机油保持较低压力

（3）润滑系统中旁通阀的作用是（　　）。

A. 保证主油道中的最小机油压力

B. 防止主油道的机油压力过大

C. 防止机油粗滤器滤芯损坏

D. 在机油粗滤器滤芯堵塞后仍能使机油进入主油道内

（4）机油泵常用的形式有（　　）。

A. 齿轮式与膜片式　　　　　　　　B. 转子式和活塞式

C. 转子式与齿轮式　　　　　　　　D. 柱塞式与膜片式

（5）曲轴箱通风的目的主要是（　　）。

A. 排出水和汽油　　　　　　　　　B. 排出漏入曲轴箱内的可燃混合气与废气

C. 冷却润滑油　　　　　　　　　　D. 向曲轴箱供给氧气

2. 判断题

（1）机油细滤器滤清能力强,所以经过细滤器滤清后的机油直接流向润滑表面。（　　）

（2）强制通风装置中装用的单向阀失效将会引起发动机怠速不稳。（　　）

（3）加注润滑油时,加入量越多,越有利于发动机的润滑。（　　）

(4)为既保证各润滑部位的润滑要求,又减少机油泵的功率消耗,机油泵实际供油量一般应与润滑系统需要的循环油量相等。 ( )

(5)润滑系统主油道中压力越高越好。 ( )

3.简答题

(1)润滑系统有哪些润滑方式?润滑系统的作用是什么?

(2)润滑系统常见的故障有哪些?

项目6 进排气系统检修

项目导入

(1) 车型:宝来 1.6 L,手动,行驶里程 26 万千米,出厂时间 2008 年 5 月。
(2) 故障现象:发动机起动后抖动严重,排气管有节奏地放炮,急加速时噪声极大。

学习目标

(1) 熟悉进排气系统的作用;
(2) 掌握进排气系统的结构组成;
(3) 掌握进排气系统的工作原理;
(4) 掌握进排气系统相关部件的拆装方法;
(5) 掌握进排气系统故障诊断。

课前活动

通过网络学习平台自学,或扫描二维码完成下列学习任务。
(1) 知识点学习。
① 学习内容:进气系统的组成、排气系统的组成、排气净化装置、曲轴箱通风系统、蒸发控制系统、进排气系统检修等。
② 学习资源:进排气系统电子教案、电子教材、电子挂图、教学视频。
③ 在线作业:完成在线作业,准确率达 80% 以上。
(2) 自学学习评价。

知识点	学习完成情况	作业完成情况	在线测试分数
6.1.1			
6.1.2			
6.1.3			
6.1.4			
6.1.5			

学习记录:

任务6.1 进排气系统的组成

6.1.1 进气系统的组成

1. 进气系统的组成

进气系统由进气总管、谐振器、空气滤清器、空气流量计、进气压力传感器、节气门体、怠速控制阀、进气歧管等组成,如图6-1所示。发动机工作时,驾驶员通过加速踏板操纵节气门的开度,以此来改变进气量,控制发动机的运转。进入发动机的空气经空气滤清器滤去尘埃等杂质后,流经空气流量计,沿节气门通道进入动力腔,再经进气歧管分配到各个气缸中。发动机冷车怠速运转时,部分空气经附加空气阀或怠速控制阀绕过节气门进入气缸。

1) 空气滤清器

空气滤清器的作用是滤去空气中的尘埃和杂质,将清洁的空气(或空气与燃油的可燃混合气)送入燃烧室,以减少活塞与气缸套之间、活塞组之间和气门组之间的磨损;此外还能抑制内燃机的进气噪声。在一些汽油机上,为了降低有害气体的排放,还在空气滤清器上加装了一些附加装置。活塞式机械(内燃机、往复压缩机等)工作时,如果吸入的空气中含有灰尘等杂质将加剧零件的磨损,所以必须装有空气滤清器。空气滤清器由进气口、滤芯和壳体三部分组成,如图6-2所示。对空气滤清器的主要要求是滤清效率高、流动阻力小、能较长时间连续使用而无须保养。

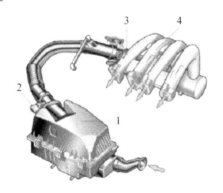

图 6-1 进气系统组成
1—空气滤清器;2—空气流量计;
3—节气门体;4—进气歧管

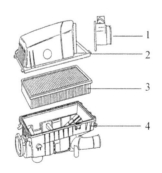

图 6-2 空气滤清器
1—进气口;2—上壳体;
3—滤芯;4—下壳体

空气滤清有惯性式、过滤式和油浴式三种方式。

(1) 惯性式:由于杂质的密度较空气的密度大,当杂质随空气旋转或急转弯时,离心惯性力的作用能使杂质从气流中分离出来。

(2) 过滤式:引导空气流过金属滤网或滤纸等,将杂质阻挡并黏附在滤芯上。

(3) 油浴式:在空气滤清器底部设有机油盘,利用气流急转冲击机油,将杂质分离并黏滞在机油中,而被激荡起的机油雾滴随气流流经滤芯,并黏附在滤芯上,空气流过滤芯时能进一步吸附杂质,从而达到滤清的目的。

2) 空气流量计

空气流量计是测量发动机进气量的装置,如图6-3所示。空气流量计应设置在空气滤清器与节气门体之间,也可以安装在空气滤清器上,亦可将空气滤清器与节气门体一体化安装在发动机上。根据测量原理不同,空气流量计可分为叶片式空气流量计、卡门旋涡式空气流量计及热膜式空气流量计等几种类型。

(1) 叶片式空气流量计。

叶片式空气流量计如图6-4所示,它由测量板、补偿挡板、回位弹簧、电位计、旁通气道等组成。工作时与测量板同轴转动的电位计检测出叶片转动的角度,将进气量转换成电压信号送给发动机的ECU(电子控制器)。

图 6-3 空气流量计

(2) 卡门旋涡式空气流量计。

图6-5所示为卡门旋涡式空气流量计。所谓卡门旋涡是指在流体中放置一个圆柱状或三角状物体时,在这一物体的下游就会产生的两列旋转方向相反,并交替出现的旋涡。在气流中央放置一个锥体状涡流发生器,当空气流过时,在涡流发生器下游将产生有规律交错的旋涡。流经空气通道的空气流速的变化将影响卡门涡流旋涡的频率。

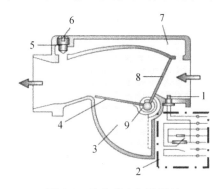

图 6-4 叶片式空气流量计

1—温度传感器;2—电位计;3—缓冲室;4—补偿挡板;
5—调节螺钉;6—封口;7—旁通气道;8—测量板;9—回位弹簧

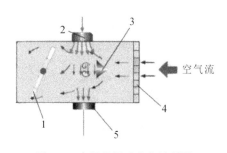

图 6-5 卡门旋涡式空气流量计

1—节气门;2—超声波发射器;
3—涡流发生器;4—整流器;5—取样器

(3) 热膜式空气流量计。

图6-6所示为热膜式空气流量计。当无空气流动时,电桥处于平衡状态,控制电路输出某一加热电流至热线电阻;当有空气流动时,由于电阻的热量被空气吸收而变冷,其电阻值发生变化,电桥失去平衡,如果保持热线电阻不变并为一定值,就必须增加流过热线电阻的电流。

3) 进气压力传感器

电喷发动机中采用进气压力传感器来检测进气量的装置称为D型喷射系统(速度密度型)。进气压力传感器检测进气量不是像进气流量传感器那样直接检测,而是采用间接检测的方法。

进气压力传感器检测的是节气门后方的进气歧管的绝对压力,它根据发动机转速和负荷的大小检测出歧管内绝对压力的变化,然后转换成电压信号送至ECU,ECU依据此电压信号控制基本喷油量的大小。

进气压力传感器的种类较多,有压敏电阻式、电容式等。由于压敏电阻式进气压力传感器具有响应速度快、检测精度高、尺寸小且安装灵活等优点,因而被广泛用于 D 型喷射系统中,如图 6-7 所示。

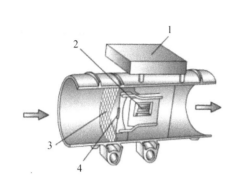

图 6-6　热膜式空气流量计　　　　　　图 6-7　压敏电阻式进气压力传感器

1—控制电路;2—热膜;3—防护网;4—温度传感器

图 6-8　节气门体

4) 节气门体

节气门体是控制发动机吸气多少的一个阀门,如图 6-8 所示。节气门分为机械拉索式节气门和电子式节气门。机械拉索式节气门有一个圆形的钢片,中间有一根轴和油门拉线连接,并由油门拉线控制。

电子式节气门体一般分为执行器、节气门片和节气门位置传感器三部分,包括节气门本体、节气门阀片、节气门轴、直流电动机、齿轮减速机构,且它们一般被封装为一体。

5) 怠速控制阀

怠速控制阀装在节气门旁通空气孔上,如图 6-9 所示。怠速控制器依据点火信号,在发动机转速低于 750 r/min 时,使怠速控制阀动作,以提升发动机转速;在发动机转速超过 1050 r/min 时,停止动作。在配备冷气系统的车型中,又将此控制阀称为怠速提速阀。

6) 进气歧管

进气歧管是指空气从进气管进入各个气缸,空气往各个气缸分配的这一段管子。每个气缸有一个进气歧管,如图 6-10 所示。进气歧管的设计保证了各个气缸进气分配合理均匀。

图 6-9　怠速控制阀　　　　　　　　　图 6-10　进气歧管

6.1.2 排气系统的组成

1. 排气系统

1）排气系统的作用

排气系统的作用是汇集各气缸的废气,减小排气噪声和消除废气中的火焰和火星,使废气安全地排入大气,并对废气中的有害物质进行排放控制。排气系统同时兼具降低排气噪声的功能。

2）排气系统的组成

排气系统主要由前、中、后三段构成,如图 6-11 所示,前段以三元催化器为主,中段以前置消声器为主,后段以后置消声器为主。我们所说的排气管,其实是三元催化器、前置消声器、后置消声器和连接它们的钢管的总称。排气歧管在设计上会尽量让各缸的阻力相同,以让排气顺畅。

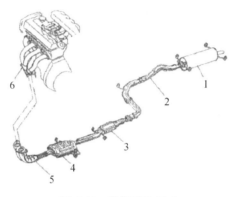

图 6-11 排气系统组成
1—消声器(主);2—排气管(后);3—消声器(副);
4—催化转换器;5—排气管(前);6—排气歧管

（1）排气歧管。

排气歧管一般用价格便宜、耐高温的铸铁或球墨铸铁制造,也可用不锈钢管制成。不锈钢排气歧管质量轻、耐久性好,同时内壁光滑、排气阻力小。

排气歧管的形状十分重要。如图 6-12 所示,为了使各缸排气不相互干扰且不出现排气倒流现象,并尽可能地利用惯性排气,应该将排气歧管做得尽可能地长。每个气缸都有一个排气歧管,而且各缸歧管应该相互独立、长度相等。好的排气歧管设计会令发动机排气顺畅,功率提高。

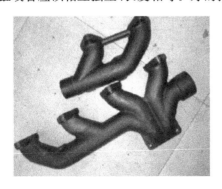 

图 6-12 排气歧管

图6-13 排气管

（2）排气管。

排气歧管之后的管道均属排气管。排气管共有三段，中间分别安装催化转换装置与消声器，如图6-13所示。

3）排气系统的工作原理

气缸中的废气由排气门排出后，经各缸排气歧管汇至排气总管，由三元催化转换器净化处理及消声器消声后从排气尾管排出车外。

现代汽车为了对空燃比进行反馈控制，在废气到达三元催化转换器前还需由氧传感器对废气中氧的含量进行检测。

4）排气系统的类型

汽车排气系统分为单排气系统及双排气系统。

（1）单排气系统。

单排气系统只有一套消声、催化转换装置及一个排气尾管，如图6-14所示。直列式发动机采用单排气系统。V形发动机有两套排气歧管，两套排气歧管通过一条叉形管连接到同一个排气管上，这样的系统仍为单排气系统。

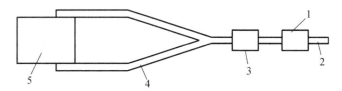

图6-14 单排气系统

1—消声器；2—排气尾管；3—催化转换器；4—叉形管；5—发动机

（2）双排气系统。

双排气系统有两套消声、催化转换装置及排气尾管，如图6-15所示。有些V形发动机采用双排气系统，有两个排气支管，各用一套催化转换装置、消声器、排气尾管，车尾可以看到两个排气口。双排气系统降低了排气系统内的压力，使发动机排气更为顺畅，气缸中残余的废气较少，因而可以充入更多的空气。

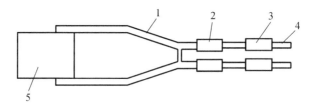

图6-15 双排气系统

1—叉形管；2—催化转换器；3—消声器；4—排气尾管；5—发动机

2.催化转换器

由于环保法规对车辆排污的标准相当严苛，不论息速、加速、低速行驶、高速行驶或减速，都必须符合排放标准，这就得依靠催化转换器了。排气歧管之后接上催化转换器，以将未完全燃烧的污染物转换为无害物质。催化转换器内部结构如图6-16所示，催化转换器内部含有催化剂,通常以贵金属为原料,有氧化型催化剂、还原型催化剂,绝大多数车辆采用的是三元催化剂。

催化剂包含的贵金属元素主要有铂、铑、钯。其中铂控制 CO(一氧化碳)的排放,铑控制 NO 的排放,钯控制 HC(碳氢化合物)的排放。

汽油是一种碳氢化合物,在汽油分子中几乎都是碳及氢原子,这些碳及氢燃烧后应该产生二氧化碳(CO_2)及水(H_2O),但是因为少量混合气未完全燃烧,并且会有少许机油(有未燃烧的,也有已燃烧的)被排放出来,所以会产生 HC 及 CO。再者,进入发动机内的空气中含有约 80% 的氮气(N_2),经过燃烧室的高温,原本很稳定的氮会与空气中的氧(O_2)结合,产生 NO 及 NO_2,统称 NO_x。HC、CO 及 NO_x 都会造成环境污染且对人体有害,所以世界各国都会制定环保法规,对车辆排污加以限制。

尾气中的 HC 和 CO 都是汽油燃烧不完全产生的,要消除它们就必须再燃烧它们,也就是使它们氧化,这是氧化型催化剂的任务。而 NO_x 的生成则是氮被氧化所致,所以必须用还原型催化剂将 NO_x 还原成氮气。三元催化转换器则是让 HC 和 CO 的氧化及 NO_x 的还原都发生在同一触媒中。催化剂本身并不参与氧化或还原的化学反应,它只在化学反应中起催化作用。

3. 消声器

催化转换器之后连接到消声器,消声器的横截面是圆形或者椭圆形,多用薄钢板焊制,如图 6-17 所示。消声器装在排气系统的中部或者后部位置上,它内部有一系列隔板、腔室、孔管和管道,利用声波反射互相干扰抵消的现象,使声能逐渐削弱,用以衰减和隔离排气门每次打开时产生的噪声。

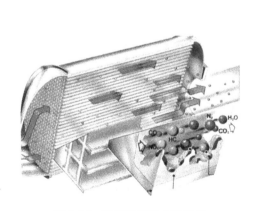

图 6-16 催化转换器内部结构

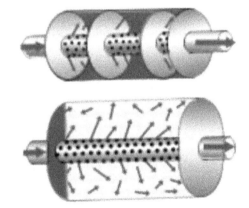

图 6-17 消声器

6.1.3 排气净化装置

随着汽车保有量的与日俱增,汽车排气对人类健康的危害及对环境的污染也日甚一日。对此,世界各国都制定了相应的法规和标准,以期把汽车有害排放物控制在较低的水平。为了满足排放标准,必须对发动机排气进行净化。近年来,汽车界开发和创制出许多净化排气的新技术和新装置。

1. 发动机的有害排放物

图 6-18 公交车有害排放物

以活塞式内燃机为动力的汽车是城市大气的主要污染源之一,如图 6-18 所示。汽车排放的污染物主要有 CO（一氧化碳）、HC（碳氢化合物）、NO_x（氮氧化合物）和微粒。CO 是燃油的不完全燃烧产物,是一种无色、无臭、无味的气体。它对血液中血红素的亲和力是氧气的 300 倍,因此当人吸入 CO 后,血液吸收和运送氧的能力降低,导致头晕、头痛等中毒症状。吸入体积分数为 0.3% 的 CO 气体,可致人死亡。NO_x 主要是指 NO 和 NO_2,产生于燃烧室内高温富氧的环境中。空气中 NO_x 浓度在 10~20 ppm 时可刺激口腔及鼻黏膜、眼角膜等。当 NO_x 浓度超过 500 ppm 时,几分钟可使人出现肺气肿而死亡。

2. 排气净化新技术和新装置

1) 二次空气喷射系统

很多汽车发动机装有二次空气喷射系统,如图 6-19 所示。虽然二次空气喷射系统有各种各样的结构,但其功用基本相同,即利用空气泵将新鲜空气经空气喷管喷入排气道或催化转换器中,使排气中的 CO 和 HC 进一步氧化或燃烧生成二氧化碳（CO_2）和水（H_2O）。

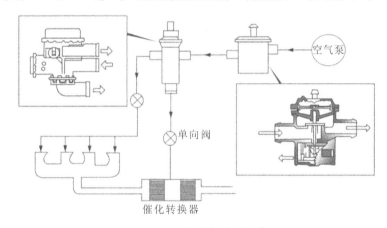

图 6-19 二次空气喷射系统

2) 催化转换器

催化转换器是利用催化剂的作用将排气中的 CO、HC 和 NO_x 转换为对人体无害的气体的一种排气净化装置,也称作催化净化转换器。金属铂、钯或铑均可作催化剂。在化学反应过程中,催化剂只促进反应的进行,不是反应物的一部分。

催化转换器有氧化催化转换器和三元催化转换器,如图 6-20 所示。氧化催化转换器只将排气中的 CO 和 HC 氧化为 CO_2 和 H_2O,因此这种催化转换器也称作二元催化转换器。必须向氧化催化转换器供给二次空气作为氧化剂,才能使其有效地工作。三元催化转换器可同时减少 CO、HC 和 NO_x 的排放,它以排气中的 CO 和 HC 作为还原剂,把 NO_x 还原为氮（N_2）和氧（O_2）,而 CO 和 HC 在还原反应中被氧化为 CO_2 和 H_2O。当同时采用两种转换器时,通常把二者放在同一个转换器外壳内,而且三元催化转换器置于氧化催化转换器前面。排气经过三元催化转换器之后,部分未被氧化的 CO 和 HC 继续在氧化催化转换器中与供入的二次空气进行氧化反应。

(a) 氧化催化转换器

(b) 三元催化转换器

图 6-20　催化转换器

3) 柴油机微粒过滤器

微粒是柴油机排放的突出问题。对车用柴油机排气微粒的处理,主要采用过滤法。微粒过滤器的滤芯由多孔陶瓷制造,它有较高的过滤效率,如图 6-21 所示。排气穿过多孔陶瓷滤芯进入排气管,而微粒则滞留在滤芯上。过滤器工作一段时间后,需及时清除积存在滤芯上的微粒,以恢复过滤器的工作能力和减小排气阻力。为此,在过滤器入口处设置一个燃烧器,通过喷油器向燃烧器内喷入少量燃油,并供入二次空气,利用火花塞或电热塞将其点燃,将滞留在滤芯上的微粒烧掉。

4) 废气再循环(EGR)系统

废气再循环是指把发动机排出的部分废气回送到进气歧管,并与新鲜混合气一起再次进入气缸,如图 6-22 所示。废气中含有大量的 CO_2,虽然 CO_2 不能燃烧但可吸收大量的热,使气缸中混合气的燃烧温度降低,从而减少 NO_x 的生成量。废气再循环是净化废气中 NO_x 的主要方法。在新鲜的混合气中掺入废气之后,混合气的热值降低,致使发动机的有效功率下降。为了做到既能减少 NO_x 的排放,又能保持发动机的动力性,必须根据发动机运转的工况对再循环的废气量加以控制。NO_x 的生成量随发动机负荷的增大而增多,因此,再循环的废气量也应随负荷而增加。在暖机期间或怠速时,NO_x 生成量不多,为了保持发动机运转的稳定性,不进行废气再循环。在全负荷或高转速下工作时,为了使发动机有足够的动力性,也不进行废气再循环。

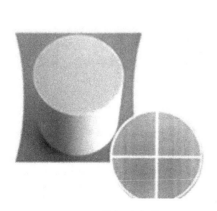

图 6-21　微粒过滤器

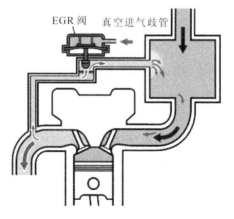

图 6-22　废气再循环系统

6.1.4 曲轴箱通风系统

发动机工作时,一部分可燃混合气和废气经活塞环泄漏到曲轴箱内。泄漏到曲轴箱内的汽油蒸气凝结后,将使机油变稀。同时,废气的高温和废气中的酸性物质及水蒸气将侵蚀零件,并使机油性能变坏。另外,由于混合气和废气进入曲轴箱,曲轴箱内的压力增大,温度升高,易使机油从油封、衬垫等处向外渗漏。因此,曲轴箱必须设有通风装置,使漏入的气体排出并加以利用,同时使新鲜气体进入曲轴箱,形成不断的对流。曲轴箱通风方式一般有两种:一种是自然通风,另一种是强制通风。

1. 自然通风

从曲轴箱抽出的气体直接导入大气中的通风方式称为自然通风,如图 6-23 所示。柴油机多采用这种曲轴箱自然通风方式。在与曲轴箱连通的气门室盖或机油加注口接出一根下垂的出气管,管口处切成斜口,切口的方向与汽车行驶的方向相反。利用汽车行驶和冷却风扇的气流,在出气口处形成一定真空度,将气体从曲轴箱抽出。

2. 强制通风

从曲轴箱抽出的气体导入发动机的进气管,吸入气缸再燃烧,如图 6-24 所示,这种通风方式称为强制通风。汽油机一般都采用这种曲轴箱强制通风方式。这样,可以将窜入曲轴箱内的混合气回收使用,有利于提高发动机的经济性。

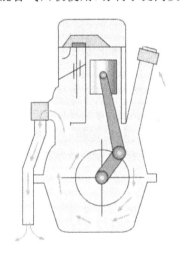

图 6-23 发动机曲轴箱自然通风

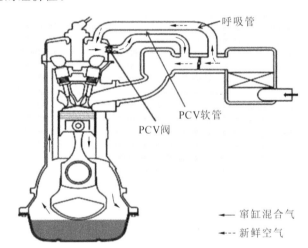

图 6-24 发动机曲轴箱强制通风

3. PCV 阀

PCV 是英文 Positive Crankcase Ventilation(曲轴箱强制通风)三个单词的简写,表示曲轴箱(或油底壳)主动通风控制系统。PCV 阀由阀体、阀门、阀盖、弹簧组成,不可分解,如图 6-25 所示。其主要作用是将曲轴箱内的气体通过 PCV 阀导入进气歧管,并有少量的空气由空气滤清器经 PCV 阀直接进入进气歧管,这就避免了节气门处结冰、燃烧不充分、排放恶化等现象。防止窜气进入大气,同时防止机油变质。PCV 阀由真空度来控制。当发动机怠速的时候,进气管有真空度,让柱塞直接克服弹簧的力量被吸住,废气无法流动;当发动机高速运转的时候,弹簧按住柱塞,让废气无法流动;当发动机中速运转的时候,发动机进气管的真空吸力克服了弹簧的一半力量,柱塞在阀体内晃动,废气开始流动到进气管。

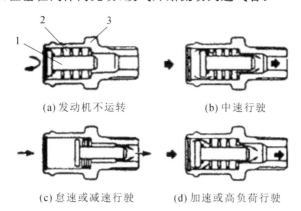

(a) 发动机不运转　　(b) 中速行驶

(c) 怠速或减速行驶　　(d) 加速或高负荷行驶

图 6-25　PCV 阀的构造和原理

1—柱塞；2—弹簧；3—阀体

6.1.5　蒸发控制系统

由于昼夜温差变化和发动机运转所产生的高温的影响,油箱和化油器内汽油温度升高并通过各自的通气孔向大气中排放有害的燃油气体——碳氢化合物(HC),污染环境,影响人类健康。国三标准规定,对燃油蒸发必须进行控制,使之低于规定的限值。现从燃油蒸发控制系统的工作原理、主要元件的工作原理两个方面介绍燃油蒸发控制系统的基础知识。

1. 蒸发控制系统简介

燃油蒸发控制(EVAP)是防止燃油管内的燃油蒸气泄漏到大气中污染环境,同时收集汽油蒸气并适时送入进气管,与空气混合后进入发动机燃烧,提高燃油经济性的控制技术。

燃油蒸发控制系统由蒸气回收罐(亦称活性炭罐)、控制电磁阀、蒸气分离阀及相应的蒸气管道和真空软管等组成,如图 6-26 所示。

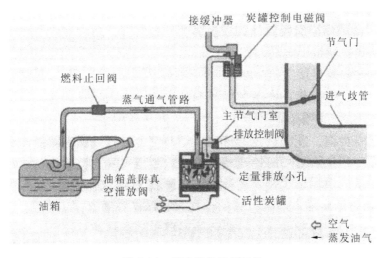

图 6-26　燃油蒸发控制系统

2. 燃油蒸发控制系统的工作原理

（1）当环境温度升高时，油箱内的汽油蒸发加速，汽油蒸发气体（HC）通过吸附管、倾倒阀等流入炭罐，其内的活性炭将燃气吸收、储存，如图6-27所示。

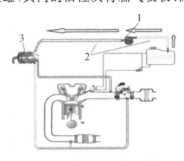

图 6-27 蒸发气体流入炭罐
1—倾倒阀；2—吸附管；3—炭罐

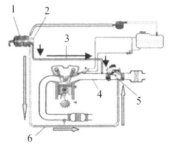

图 6-28 燃气通过脱附管到节气门板前方
1—炭罐；2—PCV阀；3—负压管；
4—进气管；5—节气门板；6—脱附管

（2）当发动机运转时，进气管内产生负压，PCV阀打开，使炭罐内储存的燃气通过脱附管吸入到节气门板前方，并进入气缸进行燃烧。节气门开度不同，PCV阀开度不同，脱附的燃气量也不同，如图6-28所示。

（3）当车辆倾倒时（大于60°），倾倒阀关闭，使汽油无法流入炭罐，如图6-29所示。

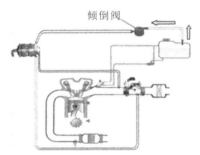

图 6-29 倾倒阀关闭使汽油无法流入炭罐

3. 燃油蒸发控制系统主要元件工作原理

1）炭罐的吸附过程

在发动机停机状态，PCV阀关闭，HC气体通过吸附管进入炭罐被活性炭吸收，活性炭起到过滤作用，使HC气体不能从通气口排出，如图6-30所示。

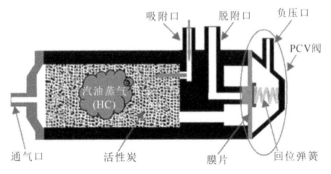

图 6-30 炭罐吸附过程

2) 炭罐的脱附过程

在发动机运转状态,负压管形成负压,PCV 阀开启,HC 气体通过脱附管进入气缸进行燃烧,如图 6-31 所示。

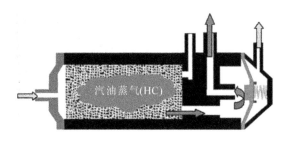

图 6-31 炭罐脱附过程

任务 6.2 进排气系统检修

1. 进气系统检修

进气系统机械部分检修主要包括空气滤清器的检查、进气系统泄漏检查、节气门检查等。检修时应该注意以下几方面。

(1) 检查空气滤清器滤芯是否脏污,必要时用压缩空气吹净或者更换新的空气滤清器。

(2) 进气系统漏气对电控燃油喷射发动机的影响比对化油器式发动机的影响大,所以要检查各个连接是否可靠,密封垫是否完好。

(3) 检查节气门内腔的积垢情况,必要时用清洗剂进行清洗,清洗完节气门后要做节气门匹配。

2. 排气系统检修

1) 耳听检查

(1) 用手锤或木锤轻轻敲击排气管和消声器,发出清脆的金属敲击声为正常;声音浑浊说明有部件损坏;若有小颗粒掉下的声音,说明消声器内部锈蚀。

(2) 发动机怠速运行时,排气系统若有"咝咝"声或爆破声,说明排气系统开始失效。

2) 目视检查

(1) 将车辆举起,用工作灯从头到尾对排气系统进行检查。主要检查外壳是否掉色生锈,是否有撞伤或开口,悬架及夹紧装置是否擦破或折断,消声器是否开裂等。

(2) 摇动排气尾管,检查固定夹是否夹紧。

(3) 检查排气管是否凹陷弯曲,如果是的话会导致排气不畅。

(4) 检查排气管与排气歧管之间的每一个连接处的连接螺栓与密封垫片。

3) 催化转换器检查

主要检查催化转换器是否过热。根据催化转换器外壳颜色及其周围油漆情况进行判断。

任务实施

1. 工具和设备准备

(1) 工具:通用工具若干套、世达套筒扳手等。

(2)设备:实训车辆或发动机台架、工具车、举升机。

2. 实施过程

1)车辆信息

车型		生产年份		制造商	
车辆识别码			发动机型号		
故障描述					

2)计划

根据故障现象和任务要求,确定所需要的技术资料、检测仪器、工具,并对小组成员进行合理分工,制订详细的实施计划。

(1)技术资料:

(2)本次任务需要的仪器及工具:

仪器及工具名称	型号	使用注意事项

(3)本次任务安全注意事项:

(4)小组成员及分工:

小组名称		组长	
小组成员姓名	分配任务内容	备注	

项目6 进排气系统检修

3)实施

(1)发动机进、排气系统的检修步骤:

(2)进、排气系统的检修结果:

检查项目	检查结果	标准值	更换或修理
进气系统各部分连接情况			
空气滤清器是否脏污			
是否漏气			
节气门是否脏污			
排气系统耳听检查			
排气系统目视检查			
排气系统催化转换器检查			

视情况对脏污的空气滤清器进行吹净或者更换:

视情况对有脏污的节气门进行清洗并匹配:

4)检查与评估

姓名		工位号		日期	
标准时间		开始时间		完成时间	
序号	项目	标准分	评分标准		得分
1	工具、仪器的准备	10分	(1)工具、仪器选错或少选扣2分; (2)工具丢失或恶意损坏扣10分; (3)任务结束工具整理,视情况扣1~5分		
2	检修前车辆准备	10分	(1)未安装车漆表面防护垫扣5分,未安装座椅防护套、方向盘套扣5分; (2)发动车辆未接尾气排放管扣5分; (3)车辆轮胎未放止动垫木扣5分		
3	进气系统检查	50分	(1)未检查进气系统各部分连接情况扣10分; (2)空气滤清器脏污未检查扣10分,未清洁扣10分; (3)进气系统漏气未检查扣10分; (4)节气门未检查扣10分,脏污未清洁扣10分		

续表

序号	项目	标准分	评分标准	得分
4	排气系统检查	20分	(1)三元催化器未检查扣10分； (2)排气系统固定情况未检查扣5分； (3)排气系统生锈未检查扣5分	
5	安全操作、团队合作	10分	(1)安全操作未达标,视情况扣1~5分； (2)小组成员参与度与配合度不够,视情况扣1~5分	
6	总分	100分		

课后练习

1.填空题

（1）进气系统一般由 _____、_____、_____、_____、_____、_____ 和 _____ 组成。

（2）排气气系统一般由 _____、_____、_____、_____、_____、_____ 和 _____ 组成。

（3）曲轴箱通风一般分为 _____ 和 _____ 两种。

2.名词解释

（1）怠速控制阀

（2）三元催化转换

（3）EGR

（4）PCV

（5）EVAP

3.简答题

（1）尾气中有害物质的成分有哪些？催化转换器的工作原理是什么？

（2）简述PCV阀的工作过程。

（3）曲轴箱通风装置有何作用？它是如何工作的？

项目 7　燃油供给系统检修

项目导入

　　一辆迈腾车在加油后的第二天早晨突然无法起动,使用拖车将其拖到 4S 店,要求检查并清洗油路,同时要求将迈腾(1.8T 燃油直喷发动机)的喷油器进行检查清洗。

学习目标

（1）能够根据故障现象初步判断燃油供给系统的故障原因;
（2）能够使用工具并按照正确的操作方法对燃油供给系统电控元器件进行拆装;
（3）能够使用合适的设备对燃油供给系统电控元器件进行检测;
（4）能够诊断、排除与燃油供给相关的故障;
（5）能够用资料说明、核查、评价自身的工作成果。

课前活动

　　通过网络学习平台自学,或扫描二维码完成下列学习任务。
（1）知识点学习。
① 学习内容:汽油喷射式供给系统、电子控制汽油喷射系统的组成、喷射系统的主要元件结构及工作原理、燃油压力的检测、汽油泵和汽油滤清器的检测、燃油压力调节器的检测、喷油器和油轨的检测、柴油机供给系统、柴油滤清器、输油泵、喷油器、调速器、喷油提前角调节装置、废气涡轮增压器、低压油路和控制系统检修、高压油路检修。
② 学习资源:燃油供给系统 PPT、电子教材、电子挂图、教学视频。
③ 在线作业:完成在线作业,准确率达 80% 以上。
（2）自学学习评价。

知识/技能点	学习完成情况	作业完成情况	在线测试分数
7.1.1			
7.1.2			
7.1.3			
7.1.4			
7.1.5			
7.1.6			
7.1.7			

续表

知识/技能点	学习完成情况	作业完成情况	在线测试分数
7.2.1			
7.2.2			
7.2.3			
7.2.4			
7.2.5			
7.2.6			
7.2.7			

学习记录：

任务 7.1 汽油机燃油供给系统检修

7.1.1 汽油喷射式供给系统概述

1. 燃油供给系统的功能

燃油供给系统的功能是根据发动机控制模块发出的供油指令，适时地将适量的燃油提供给相应的气缸。供油系统功能简图如图 7-1 所示。

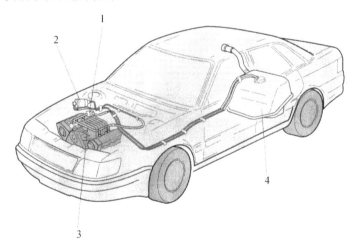

图 7-1 供油系统功能简图

1—油压调节器；2—燃油滤芯；3—燃油分配管；4—燃油箱

2. 供油系统的组成

汽油由汽油泵从油箱中泵出,经汽油滤清器除去杂质及水分后,送至燃油分配管(油轨),再经各缸喷油器送入各个气缸。供油系统组成图如图 7-2 所示。

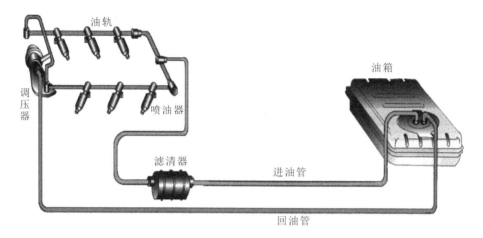

图 7-2　供油系统组成图

3. 汽油喷射系统的分类

1) 按喷射装置控制方式分类

（1）机械控制式(K 型)燃油喷射系统,如图 7-3 所示。

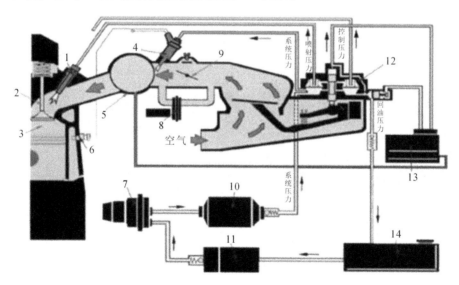

图 7-3　机械控制式(K 型)燃油喷射系统

1—喷油器;2—进气门;3—气缸;4—冷起动喷油器;5—进气歧管;
6—热控正时开关;7—蓄压器;8—辅助空气阀;9—节气门;10—汽油滤清器;
11—电动汽油泵;12—燃油量分配器;13—控制压力调节器;14—汽油箱

（2）机电控制式(K-E 型)燃油喷射系统,如图 7-4 所示。
（3）电子控制式(EFI 型)燃油喷射系统,如图 7-5 所示。

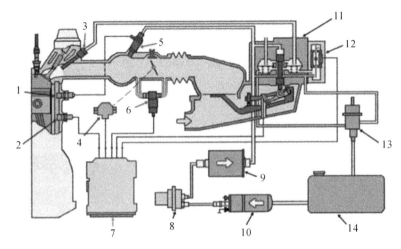

图 7-4 机电控制式(K-E 型)燃油喷射系统

1—温度时间开关；2—冷却液温度传感器；3—喷油器；4—节气门开关；5—冷起动喷油器；
6—辅助空气阀；7—电控单元；8—蓄压器；9—汽油滤清器；10—电动汽油泵；
11—燃油量分配器；12—电液混合气浓度调节器；13—压力调节器；14—汽油箱

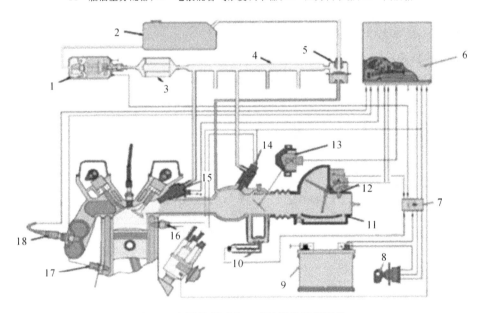

图 7-5 电子控制式(EFI 型)燃油喷射系统

1—汽油泵；2—汽油箱；3—汽油滤清器；4—分配油管；5—压力调节器；
6—电控单元；7—主继电器；8—点火开关；9—蓄电池；10—补充空气阀；
11—叶板式空气流量计；12—空气温度传感器；13—节气门开关；14—冷起动喷油器；
15—喷油器；16—温控时间开关；17—冷却液温度传感器；18—氧传感器

2) 按燃油喷射位置分类

(1) 缸内喷射式燃油喷射系统，如图 7-6 所示。

(2) 缸外喷射式燃油喷射系统，如图 7-7 所示。

图 7-6　缸内喷射式燃油喷射系统

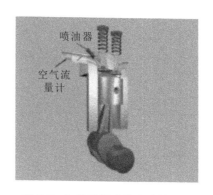

图 7-7　缸外喷射式燃油喷射系统

3）按喷油器安装部位分类

（1）单点喷射式燃油喷射系统（安装在进气总管上，设 1~2 个喷油器），如图 7-8 所示。

（2）多点喷射式燃油喷射系统（安装在进气歧管末端，喷油器个数一般和缸数相同），如图 7-9 所示。

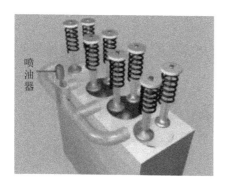

图 7-8　单点喷射式燃油喷射系统

图 7-9　多点喷射式燃油喷射系统

4）按喷射顺序分类

（1）同时喷射：不考虑发动机的工作顺序，发动机曲轴转动两周（即每缸完成一个工作循环），每缸的喷油器喷两次油，如图 7-10 所示。

（2）顺序喷射：按发动机的工作顺序喷油，发动机曲轴转动两周，每缸的喷油器各喷一次油，如图 7-11 所示。

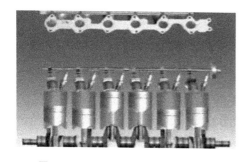

图 7-10　同时喷射式燃油喷射系统

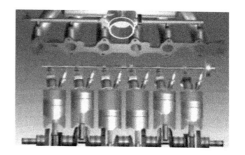

图 7-11　顺序喷射式燃油喷射系统

（3）分组喷射：不考虑发动机的工作顺序，在发动机的一个工作循环中，每一组喷油器喷一次油，如图 7-12 所示。

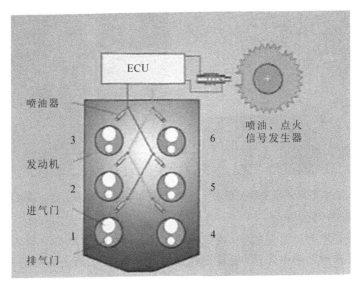

图 7-12 分组喷射式燃油喷射系统

5) 按对空气量的检测方式分类

(1) D 型电控汽油喷射系统：如图 7-13 所示，采用进气歧管绝对压力传感器来检测发动机吸入的空气量。

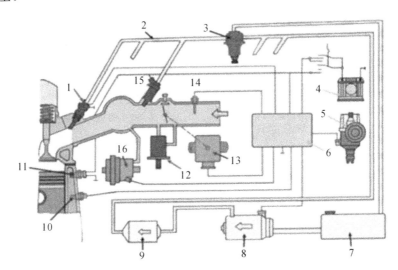

图 7-13 D 型电控汽油喷射系统

1—喷油器；2—分配油管；3—压力调节器；4—蓄电池；5—分电器；6—电控单元；7—汽油箱；
8—电动汽油泵；9—汽油滤清器；10—冷却液温度传感器；11—温控时间开关；12—辅助空气阀；
13—节气门位置传感器；14—空气温度传感器；15—冷起动喷射器；16—歧管压力传感器

(2) L 型电控汽油喷射系统：如图 7-14 所示，采用空气流量传感器来检测发动机吸入的空气量。

4. 燃油系统维修注意事项

(1) 电喷系统的供油压力较高，如需对燃油系统进行维修，拆卸油管前应对燃油系统进行卸压，卸压方法如下：拆下燃油泵继电器，使发动机怠速运转，直到自行熄火。

项目 7 燃油供给系统检修

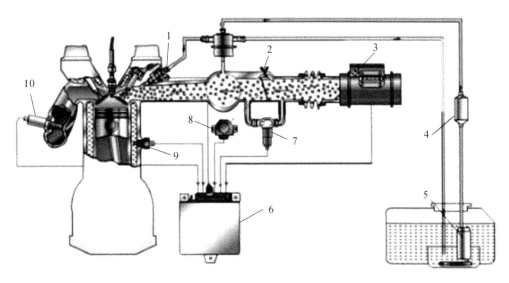

图 7-14 L 型电控汽油喷射系统

1—喷嘴；2—调压器；3—热线式空气流量计；4—燃油滤清器；5—电动燃油泵；
6—电子控制单元；7—怠速执行器；8—节流阀位置开关；9—水温传感器；10—氧传感器

（2）油管的拆卸和燃油滤清器的更换应在通风良好的地方进行。

（3）从燃油箱中取下电动汽油泵时不要给油泵通电，以免产生电火花。

（4）燃油泵不允许在干态下或水里进行运转试验，否则会缩减其使用寿命。

（5）燃油泵的正负极不可接反。

7.1.2 电子控制汽油喷射系统的组成

1. 电控汽油喷射系统的组成

如图 7-15 所示，燃油供给系统包括油箱、油管、燃油泵、燃油滤清器、燃油压力调节器、喷油器、活性炭罐电磁阀、活性炭罐等。

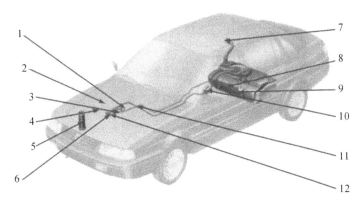

图 7-15 电控汽油喷射系统在汽车上的安装情况及零件分布图

1—供油管；2—燃油箱油气排放管；3—喷油器；4—活性炭罐电磁阀；5—活性炭罐；6—燃油压力调节器；
7—加燃油口；8—燃油箱；9—电动燃油泵；10—燃油滤清器；11—回油管；12—燃油分配管

2. 电控汽油喷射系统的工作原理

图 7-16 所示为电控汽油喷射系统的工作原理图。电控汽油喷射系统均有一个 ECU,它是系统的核心控制元件。ECU 一方面接收来自传感器的信号,另一方面完成对信息的处理工作,同时发出相应的控制指令来控制执行元件的动作。ECU 接收的信息主要有发动机转速、空气流量、节气门位置、进气温度、冷却液温度、曲轴位置、负荷和氧传感器信息等。

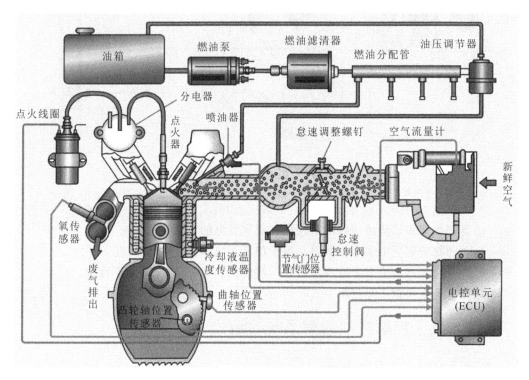

图 7-16 电控汽油喷射系统工作原理图

传感器是电控汽油喷射系统的"触角",是感知信息的部件,它负责向 ECU 提供汽车的运行状况和发动机的工况信息。传感器主要有空气流量传感器(空气流量计)、节气门位置传感器(节气门开关)、氧传感器(测定空燃比)、爆燃传感器、曲轴转角传感器、发动机转速传感器及各种温度传感器等。

执行器负责执行 ECU 发出的各项指令,执行器主要有喷油器、怠速步进电动机、电动汽油泵、继电器和点火线圈等。

一个完整的电控汽油喷射系统通常由空气供给系统、燃油供给系统和电子控制系统三个子系统构成。

1) 空气供给系统

空气供给系统的任务是根据发动机的工况,向汽油机提供清洁的、与发动机负荷相适应的、经过计量的新鲜空气,使它们在进气管或气缸内与喷油器喷出的汽油形成质量好的可燃混合气。空气供给系统由空气滤清器、空气量计量装置、节气门体和节气门位置传感器、进气总管和进气歧管等组成,如图 7-17 所示。

(1) 空气量计量装置。

空气量计量装置的作用是对发动机吸入的新鲜空气量进行直接或间接的测量,并把测量

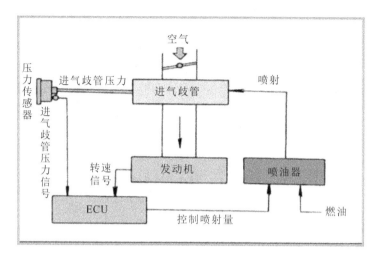

图 7-17 空气供给系统

结果转换成电压或频率信号输送到 ECU，ECU 根据输入信号及其他参数计算出每一工作循环吸入的新鲜空气量。直接测量方式采用空气流量计测量空气的体积流量或质量流量，间接测量方式大都采用进气歧管绝对压力传感器测量进气歧管的绝对压力。

电控汽油喷射发动机中使用的空气流量计主要有翼片式空气流量计、卡门旋涡式空气流量计、热线式空气流量计和热膜式空气流量计四种。

(2) 节气门体和节气门位置传感器。

节气门体安装在空气流量计和发动机进气总管之间的进气管上(对于采用空气流量计的汽油机)，或安装在空气滤清器与进气总管之间(对于使用进气歧管绝对压力传感器的汽油机)。节气门体一般由节气门、怠速旁通气道、怠速调整螺钉、辅助空气阀等组成。节气门通过拉索与油门踏板相连，驾驶员通过油门踏板控制节气门开度，使发动机的输出扭矩与所需的牵引力相适应。

节气门位置传感器(TPS)：在电控汽油喷射系统中，节气门位置传感器的作用是把节气门的开度转换为电信号，ECU 根据节气门位置传感器的输出信号对实际喷油量进行修正。节气门位置传感器安装在节气门体上，通过节气门轴与节气门同步旋转。在电控汽油喷射系统中应用的节气门位置传感器有线性输出型、开关量输出型和带 Acc 信号输出型三种，其中线性输出型使用最普遍。

2) 燃油供给系统

燃油供给系统的任务是根据 ECU 的驱动信号，以恒定的压差将一定数量的汽油喷入进气管。如图 7-18 所示，燃油供给系统由油箱、电动燃油泵、燃油滤清器、喷油器、压力调节器等组成。发动机工作时，电动燃油泵从油箱吸入汽油，加压后泵送到输油管，汽油经输油管、滤清器到达燃油分配管，然后分送到各个喷油器。串联在油路上的压力调节器对汽油的油压进行调节，多余的汽油经压力调节器流回油箱。

3) 电子控制系统

电子控制系统由电控单元、各类传感器、驱动器及继电器等组成，如图 7-19 所示。该系统还具有故障诊断功能，可保存故障代码，并通过故障指示灯输出故障代码。

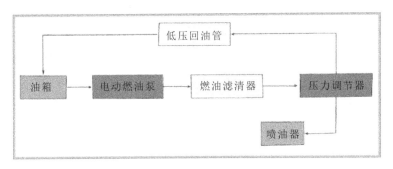

图 7-18 燃油供给系统

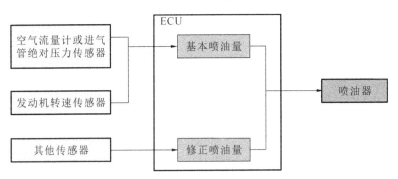

图 7-19 电子控制系统

7.1.3 燃油压力的检测

1. 准备工作

(1) 做好安全防护工作。

(2) 检查蓄电池电压是否正常,油泵运转条件是否满足,如图 7-20 所示。

2. 油压测试

(1) 卸压:先拔下燃油泵保险丝(见图 7-21)、继电器或油泵插头,再起动发动机,直至发动机自行熄火后,再次起动发动机 2~3 次,然后拆下蓄电池负极。

(2) 安装燃油压力表:将燃油压力表串接在进油管中,如图 7-22 所示,再将燃油压力表连接到测压口上。在拆卸油管时要用一块毛巾或棉布垫在油管接口下,防止燃油泄漏到地上。

图 7-20 检查蓄电池电压

图 7-21 拔下燃油泵保险丝

(3) 如图 7-23 所示，依次检测静态油压、怠速油压、最大油压、剩余油压。

图 7-22 将燃油压力表串接在进油管中

图 7-23 检测油压

静态油压：不起动发动机，用跨接线连接油泵诊断接头上的两个端子（丰田车系的"＋B"与"FB"端子），并将点火开关转至"ON"位置，令油泵工作。静态油压一般在 300 kPa 左右。

怠速油压：装复燃油泵保险丝或继电器，起动发动机，使燃油泵在怠速下运转，此时油压表读数为怠速工作油压。丰田车系正常怠速油压值应为 200～300 kPa。

最大油压：用包有软布的钳子夹住回油管，此时油压表读数为油泵最大供油压力值，一般为正常工作油压的 2～3 倍。

剩余油压：松开油管夹钳，发动机熄火，燃油泵停止运转 10 min 后，油管保持压力应大于 150 kPa。

(4) 油压分析。

油压表读数不外乎油压为零、油压正常、油压过高和油压过低四种情况。

① 若油压为零，先检查油箱存油量，以及油道是否严重外泄、燃油滤清器是否完全堵塞。排除以上情况后，油压依然为零，则需检查燃油系统的控制电路，如保险丝是否烧断、继电器是否不工作、油泵电路线束是否开路、油泵是否损坏等。

② 若油压过高，主要检查压力调节器顶部的真空管是否松脱或破裂漏气，以及油压调节器回油管是否堵塞等。

③ 当燃油压力过低，或油泵停止工作 2～5 min 油压迅速下降，在排除油路向外泄漏的前提下，检查喷油器中是否有泄漏现象、燃油压力调节器是否故障、燃油滤清器是否堵塞、油泵是否故障。

(5) 拆卸燃油压力表。

先卸压，再拆去燃油压力表，将进油管重新连接好，起动发动机，检查油管是否渗漏。

任务实施

1. 工具和设备准备

(1) 工具：通用工具若干套、世达套筒扳手、发动机专用工具、燃油压力表等。
(2) 设备：实训车辆或发动机台架、工具车。

2. 实施过程

1) 车辆信息

车型		生产年份		制造商	
车辆识别码			发动机型号		
故障描述					

2) 计划

根据故障现象和任务要求,确定所需要的技术资料、检测仪器、工具,并对小组成员进行合理分工,制订详细的实施计划。

(1) 技术资料:

(2) 本次任务需要的仪器及工具:

仪器及工具名称	型号	使用注意事项

(3) 本次任务安全注意事项:

(4) 小组成员及分工:

小组名称		组长	
小组成员姓名	分配任务内容	备注	

3）实施

发动机燃油压力测试结果：

测试项目	静态油压	怠速油压	最大油压	剩余油压
第一次测量值				
第二次测量值				
第三次测量值				
确认值				

4）检查与评估

姓名		工位号		日期	
标准时间		开始时间		完成时间	
序号	项目	标准分	评分标准		得分
1	工具、仪器的准备	10分	（1）工具、仪器选错或少选扣2分； （2）工具丢失或恶意损坏扣10分； （3）任务结束工具整理，视情况扣1~5分		
2	测试前车辆准备	20分			
3	卸压	20分			
4	燃油压力测试	40分			
5	安全操作、团队合作	10分			
6	总分	100分			

7.1.4 汽油泵的检测

1. 电动汽油泵

（1）汽油泵的功能。

汽油泵的功能是将燃油从油箱送往发动机，且保证一定的油压和足够的油量。

（2）位置。

汽油机电控燃油喷射系统多采用内装式电动汽油泵，如图7-24所示。

电动汽油泵输送的汽油都从电动机中流过，对电动机的线圈、轴承、油泵起着润滑和冷却作用。在无油情况下禁止运转电动汽油泵。

2. 电动汽油泵的结构与工作原理

电动汽油泵由直流电动机、叶片泵和端盖（集成了止回阀、泄压阀和抗电磁干扰元件）等组成，如图7-25所示。

油泵电动机通电时，电动机驱动涡轮泵叶轮旋转，由于离心力的作用，叶轮周围小槽内的叶片贴紧泵壳，将燃油从进油室带往出油室。

图7-24 内装式电动汽油泵

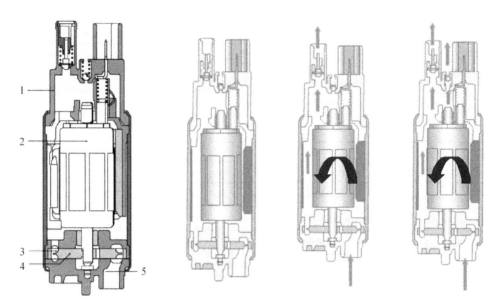

图 7-25 油泵结构图和工作原理图

1—油泵端盖；2—电枢；3—油道；4—叶轮；5—进油口

进油室的燃油不断被带走，所以形成一定的真空度，将燃油从进油口吸入；而出油室燃油不断增多，燃油压力升高，当压力达到一定值时，顶开出油阀，燃油经出油口输出。出油阀还可在油泵不工作时阻止燃油流回油箱，保持油路中有一定的残余压力，便于下次起动。

3. 燃油系统压力

电动汽油泵出口的最大压力由泄压阀决定，在 450～650 kPa 之间。但是整个燃油系统的压力是随着进气歧管压力的波动而波动的。系统压力跟进气歧管压力之间的差值由燃油压力调节器决定，一般为 300 kPa。

根据发动机的需要，电动汽油泵可有不同的流量。相同结构的电动汽油泵通过调整线圈匝数来调整电动机的转速，从而调整流量。

4. 汽油泵检测

卸下接头，把数字万用表打到欧姆挡，两表笔分别接汽油泵两针脚，测量内阻，阻值不为零或无穷大（即非短路、断路状态）。

接上接头，在进油管上接燃油压力表，起动发动机，观察汽油泵是否运转。若不运转，检查"+"针脚是否有电源电压；若运转，分别在急速工况和加速工况下，检查燃油压力。

5. 汽油泵系统的故障诊断

如图 7-26 所示，汽油泵及其控制电路的常见故障有汽油泵不工作、泵油压力不足、油压不能保持等。引起这些故障的原因可能是汽油泵故障，汽油泵继电器故障，连接器松动，线路、熔断器烧断及汽油泵 ECU 损坏等。

6. 注意事项

蓄电池通过油泵继电器向电动汽油泵供电，继电器只有在发动机起动时和发动机运转时才使电动汽油泵电路接通。当发动机因事故而停止运转时，汽油泵自动停止运转。

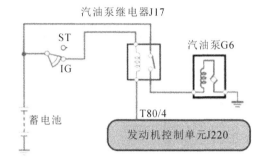

图 7-26 汽油泵控制电路

任务实施

1. 工具和设备准备

(1) 工具:通用工具若干套、世达套筒扳手、发动机专用工具、燃油压力表等。

(2) 设备:实训车辆或发动机台架、工具车。

2. 实施过程

1) 车辆信息

车型		生产年份		制造商	
车辆识别码			发动机型号		
故障描述					

2) 计划

根据故障现象和任务要求,确定所需要的技术资料、检测仪器、工具,并对小组成员进行合理分工,制订详细的实施计划。

(1) 技术资料:

(2) 本次任务需要的仪器及工具:

仪器及工具名称	型号	使用注意事项

(3) 本次任务安全注意事项：

(4) 小组成员及分工：

小组名称		组长	
小组成员姓名	分配任务内容	备注	

3）实施

参照维修手册，安装汽油泵后，检测汽油泵压力：

测试位置	发动机转速	测试数值	参考值	备注

4）检查与评估

通过实际测量汽油泵的压力，总结一下维修汽油泵时的注意事项：

形式：

时间：10 min

记录：

7.1.5 燃油压力调节器

1. 燃油压力调节器的作用

压力调节器用于保持燃油分配管中的压力与进气歧管内的压力之差为恒定值。

2. 燃油压力调节器的结构

如图 7-27 所示，燃油压力调节器为一膜片式溢流阀，弹簧预紧力和弹簧室内与进气歧管相通的空气的压力将装在膜片上的阀球组件压紧关闭。

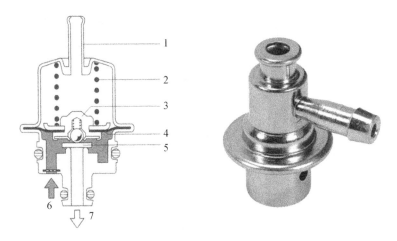

图 7-27 燃油压力调节器

1—进气歧管接头；2—弹簧；3—压板回油口；4—膜片；5—阀片；6—进油口；7—出油口

3. 燃油压力调节器的工作原理

燃油压力调节器的工作原理如图 7-28 所示。

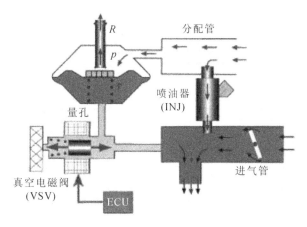

图 7-28 燃油压力调节器的工作原理

（1）当燃油总管的燃油进入燃油室，供油压力超过预定值时，进气歧管真空度增加。此时燃油压力将膜片向上顶，克服弹簧力，使阀门打开，燃油室内过剩的燃油经回油管流回油箱中，油压减小；当油压低于弹簧力与进气歧管压力之和时，阀门关闭，油压升高。

（2）当节气门开度增大时，进气管的压力增大，进气管压力加上弹簧的张力克服进油口的压力，使球阀关闭；当节气门开度减小时，进气管的压力加上弹簧的张力不能克服进油口的压力，球阀打开。

7.1.6 喷油器和油轨的检测

1. 供油系统供油方式

供油系统供油方式分有回油式和无回油式两种，如图 7-29 所示。

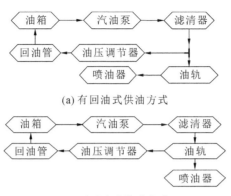

(a) 有回油式供油方式

(b) 无回油式供油方式

图 7-29 供油系统的两种供油方式

无回油式的优点如下。

(1) 参考压力不同:有回油系统的参考压力为进气歧管的压力,有一定的负压;无回油系统的参考压力并非恒定,是在开发匹配的过程中通过经验公式推算得到的。

(2) 无回油排放容易控制:有回油系统的回油从发动机引回,温度较高,同时回油管长,表面积增加,都促使汽油蒸发,使排放中油蒸气含量增加。

(3) 无回油系统有利于油泵工作:有回油系统的回油为热油,容易产生气泡,使同等条件下油泵的吸油量降低。

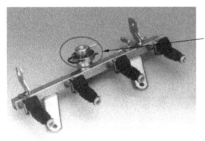

图 7-30 油轨和燃油压力调节器

2. 油轨

油轨也称为燃油分配管,其功能为:提供足够的、密闭的燃油容腔以抑制供油系统油压的波动;保证向所有喷油器提供足够的、压力稳定的燃油;将喷油器固定在准确的位置;提供压力调节器的安装位置(有回油式),如图 7-30 所示。

3. 喷油器

1) 喷油器的功能

喷油器的功能是将燃油喷射到发动机进气歧管内并与空气形成混合气。

2) 喷油器工作原理

电磁控制型喷油器结构如图 7-31 所示,壳体内的回位弹簧将针阀压紧在阀座上并封住喷油口。

喷油时,电子控制器给出控制信号,电磁线圈通电后产生磁场,克服回位弹簧的压力、针阀重力和摩擦力等将针阀升起,燃油在油压作用下喷出,如图 7-32 所示。

针阀只有升起和落下两个状态,针阀升程不可调节,只要喷油器进出口的压力差恒定不变,喷油量就仅取决于针阀开启的时间,即喷油器通电时间。

喷油器根据喷雾锥度和特征的不同分为 B 型(单孔单束)喷油器、C 型(四孔锥形)喷油器和 E 型(双孔双束)喷油器。

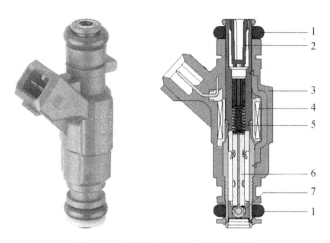

图 7-31 电磁控制型喷油器结构图

1—O形圈;2—滤网;3—带电插头喷油器体;4—线圈;5—弹簧;6—带线圈衔铁的针阀;7—带喷孔板的阀座

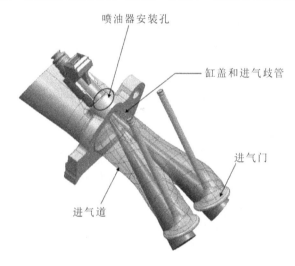

图 7-32 喷油器喷射位置图

3）喷油器使用建议

使用喷油器专用清洗分析仪器对喷油器定期进行清洗分析。

4）维修喷油器注意事项

（1）各缸的喷油器插头不得插错。

（2）安装喷油器时,建议在与燃油分配管相连接的上部O形圈的表面涂上无硅的洁净机油。注意不要让机油进入喷油器内部及喷孔。

（3）手动安装喷油器,禁止用锤子等工具敲击喷油器。

（4）拆卸和重新安装喷油器时,必须更换O形圈,不得损伤喷油器的密封面。

（5）安装完喷油器后进行燃油分配管总成密封性检测,无泄漏者方为合格。

4. 喷油器检查

1）喷油器工作状况检查

如图 7-33 所示,发动机运转时,可以通过查听喷油器工作的声音来判断其是否工作,亦可用手指触摸感觉喷油器工作的振动来判断。

图 7-33　喷油器工作状况检查

2）用万用表测量喷油器电磁线圈的电阻

检查喷油器的电阻,如图 7-34 所示,低阻值喷油器的电阻值为 2～3 Ω,高阻值喷油器的电阻值为 12～17 Ω。如检测出超标的阻值,则应更换喷油器。

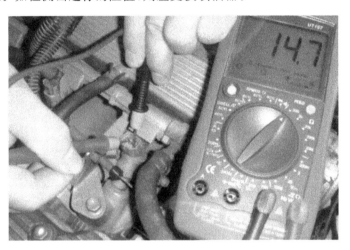

图 7-34　检查喷油器的电阻

3）喷油质量的检测

喷油质量的检测主要包括喷油量检测、雾化质量检测和泄漏检测。此项试验应在专用试验台上进行。

（1）在试验台上检测各缸喷油嘴喷油量,相差越小,发动机运转越平稳;相差过大,则应更换喷油器。

（2）检测各喷油嘴雾化情况,不能有集束情况,不能有喷歪现象。

（3）停止喷射时,不能有燃油泄漏发生,规定 1 min 内泄漏不能超过 1 滴,否则更换喷油器。

（4）单位时间内的喷油量应在规定范围内。

无试验台,亦可用高压软管从供油支管引出高压油,软管顶部接上喷油嘴,直接用电瓶电压驱动,观察以上各项。

4)清洗机检测

图 7-35 所示为喷油器清洗机,它的具体操作如下。

(1)把电源线插在本机右侧插座上,接通 220 V 交流电,打开本机右侧的电源开关(显示窗最终显示 2000)。

(2)把要检测的喷油器安装到本机上,按阻抗键即可判断喷油器阻值是否超标。

(3)检查检测液液面高度,如图 7-36 所示,可从本机左侧观察液面高度,正常时本机应加检测液 1.5 L。未达到标准液面时,从加液口加注检测液。

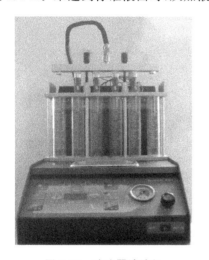

图 7-35 喷油器清洗机

图 7-36 检查检测液液面高度

(4)选择检测项目。

① 检测喷油器的滴漏情况。

② 检测喷油器的喷油量、喷油角度、雾化程度、喷油均匀度。

③ 检测喷油器在各工作环境中的工作状态。

(5)自动检测清洗分析,自动检测喷油角度、雾化程度和自动测试清洗。

使用自动检测清洗分析,先按油泵键启动油泵,并把压力调至被检车系统规定的油压范围(最好高 10%),然后按自动检测键。在自动检测清洗分析过程中,其他任意键处于锁死状态,只有按复位选择键,系统才可恢复到初始状态。

(6)可编程检测清洗分析。

按选择键一次,转速信号灯、脉宽信号灯、喷油时间信号灯、喷油次数信号灯循环显示。当信号灯亮时,表示当前工作状态可调。按住"+"或"-",选择合适的转速、脉宽、喷油时间、喷油次数,然后按手动键,程序即记录下此时选择的数据并执行命令。

5.喷油器常见故障

1)喷油器常见故障

喷油器常见故障有喷油器黏滞、喷油器堵塞。如果燃油中杂质含量较高,或者喷油器喷嘴被长期形成的胶质物堵塞,就会影响喷油器的正常工作,导致发动机怠速不稳、起动困难、动力不足甚至熄火等多种故障。为保证发动机正常工作,应及时对喷油器进行维护。

图 7-37 超声波清洗

2) 喷油器清洗

维修中,喷油器清洗有随车清洗和超声波清洗两种方法。随车清洗法需采用专用电喷汽车清洗液,其优点是不需从车上拆下喷油器,操作比较方便;缺点是不能直接观察喷油器的工作状况,效果也不理想。

超声波清洗法如图 7-37 所示,是把喷油器从发动机上拆下后装在超声波清洗箱上清洗,其优点是清洗质量高,还可以把喷油器装到喷油器试验台上进行喷油量、泄漏情况和喷射雾化状况的测试。

任务实施

1. 工具和设备准备

(1) 工具:通用工具若干套、世达套筒扳手、发动机专用工具、诊断仪等。

(2) 设备:实训车辆或发动机台架、工具车。

2. 实施过程

根据本节内容制订拆装油轨和喷油器的工作计划并实施。

1) 车辆信息

车型		生产年份		制造商	
车辆识别码			发动机型号		
故障描述					

2) 计划

根据故障现象和任务要求,确定所需要的技术资料、检测仪器、工具,并对小组成员进行合理分工,制订详细的实施计划。

(1) 技术资料:

(2) 本次任务需要的仪器及工具:

仪器及工具名称	型号	使用注意事项

（3）本次任务安全注意事项：

（4）小组成员及分工：

小组名称		组长	
小组成员姓名	分配任务内容		备注

3）实施

（1）参照维修手册，拆装油轨和喷油器，完成项目单的填写：

车型：	供油方案：有回油式□　无回油式□
项目	检查结果
是否有杂质	
是否有堵塞	
喷油器头部是否有胶质物	
喷油器喷孔是否被堵塞	
其他异常情况	

（2）参照维修手册完成喷油器检测步骤的填写。

① 喷油器针脚定义：

传感器名称：		
针脚	针脚定义	备注

② 喷油器各项测试：

步骤	检查项目	检查内容	检查结果	使用工具
1	检测仪动作测试	执行元件动作测试		检测仪
2	喷油器触点间电阻	喷油器阻值：12～17 Ω 环境温度：20 ℃		万用表
3	测量喷油器插头线束	起动时二极管是否亮 喷油器到ECM之间电阻最大为1.5 Ω		二极管电笔
4	喷油器密封性检查	燃油泵运转时，每个喷油器每分钟只可滴漏1～2滴油		
5	喷油量检查	测试30 s，所有量杯对比		

③ 按照维修手册要求,进行喷油器清洗。

4)检查与评估

通过对喷油器的诊断和测试,用简单的语言总结喷油器的诊断思路并记录:

形式:

时间:10 min

记录:

7.1.7 汽油直喷系统的认识和拆装

1. 汽油缸内直喷技术的优势

图 7-38 所示为传统喷射和缸内直喷的对比。

传统的发动机是将燃油喷入进气道中,燃油和空气在进气道中混合后,以可燃混合气的形式被吸入燃烧室。而汽油缸内直喷技术则是将汽油直接喷入燃烧室,使燃烧更完全、更充分、更准确,可降低汽油消耗,提升动力性。

汽油缸内直喷可以根据吸入空气量精确地控制汽油的喷射量,使汽油和空气充分雾化混合,使符合理论空燃比的混合气均匀地充满燃烧室,在获得高动力输出的同时,保持较低的汽油消耗。

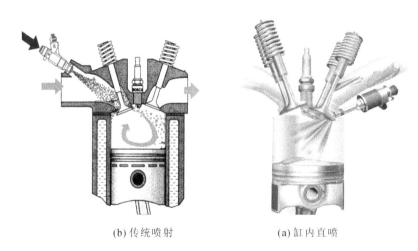

(b) 传统喷射　　(a) 缸内直喷

图 7-38 传统喷射和缸内直喷的对比

2. 汽油缸内直喷系统的组成

如图 7-39 所示,汽油直喷系统由发动机 ECU、汽油高压泵、高压喷油阀、高压油轨等组成。

图 7-40 所示的是汽油直喷系统的高压油泵,排气凸轮轴末端的凸轮驱动高压油泵的滚柱

推杆,进而驱动高压油泵内的活塞运动,产生高压燃油,输送给高压油轨。经高压油泵进入高压油轨的燃油油压可达到 4~11 MPa。

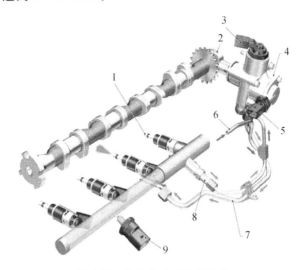

图 7-39 汽油直喷系统的组成
1—喷油阀;2—三联式泵凸轮;3—燃油压力调节阀 N276;4—高压泵;5—燃油压力低压传感器 G410;
6—低压燃油管路;7—高压燃油管路;8—压力限制阀;9—燃油压力传感器 G247

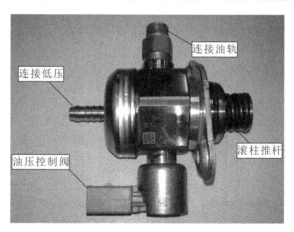

图 7-40 汽油直喷系统的高压油泵

图 7-41 为直喷系统高压油泵工作原理图,燃油压力传感器反馈燃油压力信号,燃油压力调节阀负责接收发动机 ECU 命令,调节高压油泵产生的燃油压力的大小。

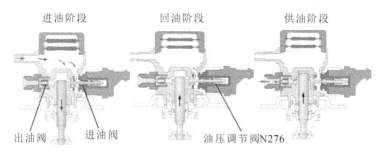

图 7-41 直喷系统高压油泵工作原理图

任务 7.2　柴油机燃油供给系统检修

7.2.1　柴油机燃油供给系统概述

柴油机使用的燃料是柴油,与汽油相比,柴油黏度大、蒸发性差,一般来说不可能通过化油器在气缸外部与空气形成均匀的混合气,故采用高压喷射的方法。在压缩行程接近终了时把柴油喷进气缸,直接在气缸内形成混合气,并借缸内的空气高温自行发火燃烧。这决定了柴油机燃油供给系统的组成、构造及工作原理与汽油机燃油供给系统有很大不同。

1. 柴油机的特点

(1) 能量密度高(大型低速增压柴油机的有效热效率已超过50%),燃油消耗率低,这对节约能源和提高经济效益都很重要。

(2) 燃油经济性好。

(3) 温室效应气体排放少,其二氧化碳的排放量比汽油机的低30%～35%,但废气中含有害成分(NO、颗粒物等)较多,噪声较大,在环境保护方面已引起重视。

(4) 功率和转速范围很大(功率1～65580 kW,转速54～5000 r/min),因此应用领域宽。

(5) 结构较复杂,零部件材料和工艺要求较高,制造成本较高,与汽油机相比质量较大。

(6) 新技术(电子控制、增压、废气再循环、新材料)应用多,发展快。产品研制开发和生产装备的投资大,属于技术密集和资金密集型产品。

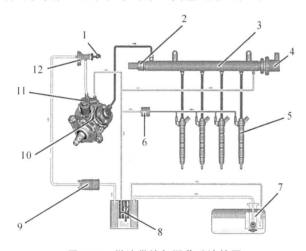

图 7-42　燃油供给与调节系统简图

1—燃油温度传感器;2—燃油压力传感器;3—油轨;
4—燃油压力调节阀;5—喷油嘴;6—恒压阀;
7—带有预供泵的燃油油箱;8—带预热阀的燃油滤清器;
9—辅助燃油泵(EKP);10—高压泵 CP4.1;11—燃油计量阀;12—滤网

2. 柴油机供给系统的组成

柴油机供给系统由燃油供给、空气供给、混合气形成和废气排出四部分组成。图 7-42 为常见的一种汽车柴油机供给与调节系统简图。整个系统由低压油路(油箱、输油泵、燃油滤清器及低压油管)、高压油路(喷油泵、高压油管、喷油器)和调节系统(离心式调速器、自动供油提前器)组成,其核心部分是高压油路所组成的喷油系统。柴油箱装有经过沉淀和滤清的柴油,输油泵将柴油箱内的柴油吸入并泵出,经过滤清器滤除杂质后进入喷油泵,自喷油泵输出的高压柴油经高压油管进入喷油器,并被喷油器喷入燃烧室,与空气混合形成可燃混合气。由于输油泵的供油量比喷油泵供油量大得多,过量的柴油便经回油管回到柴油箱。

3. 柴油机燃油供给系统的功用及燃料

1）功用

柴油机燃油供给系统的功用是储存、滤清和输送柴油,并按柴油机不同工况的要求,将柴油定时、定量、定压喷入燃烧室,使其与空气迅速而良好地混合和燃烧,最后将废气排出。

2）柴油

柴油的使用性能指标主要是发火性、蒸发性、黏度和凝点。

发火性是指燃油的自燃能力。柴油机的发火性用"十六辛烷值"表示,十六辛烷值愈高,发火性越好,但是十六辛烷值过高的柴油喷入燃烧室后,还来不及与空气充分混合,就开始燃烧,会造成油耗增加。十六辛烷值过高还会使柴油蒸发性变差。通用柴油的十六辛烷值应在40~50范围内。

蒸发性是由燃油蒸发试验确定的,需要测定的馏程是50%馏出温度、90%馏出温度及95%馏出温度。同一相对蒸发量的馏出温度愈低,表明柴油蒸发性愈好,愈有利于可燃混合气的形成和燃烧。

黏度决定燃油的流动性。黏度愈小,流动性愈好。黏度过大的柴油由于流动的阻力过大,难以滤清、沉淀,也严重地影响柴油从喷油器喷出时的雾化。黏度过小又将增加柱塞副之间以及喷油器针阀与阀体之间的柴油漏失量,加剧这些精密偶件的磨损。

凝点是柴油冷却到开始失去流动性的温度。柴油的凝点应比最低工作温度低3~5℃,凝点过高会导致油路堵塞。

4. 柴油机可燃混合气的形成和燃烧过程

1）可燃混合气的形成与燃烧

柴油机可燃混合气的形成和燃烧都是直接在燃烧室内进行的。当活塞接近压缩上止点时,柴油喷入气缸,与高压高温的空气接触、混合,经过一系列的物理化学变化才开始燃烧。之后便是边喷射边燃烧。混合气的形成和燃烧是一个非常复杂的物理化学变化过程,其主要特点如下。

（1）燃料的混合和燃烧是在气缸内进行的。

（2）混合与燃烧的时间很短,为0.0017~0.004 s(气缸内)。

（3）柴油黏度大,不易挥发,必须以雾状喷入。

（4）可燃混合气的形成和燃烧过程是同时、连续、重叠进行的,即边喷射、边混合、边燃烧。

根据气缸压力和温度变化的特点,可将混合气的形成和燃烧按曲轴的转角划分为四个阶段,如图7-43所示。

（1）备燃期。

备燃期从喷油开始到开始着火燃烧为止。

喷入气缸中的雾状柴油并不能马上着火燃烧,气缸中的气体温度虽然已高于柴油的自燃点,但柴油的温度不能马上升高到自燃点,要经过一

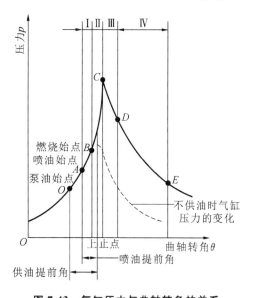

图7-43 气缸压力与曲轴转角的关系
Ⅰ—备燃期;Ⅱ—速燃期;Ⅲ—缓燃期;Ⅳ—后燃期

段物理和化学的准备过程。也就是说,柴油在高温空气的影响下,吸收热量,温度升高,逐层蒸发而形成油气,向四周扩散并与空气均匀混合(物理变化)。

随着柴油温度升高,少量的柴油分子首先分解,并与空气中的氧分子进行化学反应,具备着火条件而着火,形成了火源中心,为燃烧做好了准备。这一时间很短,一般仅为0.0007~0.003 s。

(2) 速燃期。

速燃期从燃烧开始到气缸内压力达到最高时为止。

火源中心已经形成,已准备好了的混合气迅速燃烧。在这一阶段喷入的柴油几乎同时着火燃烧,而且是在活塞接近上止点、气缸工作容积很小的情况下进行燃烧的。因此,气缸内的压力 p 迅速增加,温度升高很快。

(3) 缓燃期。

缓燃期从缸内压力最高点开始到缸内温度达到最高时为止。

这一阶段喷油器继续喷油,由于燃烧室内的温度和压力都高,柴油的物理和化学准备时间很短,几乎是边喷射边燃烧。但因为气缸中氧气减少,废气增多,燃烧速度逐渐减慢,气缸容积增大。所以气缸内压力略有下降,温度达到最高值,通常喷油器已结束喷油。

(4) 后燃期。

后燃期指缓燃期以后的燃烧阶段。

这一阶段虽然不喷油,但仍有少部分柴油没有燃烧完,随着活塞下行继续燃烧。后燃期没有明显的界限,有时甚至延长到排气冲程还在燃烧。后燃期放出的热量不能充分利用于做功,很大一部分热量将通过缸壁散至冷却水中,或随废气排出,使发动机过热,排气温度升高,造成发动机动力性下降,经济性下降。因此,要尽可能地缩短后燃期。

综上所述,要使燃烧过程进行得好,形成好的混合气是关键,所以对混合气的形成有如下要求。

① 必须要有足够的空气量和适当的柴油量。

因为柴油燃烧放出热量是柴油和空气中的氧气在一定温度和压力条件下产生化学作用的结果,所以空气与柴油是放热的两个重要因素。空气量与柴油量比例不同,所形成的可燃混合气的成分也就不同,一般要求空燃比 α 为1.3~1.5。α 过大,混合气过稀,燃烧速度慢,散发热量多。α 过小,混合气过浓,燃烧不完全,油耗增加,冒黑烟,经济性变坏。可见 α 是影响发动机功率和油耗的重要因素。

② 喷油时刻要准确,混合气形成的规律应合适。

气缸中燃烧过程的主要放热阶段应该是活塞到达上止点稍后,容积小可得到较大的压力,热效率高,热损失小,所以要求喷油时刻要准确。喷油过早、过晚对发动机工作都是不利的。

喷油过早:混合气提前形成,并在活塞到达上止点前像爆炸似的同时着火燃烧,结果给正在上行的活塞造成一个短时间阻力,并严重"敲缸",工作粗暴。

喷油过晚:混合气在活塞下行时才开始形成和燃烧,结果燃烧空间增大,从气缸壁面传走的热量增加,造成发动机过热,燃烧压力降低,气体压力推动活塞的效果变差,甚至有可能使部分混合气来不及燃烧而随废气排出去。

最好的喷油时刻与燃烧室的形式和发动机转速有关。对于一定结构的发动机在规定转速下,可通过试验找到一个功率大、油耗低的最佳喷油时刻,通常用曲轴距活塞到达上止点的转角表示,称为喷油提前角。

③ 喷油质量应与燃烧室形状相适应,形成均匀的混合气。

雾化良好:喷油泵和喷油器的喷射质量应与燃烧室相适应。

燃烧室的形状:空气产生相应流动来促进气体混合。

④ 气流的搅动,燃料的性能。

燃烧室的形状,可以切向进气,形成涡流,有利于混合。柴油的十六辛烷值高,则自燃点低,备燃期短。

2) 改善燃烧性能的途径

根据可燃混合气的形成与燃烧过程得知柴油机要求:备燃期要短,速燃期压力升高要快,才能使动力性、经济性好,工作柔和,不冒烟。

因为柴油挥发性差,混合时间短,要混合均匀、燃烧完全就必须要求喷射压力高、雾化好,喷射质量要满足燃烧室形状的要求。

3) 燃烧室

柴油机的混合气是在燃烧室中形成的,可以说燃烧室的形状对可燃混合气的形成和燃烧好坏有直接的影响。按照结构形式,柴油机燃烧室分为统一式燃烧室和分隔式燃烧室两大类。

(1) 统一式燃烧室。

统一式燃烧室也称直接喷射式燃烧室,是指凹形活塞顶和气缸盖底面所包围的单一内腔,几乎全部容积都在活塞顶面上。

① ω形燃烧室(见图7-44):柴油直接喷射在活塞顶的浅凹坑内,喷射的柴油雾化要好,而且要均匀地分布在空气中;要求喷射压力高,一般为17~22 MPa。因此,采用多孔喷嘴,孔数一般为6~12个。

优点:形状简单,结构紧凑,燃烧室与水套接触面积小,散热少,可减少热损失,热效率高,经济性较好。

缺点:工作粗暴,喷射压力高,制造困难,喷孔易堵。

② 球形燃烧室(见图7-45):空气由缸盖螺旋形进气道以切线方向进入气缸,绕气缸轴线高速螺旋转动,并一直延续到压缩行程。喷油器沿气流运动的切线方向喷入柴油,使绝大部分柴油直接喷射在燃烧室壁面上形成油膜。小部分柴油雾珠散布在压缩空气中,并迅速蒸发燃烧,形成火源。油膜一方面受灼热的燃烧室壁面的加温,同时又受已燃柴油的高温辐射,使柴油逐层蒸发,与涡流空气边混合边燃烧。

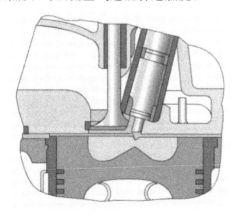
图 7-44 ω形燃烧室

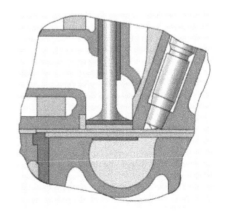
图 7-45 球形燃烧室

优点：工作柔和，噪声小。

缺点：起动困难，螺旋形进气道结构复杂、制造困难。

(2) 分隔式燃烧室。

分隔式燃烧室由两部分组成，一部分位于活塞顶与气缸底面之间，称为主燃烧室；另一部分在气缸盖中，称为副燃烧室。这两部分由一个或几个孔道相连。

分隔式燃烧室的常见形式有涡流室式燃烧室和预燃室式燃烧室两种。

① 涡流室式燃烧室（见图 7-46）：副燃烧室是球形或圆柱形的涡流室，其容积占燃烧室总容积的 50%～80%，涡流室有切向通道与主燃烧室相通。在压缩行程中，气缸内的空气被活塞推挤，经过通道进入涡流室，形成强烈的有组织的高速旋转运动。柴油喷入涡流室中，在空气涡流的作用下，形成较浓的混合气。部分混合气在涡流室中着火燃烧，已燃与未燃的混合气（经通道）高速喷入主燃烧室，借活塞顶部的双涡流凹坑，产生第二次涡流，促使进一步混合和燃烧。

要求：顺气流方向喷射，由于涡流运动促进了混合气的形成与燃烧，可采用较大孔径的喷油器，喷射压力也较低（12～14 MPa）。

优点：工作柔和，空气利用率较高，喷射压力也较低。

缺点：热损失大，经济性差，起动困难。

② 预燃室式燃烧室（见图 7-47）：缸盖上有预燃室，占燃烧室总容积的 1/3，预燃室与主燃烧室有通道，活塞为平顶。因为通道不是切向的，所以压缩时不产生涡流。连通预燃室与主燃烧室的孔道直径较小，节流作用会产生压力差，使预燃室内形成紊流运动。油束大部分射在预燃室的出口处，只有少部分与空气混合（出口处较浓，而上部较稀），上部着火后，产生高压，已燃的和出口处较浓的混合气一同高速喷入主燃烧室，在主燃烧室内产生强烈的燃烧拢流运动，使大部分燃料在主燃烧室内混合和燃烧。

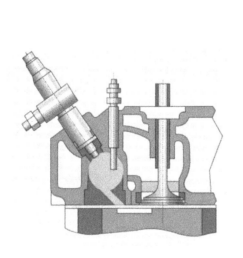

图 7-46　涡流室式燃烧室

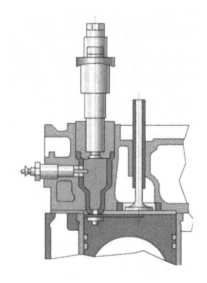

图 7-47　预燃室式燃烧室

7.2.2 柴油滤清器的检修

1.柴油滤清器

1)柴油滤清器的作用

柴油滤清器的作用是滤除燃油系统中的有害杂质和水分,保护发动机的正常工作,减少磨损,避免堵塞,提高发动机寿命。图7-48所示为柴油滤清器的外形结构。

图7-48 柴油滤清器的外形结构

柴油滤清器是内燃机用柴油的专用柴油净化设备,它能滤除柴油中90%以上的机械杂质、胶质、沥青质等,能最大限度地保证柴油的清洁,提高发动机使用寿命。图7-49所示为净化前后的柴油对比。

图7-49 某故障车内的柴油经柴油滤清器净化前后的对比

不洁净的柴油将导致发动机喷油系统及气缸非正常磨损,使发动机功率下降、耗油量迅速增加,并大大降低发动机使用寿命。使用滤清净化器的发动机的过滤精度和效率大幅度提高,寿命延长数倍,节油效果明显。

2)材质

柴油滤清器的滤芯多采用滤纸,也有采用毛毡或高分子材料的。汽油滤清器的滤芯多采用滤纸,也有使用尼龙布、高分子材料的。

3)结构

柴油滤清器按安装形式分为可拆式和旋装式两种,而按照用途又可分为粗滤和精滤两类,如图 7-50 所示。

(a) 可拆式柴油滤清器

(b) 旋装式柴油滤清器

图 7-50　柴油滤清器的结构

4）油水分离

一般柴油机采用带有油水分离器的燃油滤清器，可以把水从柴油混合物中分离，如图 7-51 所示。

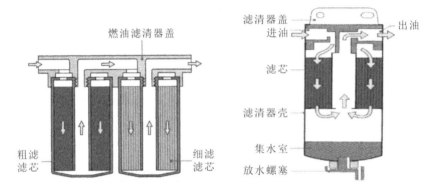

图 7-51　柴油滤清器工作简图

燃油含水率传感器安装在油水分离器下方，如图 7-52 所示，当燃油中的水分在油水分离器内到达传感器两电极的高度时，利用水的可导电性将两电极短路，此时水位报警灯点亮，提示驾驶员进行放水操作。

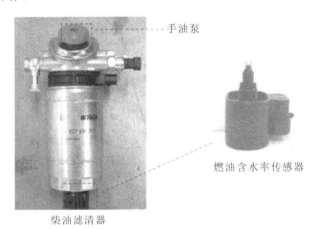

图 7-52　燃油含水率传感器

5）带集成预热阀的柴油滤清器

如图 7-53 所示，当燃油温度低于 5 ℃ 时，弹性元件完全收缩，活塞借助弹簧力关闭燃油回到燃油箱的路径。因此从高压泵、高压油轨和喷油器回流的热燃油流向燃油滤清器并加热里面的燃油。

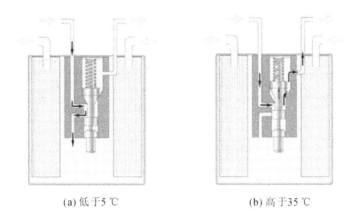

(a) 低于5 ℃　　　　　　　　(b) 高于35 ℃

图 7-53　带集成预热阀的柴油滤清器工作简图

当燃油温度高于 35 ℃时,预热阀中的弹性元件完全打开并释放通往燃油箱的回流管。回流的热燃油直接流入燃油箱。

2. 更换柴油滤清器

1) 柴油发动机清洁规定

操作燃油供应和喷射装置时,必须认真注意下列清洁的六项规定。

(1) 松开连接位置前要彻底清洁连接位置及其周围区域。

(2) 将拆下的零件放在干净的垫子上并盖住,不要使用纤维质布。

(3) 如果无法立即进行维修,则要仔细地盖好或密封已打开的部件。

(4) 应在即将安装时从包装中取出备件,禁止使用无包装的(如放置在工具箱中等)备件。

(5) 对于打开的装置,不能使用压缩空气进行工作,不移动车辆。

(6) 不要让柴油流到冷却液软管上,必要时立即重新清洁软管。

2) 更换柴油滤清器注意事项

(1) 必须按照规定里程更换或定期更换。

(2) 在第一次起动、油箱内燃油被用尽或更换燃油滤清器、维修燃油系统时,起动前应排出燃油系统内的空气。

3) 保养过程中容易疏忽的几个问题

(1) 有些使用者在保养柴油滤清器时,丢失滤芯的上下密封橡胶垫圈及油罩,柴油不经过滤芯过滤,而从滤芯与滤清器盖之间的缝隙无阻力地流入滤芯内腔,使柴油滤清器失去过滤净化作用。

(2) 有些使用者将柴油滤清器的托盘和弹簧的位置颠倒,甚至将它们扔掉,使柴油滤清器盖上的进出油孔处于开放状态,柴油得不到过滤而直接进入喷油泵。

(3) 有人在保养柴油滤清器时,拆开滤清器后,发现其内部和滤芯特别干净没有一点杂质和水分,即认为使用的柴油十分干净。殊不知,这是一种假象,是滤芯的滤纸材质疏松、微孔过大造成的,这时滤纸根本未起到过滤作用。如果在使用过程中,发现柴油机燃油系统的三大精密偶件特别是柱塞副磨损严重,则可能是劣质滤芯造成的。

任务实施

1. 工具和设备准备

(1) 工具:通用工具若干套、世达套筒扳手、发动机专用工具、诊断仪等。

(2)设备:实训车辆或发动机台架、工具车。

2. 实施过程

1)车辆信息

车型		生产年份		制造商	
车辆识别码			发动机型号		
故障描述					

2)计划

根据故障现象和任务要求,确定所需要的技术资料、检测仪器、工具,并对小组成员进行合理分工,制订详细的实施计划。

(1)技术资料:

(2)本次任务需要的仪器及工具:

仪器及工具名称	型号	使用注意事项

(3)本次任务安全注意事项:

(4)小组成员及分工:

小组名称		组长	
小组成员姓名	分配任务内容	备注	

3) 实施

按照计划完成柴油滤清器的更换,完成项目单的填写:

序号	操作内容	实施结果	
1	柴油滤清器外观是否正常	是	否
2	柴油滤清器密封圈是否正常	是	否
3	柴油滤清器连接处是否泄漏	是	否
4	柴油滤清器是否漏油	是	否
5	柴油管路是否排气完成	是	否

4) 检查与评估

更换柴油滤清器会导致低压油路内进空气,更换完滤清器后需要对低压油路排气,否则会导致车辆起动困难,甚至无法起动。请将自检结果填写在记录表中:

形式:

时间:10 min

记录:

7.2.3 输油泵

1. 输油泵

1) 输油泵的功用

图 7-54 所示为输油泵,输油泵的作用是保证低压油路中柴油的正常流动,克服柴油滤清器和管路中的阻力,并以一定的压力向喷油泵输送足够量的柴油。一般情况下,输油量为柴油机全负荷最大耗油量的 3~4 倍。

图 7-54 输油泵

2) 输油泵结构形式

输油泵分为活塞式、转子式、滑片式、齿轮式等形式。

2. 活塞式输油泵的组成

图 7-55 所示为活塞式输油泵结构图。活塞式输油泵主要由手油泵、弹簧、进油阀、输油泵体、出油阀、推杆、挺柱总成、活塞、螺栓、垫圈等组成。

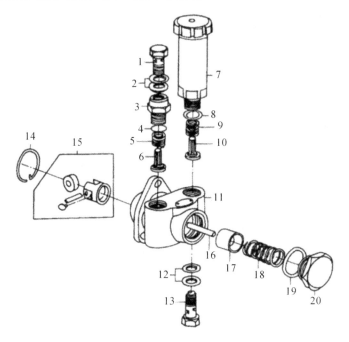

图 7-55 活塞式输油泵结构图

1—出油空心螺栓；2、12、19—垫圈；3—管接头；4、8—O 形密封圈；5、9、18—弹簧；6—出油阀；7—手油泵；10—进油阀；11—输油泵体；13—空心螺栓；14—弹簧挡圈；15—挺柱总成；16—推杆；17—活塞；20—螺塞

3. 活塞式输油泵工作原理

活塞式输油泵工作原理图如图 7-56 所示。

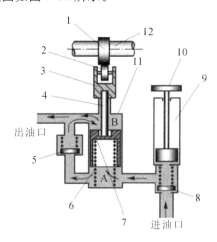

图 7-56 活塞式输油泵工作原理图

1—偏心轮；2—滚轮；3—挺杆；4—推杆；5—出油阀；6—活塞弹簧；7—活塞；8—进油阀；9—手油泵；10—手柄；11—输油泵体；12—喷油泵凸轮轴

1) 吸油和压油行程

偏心轮转过,活塞上行,下腔容积增大,产生真空,进油阀开启,柴油经进油口进入下泵腔。同时,上泵腔容积缩小,压力增大,出油阀关闭,上泵腔中的柴油经出油口压出。

2) 准备压油行程

偏心轮推动滚轮、挺杆和活塞向下运动,下泵腔油压增高,进油阀关闭,出油阀开启,柴油从下腔流入上腔。

3) 输油量的自动调节

输油泵供油量大于喷油泵需要量时,上泵腔油压增高,与活塞弹簧弹力相平衡时,活塞便停止泵油。

4) 手油泵工作

如图7-57所示,用手油泵上下运动来泵油并清除燃油系统内的空气。

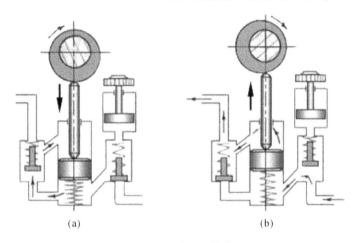

图7-57 手油泵工作简图

4. 博世CP1H输油泵

输油泵的工作是向高压油泵供给足够的燃油量。其在各种工作状态、不同的压力下及在整个工作寿命期都必须满足上述要求。

博世第一代高压共轨系统常采用齿轮式输油泵,同高压油泵做成一体。博世新一代共轨系统(博世CP1H)采用辅助燃油泵向高压油泵供油,如图7-58所示。

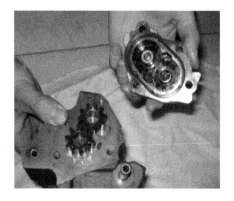

图7-58 博世CP1H输油泵

齿轮式输油泵在泵体中装有一对回转齿轮:一个主动齿轮,一个从动齿轮,依靠两齿轮的相互啮合,把泵内的整个工作腔分成进油腔和出油腔,如图7-59所示。输油泵运转时,主动齿轮带着从动齿轮旋转,将柴油从进油腔沿齿隙与泵壁送至出油腔,这样进油腔处便形成低压,产生吸力,把柴油吸到进油腔。主从齿轮不断地旋转,柴油便不断地被输送到高压油泵。

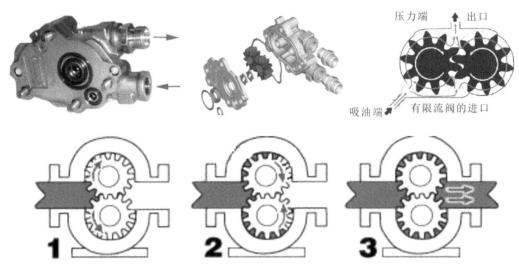

图 7-59 齿轮式输油泵的结构及工作原理

齿轮式输油泵是免维护的。第一次起动或油箱内燃油被用尽时,起动前应排出燃油系统内的空气。排出空气时,用手动泵压送柴油直到油路中没有空气为止,手动泵是和柴油滤清器做成一体的。

如果输油泵卡滞或磨损,会导致输油泵无法为高压油泵提供足够的燃油量,引起高压油路油压低的故障。如果输油泵齿轮磨损或损坏,则需要更换。如果输油泵内部有杂质,则需要进行清洗处理。

5. 电动输油泵

电动输油泵可以安装在油箱内或油箱外,安装在油箱外面顶部的更常见。依维柯索菲姆8140-43共轨柴油机电动输油泵如图7-60所示。

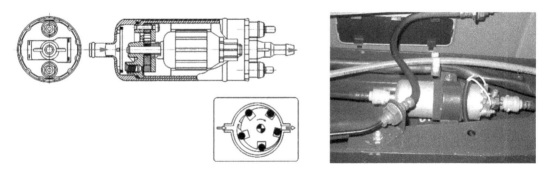

图 7-60 依维柯索菲姆 8140-43 共轨柴油机电动输油泵

6. 检修方法

一般来说,机械式输油泵十分可靠,即使出了故障,也往往是膜片破裂引起输油不足。有时油泵摇臂或弹簧磨损过度,也会造成输油不足,该故障较易识别。老式输油泵可修,但新式的输油泵因不可拆,一旦失效就得换新。

(1) 检查泵机构中驱动膜片工作的推杆是否损坏:用手指轻轻地堵住油泵进油口,起动发动机,此时若感觉有吸力,可证明推杆完好无损;指尖无被吸感,说明推杆已损坏,输油泵应整体更换。

(2) 电动输油泵工作时,若发出一种有力的泵油声,说明该泵完好,如果无此泵油声,说明输油泵发生故障。

7. 维护保养

经调查发现,很多柴油发动机在使用过程中都忽视了输油泵维护保养。其实输油泵是发动机的一个重要组成部分,为了保证发动机的长久耐用,用户平时就要注意以下几点。

(1) 发动机组在安装输油泵之前,要检查型号、规格是否正确,并清除防锈油。选用垫片厚度应适宜,为了避免活塞被顶死或者运行不到位,应防止垫片过薄或过厚。拧紧螺栓时拧紧力矩要均匀,防止损坏油泵。

(2) 输油泵上的手油泵活塞和手油泵泵体间有橡胶密封装置,不要随意拆动,发现橡胶圈损坏要及时更换。

(3) 输油泵接头内粗滤网芯子极易因棉絮等脏物而堵塞,要经常检查清洗,滤网损坏必须及时修补或更换。

(4) 确保发动机组输油泵各处密封垫片完整无损,塑制垫圈拆装次数不宜过多,并应定期更换。

(5) 保证柱塞式输油泵"四簧"弹性正常。"四簧"为活塞弹簧、挺杆(滚轮)弹簧、进油阀弹簧、出油阀弹簧,弹簧弹性减弱或折断要及时加垫调整或更换,以免造成发动机组损坏。

(6) 发动机组手油泵用后必须压回,同时将按钮旋紧,防止手油泵和胶圈或者球阀与阀座因未压紧而进气或漏油。

(7) 加注的发动机组机油要经过沉淀过滤,保证清洁,防止因杂质过多而加剧输油泵进油阀、出油阀、阀座的磨损,有时油阀甚至会被杂质垫起而失效。

7.2.4　高压油泵的检修

1. 高压油泵的作用

高压油泵是高压油路和低压油路的分界点,在所有工况下,它负责提供高压燃油,且保证供油量和压力要求。

2. 高压油泵的结构

如图 7-61 所示,高压油泵由进气阀、高压止回阀、挺杆体、溢流阀、滚动座、滑轮、凸轮轴、气缸盖等组成。

高压油泵由发动机通过齿带或链条驱动。如图 7-62 所示,高压油泵上安装了燃油计量阀,通过控制进入高压油泵的进油量来调节高压燃油压力。

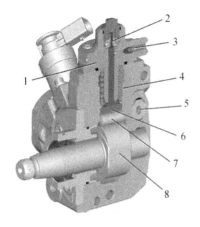

图 7-61 高压油泵的结构
1—气缸盖;2—进气阀;3—高压止回阀;4—挺杆体;
5—溢流阀;6—滚动座;7—滑轮;8—凸轮轴

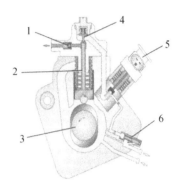

图 7-62 高压油泵
1—出油阀;2—泵活塞;3—驱动轴承凸轮;
4—进油阀;5—燃油计量阀;6—旁通阀

3. 高压油泵的工作原理

图 7-63 是高压油泵的工作原理图,带偏心凸轮的驱动轴驱动高压油泵内的活塞运动,产生高压燃油,输送给高压油轨。

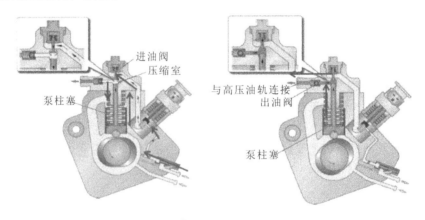

图 7-63 高压油泵的工作原理图

燃油压力传感器反馈燃油压力信号,燃油计量阀负责接收发动机 ECU 命令,调节高压油泵产生的燃油压力的大小。经高压油泵进入高压油轨的燃油油压可达到 180 MPa。

高压油泵的柱塞向下运动时,辅助燃油泵使燃油经高压油泵进油阀进入柱塞腔。在高压油泵柱塞越过下止点后,进油阀关闭(吸油行程),柱塞腔内的燃油被密封。柱塞腔内的燃油将被高于供油压力的油压压缩,一旦油压升高到共轨的油压,出油阀打开,被压缩的燃油就进入了高压油轨。柱塞继续供给燃油,直至到达上止点(供油行程),压力减小,出油阀关闭,仍然在柱塞腔内的燃油压力也下降,柱塞又向下运动。只要柱塞腔内的压力降至低于输油泵的供油压力,进油阀又开启,吸油过程又开始。

4. 高压油泵的检修

1) 高压油泵诊断要点

(1) 判定高压油路压力是否正常。

(2) 判定低压油路是否通畅。

(3) 判定燃油计量阀工作是否正常。

2) 高压油泵拆装注意事项

(1) 发动机正时确定后,需要确定高压油泵的驱动轴位置。

(2) 高压油泵不允许干转,干转有损坏高压油泵的危险。

(3) 在第一次起动发动机之前,必须向高压油泵内加注燃油。

3) 清洁规定

操作燃油供应和喷射装置时,必须认真注意下列清洁的六项规定。

(1) 松开连接位置前要彻底清洁连接位置及其周围区域。

(2) 将拆下的零件放在干净的垫子上并盖住,不要使用纤维质布。

(3) 如果无法立即进行维修,则要仔细地盖好或密封已打开的部件。

(4) 应在即将安装时从包装中取出备件,禁止使用无包装的(如放置在工具箱中等)备件。

(5) 对于打开的装置,不能使用压缩空气进行工作,不移动车辆。

(6) 不要让柴油流到冷却液软管上,必要时必须立即清洁软管。

任务实施

1. 工具和设备准备

(1) 工具:通用工具若干套、世达套筒扳手、发动机专用工具、诊断仪等。

(2) 设备:实训车辆或发动机台架、工具车。

2. 实施过程

1) 车辆信息

车型		生产年份		制造商	
车辆识别码			发动机型号		
故障描述					

2) 计划

根据故障现象和任务要求,确定所需要的技术资料、检测仪器、工具,并对小组成员进行合理分工,制订详细的实施计划。

(1) 技术资料:

(2) 本次任务需要的仪器及工具：

仪器及工具名称	型号	使用注意事项

(3) 本次任务安全注意事项：

(4) 小组成员及分工：

小组名称		组长	
小组成员姓名	分配任务内容	备注	

3) 实施

按照计划对高压油泵的泵轴和泵体进行清洗，完成项目单的填写：

序号	检查项目	实施结果
1	高压油泵的泵轴是否磨损	是　　否
2	密封胶圈是否损坏	是　　否
3	泵体油道是否进杂质或堵塞	是　　否

4) 检查与评估

一般的堵塞都可以清洗处理，但是异常磨损无法通过清洗处理好。通过本次任务，思考高压油泵内部堵塞的故障是否可以通过清洗来排除，并填写自检结果：

形式：

时间：10 min

记录：

7.2.5 燃油计量阀和燃油压力调节阀的检修

1. 燃油计量阀

燃油计量阀安装在高压油泵的进油位置,用于调整燃油供给量和燃油压力值。燃油计量阀安装位置如图 7-64 所示。

燃油计量阀通过控制流入高压油泵的燃油量来调节高压区域燃油压力,如图 7-65 所示。燃油计量阀受发动机 ECU 控制,发动机 ECU 通过脉冲信号改变高压油泵进油截面积来增大或减小进油量。

图 7-64 燃油计量阀安装位置

使用燃油计量阀的优点是仅产生当前工作状态所必需的压力,从而减小高压油泵的功率消耗,避免没有必要的燃油加热。

燃油计量阀属于精密元件,如果不通电,燃油计量阀打开。如果出现故障,发动机管理系统处于紧急运行模式。如果维护不当或者使用劣质滤芯及柴油,往往会因为柴油中水分或者杂质过多,使燃油计量阀阀芯卡滞或磨损。如果计量阀阀芯卡滞,可通过清洗的方式进行处理;如果计量阀阀芯磨损,则需要更换新的零部件。

2. 燃油压力调节阀

燃油压力调节阀位于高压油轨上,由发动机控制系统通过频宽可调脉冲(PWM)信号来控制。燃油压力调节阀的结构如图 7-66 所示。

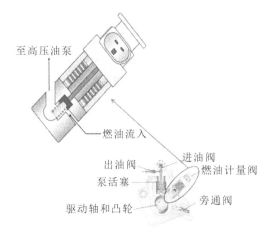

图 7-65 燃油计量阀

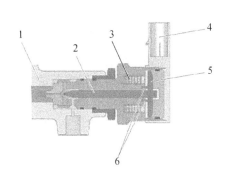

图 7-66 燃油压力调节阀
1—高压蓄压器(轨道式);2—阀门针阀;3—螺线管;
4—电气接口;5—阀门电动转子;6—气门弹簧

燃油压力调节阀的工作原理如图 7-67 所示。

以大众 TDI 发动机共轨系统为例,燃油高压调节采用了燃油压力调节阀和燃油计量阀双重调节的控制策略,如图 7-68 所示。

燃油高压调节分三种情况:燃油压力调节阀调节、燃油计量阀调节、两个阀同时调节。

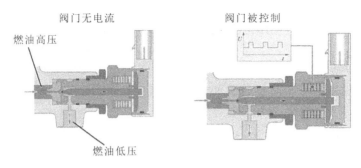

图 7-67 燃油压力调节阀的工作原理图

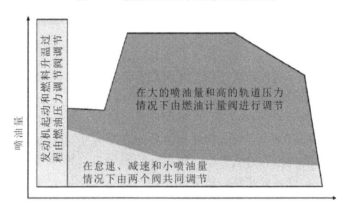

图 7-68 燃油高压调节

1) 燃油压力调节阀调节

发动机起动时,燃油高压由燃油压力调节阀 N276 来调节,以预热燃油。为尽快预热燃油,更多的燃油被输送到高压油泵中,按需受压。多余的燃油由燃油压力调节阀 N276 通过回油管路送回。

2) 燃油计量阀调节

当喷油量很大且轨道内压力很高时,燃油高压由燃油计量阀 N290 来调节。因此可按需调节燃油高压,高压油泵的能耗得以降低,且避免了不必要的燃油加热。

3) 两个阀同时调节

在怠速、减速或者喷油量很小的情况下,燃油压力由两个阀同时调节,这能够确保调节精度,以提高怠速性能和减速时的性能。

7.2.6 喷油器

1. 喷油器

喷油器是汽车柴油机上的一个重要组成部分。喷油器总成通常是由喷油泵、调速器等部件安装在一起组成的一个整体。其中调速器用于保障柴油机的低速运转和限制最高转速,确保喷射量与转速之间保持一定关系。喷油器是柴油机最重要的部件,被视为柴油发动机的"心脏",它一旦出问题会使整个柴油机工作失常。

1) 喷油器的作用

(1) 提高油压(定压):将喷油压力提高到 10~20 MPa。

(2) 控制喷油时间(定时)：按规定的时间喷油和停止喷油。

(3) 控制喷油量(定量)：根据柴油机的工作情况，改变喷油量的多少，以调节柴油机的转速和功率。

2) 对喷油器的要求

(1) 按柴油机工作顺序供油，而且各缸供油量均匀。

(2) 各缸供油提前角要相同。

(3) 各缸供油延续时间要相等。

(4) 油压的建立和供油的停止都必须迅速，以防止滴漏现象的发生。

3) 喷油器的分类

(1) 柱塞式喷油器。

(2) 泵-喷油器式，将喷油泵和喷油器结合在一起。

(3) 转子分配式喷油器。

2. 喷油器的结构

喷油器有三大类，不管哪一类，喷油器的关键在于一个"泵"字。泵油的数量、压力和时间都要非常精确，并且可按照负荷自动调节。喷油器是一个加工精细、制造工艺复杂的部件，现在国内外一般汽车柴油机的喷油器都是由世界上少数几个专业厂生产的。

1) 柱塞式喷油器

柱塞式喷油器如图 7-69 所示。

喷油泵的功用：按照发动机的工作顺序、负荷大小，定时、定量、定压地向喷油器输送高压柴油。

喷油泵的组成：分泵、油量调节机构、传动机构、泵体部分、供油提前器。

2) 压电式喷油器

压电式喷油器如图 7-70 所示。

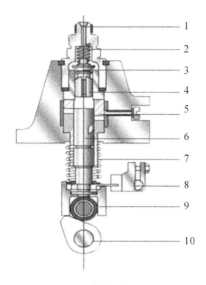

图 7-69　柱塞式喷油器

1—高压油管接头；2—出油阀弹簧；3—出油阀阀座；
4—出油阀；5—柱塞套；6—柱塞；7—柱塞弹簧；
8—油量控制机构；9—滚轮体；10—凸轮轴

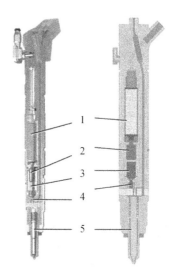

图 7-70　压电式喷油器

1—压电执行元件；2—联动活塞；
3—阀活塞；4—切换阀；5—喷油嘴针阀

压电式喷油器的执行元件用压电晶体代替了电磁阀,喷油始点和喷油次数取决于电控单元向压电晶体通电的时刻与次数,喷油量则取决于压电晶体通电时间的长短。压电技术能减少75%的喷油嘴针阀运动惯量,且切换速度是电磁阀的5倍。

压电式喷油器具有很多优点:切换时间相当短;每个工作循环可以实现多次喷射;精确分配各次喷油量。此外,压电式共轨系统最高压力可达200 MPa。

3)电磁阀式喷油器

图7-71所示为电磁阀式喷油器,喷油器由孔式喷油嘴、液压伺服系统和电磁阀组成。高压燃油经通道流向喷油嘴,同时经节流孔流向控制腔,控制腔与回油管路相连,途经一个受电磁阀控制其开关的泄油孔。

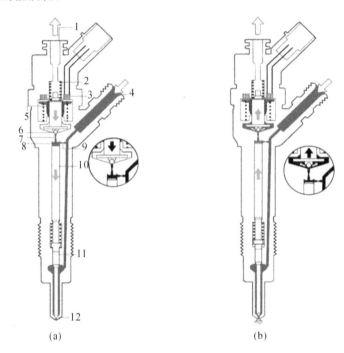

图7-71 电磁阀式喷油器

1—回油管;2—回位弹簧;3—线圈;4—高压连接管;5—枢轴盘;6—球阀;
7—泄油孔;8—针阀控制腔;9—进油口;10—控制活塞;11—油嘴轴针;12—喷油嘴

喷油时刻和喷油量的调整是通过电子触发的喷油器实现的。

泄油孔关闭时,作用于针阀控制活塞的液压力超过了它在喷油嘴针阀承压面的力,针阀被迫进入阀座且将高压通道与燃烧室隔离密封。

当喷油器的电磁阀被触发时,泄油孔打开,针阀控制腔的压力下降,作用于活塞顶部的压力也随之下降。一旦压力降至低于作用于喷油嘴针阀承压面上的力,针阀打开,燃油经喷孔喷入燃烧室。此类喷油器采用了一套液压放大系统,电磁阀打开泄油孔使得针阀控制腔压力降低,从而产生控制柱塞的上下压差,在压差作用下针阀打开。

3.喷油器特性参数

基于喷油器制造工艺的细微误差(执行元件冲程、控制阀阀座直径、活塞摩擦等),每个喷油器的控制电压各不相同。因此在生产下线前要对喷油器进行特定测量,将结果输出为修正码并告知控制单元,控制单元会根据修正码修正每个喷油器的控制电压,进而保证喷油量和喷油时刻的精确性和一致性。图 7-72 为喷油器喷油量的修正码匹配对比图。

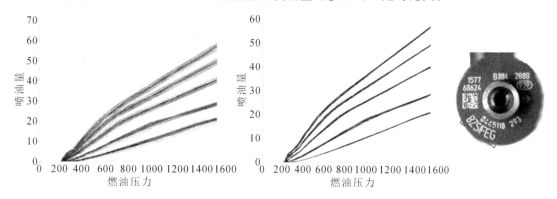

图 7-72 喷油器喷油量的修正码匹配对比图

从对比图我们可以看出,更换喷油器或者更换发动机控制单元后必须进行修正码的匹配操作,否则会影响柴油机的工作效率。

4.喷油器的检修

1) 喷油器维修注意事项

(1) 喷油器出现因杂质过多而堵塞或因积炭过多而喷油雾化不好的情况,需要对喷油器进行清洗处理。

(2) 共轨燃油系统压力很高,发动机运转时和发动机停机 1 min 内不允许进行燃油系统维修作业。

(3) 压电式喷油器的工作电压为 110~148 V,请注意维修手册中的安全提示。

(4) 清洁规定。

2) 喷油器的日常使用维护

(1) 喷油器是柴油机的"心脏",对喷油器必须进行正确的维护保养。

(2) 向柴油机上安装喷油器时,必须检查调整供油提前角;柴油机运转 500 h 后,要重新检查调整供油提前角。

(3) 必须采用国家标准的轻柴油,柴油要经过 48~96 h 沉淀过滤。

(4) 平时要注意将柴油箱及柴油滤清器清洁干净。

(5) 每日检查调速器内机油,不足时及时加满。

(6) 喷油泵与调速器之间有骨架油封的,要分别加注机油。

(7) 若机油液面因机油稀释升高,说明喷油器及输油泵严重漏油,应及时排除。

(8) 柴油机运转 100 h 后,要更换机油并清洗输油泵滤网。

(9) 喷油器不得随意拆卸、调整,尤其是有封标的部位,确需拆卸维修时,要清洁场所后再进行。

(10) 喷油器每工作 2000 h,要进行全面拆卸检查,更换或修复磨损严重及已损坏的零部件,并对其进行重新调试。

柴油机长期不使用时,应设法让喷油器油道内充满柴油。若要将喷油器拆下,则应在油道内加防锈油,并放在干燥处保存,不得与蓄电池、酸碱等放在一起保管。喷油器若要重新装配使用,应除去防锈油。

7.2.7 高压油轨和油轨压力传感器的检修

1. 高压油轨

高压油轨的功能是存储高压燃油和进行燃油分配。

如图7-73所示,油轨上装有用来测量供油压力的油轨压力传感器及燃油压力调节阀。高压泵的供油和燃油喷射产生的高压振荡在油轨容积中有衰减,这保证了在喷油器打开时刻喷射压力能维持定值。

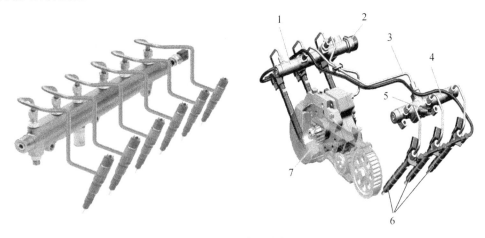

图7-73 高压油轨

1—油轨(右侧气缸盖);2—压力调节阀;3—轨道间的分配管;4—油轨(左侧气缸盖);5—G247;6—喷嘴;7—高压泵

2. 油轨压力传感器

油轨上装有用来测量供油压力的油轨压力传感器,如图7-74所示。油轨压力传感器用来实现燃油压力的闭环控制,需保证足够的精度和响应速度。

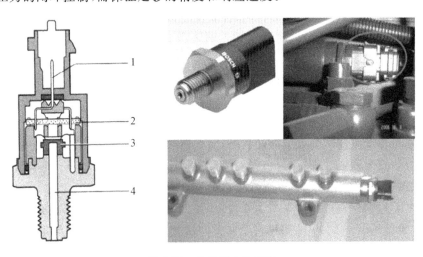

图7-74 油轨压力传感器

1—针脚;2—放大电路;3—带传感器元件的膜片;4—高压燃油油道

燃油通过油轨上的一个小孔流向油轨压力传感器,终端用传感器膜片密封。有压力的燃油通过一个孔到达传感器膜片,传感器产生的信号放大后传送给 ECU。

ECU 根据发动机当前工况计算出理论油轨压力,控制燃油计量阀的开度来实现油轨压力控制,并依靠油轨压力传感器检测当前实际油轨压力,与理论油轨压力对比后进行修正,实现闭环控制。若油轨压力传感器损坏,燃油计量阀的触发也将失去作用,ECU 将启用紧急模式运行。

3. 拆装油轨和油轨压力传感器注意事项

在拆卸前清洁传感器周围的螺纹部位(例如用常见的脱脂剂),不能让杂物进入油轨孔中。拆下油路所有的接头后立即用适当的密封塞封住,以免杂物侵入。

任务实施

1. 工具和设备准备

(1) 工具:通用工具若干套、世达套筒扳手、发动机专用工具、诊断仪等。

(2) 设备:实训车辆或发动机台架、工具车。

2. 实施过程

根据本节内容制订拆卸高压油轨和油轨压力传感器的工作计划并实施。

1) 车辆信息

车型		生产年份		制造商	
车辆识别码			发动机型号		
故障描述					

2) 计划

根据故障现象和任务要求,确定所需要的技术资料、检测仪器、工具,并对小组成员进行合理分工,制订详细的实施计划。

(1) 技术资料:

(2) 本次任务需要的仪器及工具:

仪器及工具名称	型号	使用注意事项

（3）本次任务安全注意事项：

（4）小组成员及分工：

小组名称		组长	
小组成员姓名	分配任务内容	备注	

3）实施

按照计划拆卸高压油轨和油轨压力传感器，完成项目单的填写：

序号	检查项目	实施结果
1	油轨是否磨损	是　　否
2	油轨压力传感器是否损坏	是　　否
3	油轨压力传感器阻值是否正常	是　　否

4）检查与评估

通过本次任务，思考：如果油轨压力传感器安装时力矩不正确会有什么影响？请将结果填写在表中：

形式：

时间：10 min

记录：

课后练习

1. 选择题

（1）汽油泵由（　　）、叶片泵和端盖（集成了止回阀、泄压阀和抗电磁干扰元件）等组成。

A. 直流电动机　　　　　B. 交流电动机　　　　　C. 齿轮泵

（2）油轨的功能之一是将（　　）固定在准确的位置。

A. 进气压力传感器　　　B. 氧传感器　　　　　　C. 喷油器

(3)拆卸和重新安装喷油器时,必须更换(　　),且不得损伤喷油器的密封面。
　　A.喷油器　　　　　　B.O形圈　　　　　　C.喷油器固定螺母
(4)诊断仪可以对喷油泵执行(　　)操作,以此来判断喷油泵相关线路是否有故障。
　　A.读故障码　　　　　B.清除故障码　　　　C.元件动作测试
(5)如果喷油器喷嘴被长期形成的胶质物堵塞,就会影响喷油器的正常工作,导致发动机怠速不稳、起动困难、动力不足等多种故障,因此应及时(　　)。
　　A.更换活塞　　　　　B.更换喷油器　　　　C.对喷油器进行维护
(6)喷油器开始喷油时的喷油压力取决于(　　)。
　　A.高压油腔中的燃油压力　　　　　　　　B.调压弹簧的预紧力
　　C.喷油器的喷孔数　　　　　　　　　　　D.喷油器的喷孔大小
(7)(　　)的功能是将低压燃油压缩成高压燃油,并在燃油共轨里保持一定的压力,根据发动机不同负荷的需要,定时、定量、定压以一定的喷雾质量将燃油喷入燃烧室。
　　A.高压油路　　　　　B.低压油路　　　　　C.高压油泵
(8)高压共轨技术是将喷射压力的产生和喷射过程彼此(　　)的一种供油方式。
　　A.同步　　　　　　　B.合为一体　　　　　C.完全分开
(9)如某缸因密封不良导致该缸压力过低,体现在曲轴转速上便是排气行程转速快,做功行程转速慢,因此ECU应适当(　　)该缸的喷油量,使四个缸的转速趋于一致,这便是平稳运转控制。
　　A.减小　　　　　　　B.停止　　　　　　　C.加大
(10)一般柴油机采用带有油水分离器的燃油滤清器,可以把(　　)从柴油混合物中分离。
　　A.柴油　　　　　　　B.水　　　　　　　　C.碳烟颗粒
(11)压电喷油器的执行元件用压电晶体代替了电磁阀,喷油始点和喷油次数取决于电控单元向(　　)通电的时刻与次数,喷油量则取决于压电晶体通电时间的长短。
　　A.喷油器电磁阀　　　B.压电晶体　　　　　C.喷油器针阀
(12)ECU内部写入的(　　)要与发动机所装配的喷油器(　　)匹配一致。
　　A.修正码,修正码　　B.二维码,二维码　　C.出厂编码,出厂编码
(13)燃油计量比例阀在打开点火开关时如果发出嗡嗡的响声,则说明其(　　)。
　　A.工作正常　　　　　B.不工作　　　　　　C.故障
(14)压电技术能减少75%的喷油嘴针阀运动惯量,具有以下优点:切换时间(　　),每个工作循环可以实现多次喷射。
　　A.和电磁阀一样　　　B.相当短　　　　　　C.相当缓慢
(15)燃油压力调节阀位于(　　)上,由发动机控制系统通过频宽可调脉冲(PWM)信号来控制。
　　A.高压油泵　　　　　B.高压油轨　　　　　C.回油管
2.判断题
(1)在多缸柴油机工作时,由于喷油量控制指令值一定,所以各缸喷油量就一定。(　　)
(2)缸内喷射需要较高的压力,为3~5 MPa。(　　)
(3)单点喷射的喷射压力高,对燃油系统零部件的技术要求高,因而在高级轿车上应用较

多。（　）

（4）分组喷射是将各缸的喷油器分成几组，同一组喷油器同时喷油或断油。（　）

（5）普通回油系统采用双油管，一个为供油管，另一个为回油管。（　）

（6）燃油系统压力过低是因系统电流小，安全阀、电动机本身故障，滤网堵塞等引起的。（　）

（7）长期不更换汽油滤清器会造成车辆加速无力或无高速等故障。（　）

（8）一般喷油器每次打开喷油的时间为 2~10 ms，针阀升程 0.5 mm 左右，喷油持续时间越长，喷油量越大。（　）

（9）缸外喷射系统的喷油器安装在进气管或进气歧管上，以 0.20~0.35 MPa 的压力将汽油喷入进气管或进气道内。（　）

（10）连续喷射是指在发动机工作期间，连续不断地向进气道内喷油，且大部分汽油是在进气门开启时喷射的。（　）

（11）同时喷射是将各气缸的喷油器并联，所有喷油器由计算机的同一个指令控制，同时喷油，同时断油。（　）

（12）燃油系统压力过高是安全阀卡滞造成的，会导致系统泄漏、油耗增加、发动机爆燃及高温等现象。（　）

（13）滤清器堵塞后，将使供油管的阻力增加，供油不足，造成混合气过浓，发动机功率下降。（　）

（14）喷油器按阻值不同分为高阻值喷油器和低阻值喷油器，其中高阻值为 20~30 Ω，低阻值为 2~5 Ω。（　）

（15）在进行喷油器清洗前，应先进行喷油器的雾化、滴漏、平均喷油量测试。（　）

（16）柴油机电控燃油喷射系统一般对供油量采用开环控制。（　）

（17）柴油机供给系统随发动机负荷的不同可相应地改变其供油量，以便各缸间的供油量不一致。（　）

（18）在不同柴油机电控燃油喷射系统中，供油正时和供油量的执行元件是不同的。（　）

3. 简答题

（1）喷油器如何清洗？

（2）柴油共轨发动机的供油系统包括什么部件？（按高压油路和低压油路区分）

（3）柴油高压共轨系统维修油路时的注意事项有哪些？

课后拓展

通过在线开放课程学习拓展知识，启发学生逻辑思维，方便引出后续教学环节。

（1）请学生查阅相关资料，回答课堂问题：汽油发动机和柴油发动机的燃油供给系统有什么相同点和不同点？

（2）请学生查阅相关资料，回答课堂问题：柴油机误加汽油会怎么样？该怎么解决？

（3）请学生查阅相关资料，回答课堂问题：柴油冬天结蜡，对高压共轨系统有什么影响？

项目 8　发动机总装工艺与综合故障诊断

项目导入

(1) 车型:捷达,AKT 发动机,1.6L。
(2) 故障现象:排气管冒蓝烟,加速无力,燃油消耗量增大,功率下降。客户要求对发动机进行修理,恢复发动机的功率,减少燃油消耗量。

根据客户报修情况,初步诊断电控系统、点火系统和燃油供给系统正常,为机械系统密封不良,主要故障原因如下:活塞(含活塞环)与气缸磨损,配合间隙过大;气门与气门座密封不良;配气相位失准;VVT-i 控制阀故障等。

学习目标

(1) 了解发动机装配过程中的基本要求和注意事项,以及发动机修理竣工技术条件;
(2) 熟悉发动机装配的一般原则和流程,以及发动机竣工验收的内容;
(3) 掌握发动机装配的技术工艺和发动机调试的技术规范;
(4) 学会按照工艺流程装配发动机和按照技术标准检验发动机的装配质量;
(5) 能够进行发动机常见故障检查和诊断。

课前活动

通过网络学习平台自学,完成下列学习任务。
(1) 知识点学习。
① 学习内容:发动机的拆卸、发动机的装配、发动机的调试。
② 学习资源:发动机拆装电子教案、电子教材、电子挂图、教学视频。
③ 在线作业:完成在线作业,准确率达 80% 以上。
(2) 自学学习评价。

技能点	学习完成情况	作业完成情况	在线测试分数
8.1.1			
8.1.2			
8.1.3			
任务 8.2			

学习记录:

任务8.1 发动机的拆装与调试

8.1.1 发动机的拆卸

1. 发动机拆卸的一般原则

(1) 拆卸顺序遵循从外到内、从上到下的原则。
(2) 拆卸零件遵循先附件后总成、先组件后零件的原则。
(3) 工具使用遵循套筒优先、梅花为辅、开口次之的原则。
(4) 拆卸方向遵循对角交叉、逐步旋松的原则。
(5) 旋松操作遵循拉动为主、推动为辅的原则。

2. 发动机拆卸的注意事项

(1) 拆卸前应仔细阅读维修手册,熟悉发动机的组成和构造,掌握发动机拆卸的操作步骤。
(2) 拆卸前要检查相同零件的编号标记,配气相位的对位记号,正时皮带和驱动皮带的旋向记号,旋转组件的装配记号。
(3) 拆卸前要确定拆卸发动机所需的设备和工具,拆卸时按维修手册的要求使用专用工具,避免零件变形。
(4) 拆卸下来的螺栓、螺母、垫片等要根据其所在的位置和作用,与拆下的部件放在一起,方便安装时取用。
(5) 发动机零部件分解后,一定要用零件车或零件盘分类放置,避免出现零部件的磕碰、划伤等机械磨损,拆下的螺钉或螺母,能装回原位的尽量装回原位,避免损坏或丢失。
(6) 按零件拆卸的先后次序进行摆放。对于某些表面要求比较高的部件,在放置时要格外小心,确保不被外物划伤或磕到。

3. 发动机总成的拆卸

1) 发动机总成和变速器总成的拆卸

发动机总成和变速器总成的拆卸步骤如下:
(1) 打开发动机罩。
(2) 释放燃油压力。
(3) 先断开蓄电池负极,再断开蓄电池正极。
(4) 放空冷却液并收集好,防止污染环境。
(5) 拆下空气滤清器波纹胶管、节气门体出水管、真空管。
(6) 断开进气温度传感器插头、节气门体位置传感器插头、怠速步进电动机插头、进气压力传感器插头、炭罐电磁阀插头。
(7) 断开输油管与燃油导轨的连接,断开炭罐电磁阀与胶管的连接,断开真空助力软管。
(8) 断开爆燃传感器插头、凸轮轴位置传感器插头、曲轴位置传感器插头、PDA执行器插头、VIM执行器插头、水温传感器插头以及其他与发动机连接的各种传感器及电喷系统元件线束插头。

(9) 断开发动机上的暖风机水管以及与散热器、膨胀箱连接的管路。

(10) 拆下压缩机固定螺栓,并将压缩机总成悬挂到一旁,拆下动力转向泵总成(若装配)。

(11) 适当举升汽车。

(12) 拆下发动机下盖板。

(13) 断开发动机排气管与发动机的连接。

(14) 拆卸转向器。

(15) 拆卸摆臂横梁焊合件和左右摆臂。

(16) 拆卸横向稳定杆。

(17) 断开机油压力开关插头。

(18) 断开选挡、换挡软轴与变速器的连接。

(19) 断开离合器分泵与变速器的连接。

(20) 拆下传动轴。

(21) 从变速器上断开车速传感器线束插头。

(22) 断开倒车灯开关插头。

(23) 断开起动机和发电机连接接头。

(24) 用合适的支撑设备支撑前轴焊合件、发动机后横梁,并固定牢靠。

(25) 拆下前轴焊合件与左/右前大梁连接的螺栓,拆下发动机后横梁与车身连接的螺栓。

(26) 将发动机和变速器总成、前轴焊合件、发动机后横梁作为一个整体,缓缓放下。

(27) 拆下前轴焊合件总成,拆下发动机后横梁。

(28) 断开发动机和变速器的连接。

2) 发动机拆卸要点

按照以下顺序拆卸发动机附件。

(1) 将发动机安装至台架,如图 8-1 所示:①拆下发动机总成;②将发动机安装至发动机大修台架上。

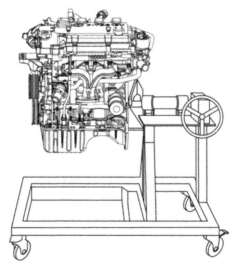

图 8-1 发动机拆装台架

(2) 拆卸放油螺钉，排放油液，拆下机油滤清器。
(3) 拆卸机油尺和导管。
(4) 拆卸 PCV 管。
(5) 拆卸排气歧管隔热罩。
(6) 拆卸排气歧管。
(7) 拆卸节温器壳体。
(8) 拆卸发动机出水口支座。
(9) 拆卸传动带，如图 8-2 所示：①松开张紧轮 1；②将传动带 2 拆下。
(10) 拆卸传动带张紧器。
(11) 拆卸空调压缩机支架。
(12) 拆卸水泵带轮。
(13) 拆卸水泵。
(14) 拆卸曲轴带轮，如图 8-3 所示：
① 用飞轮止动工具 PT-0324 或类似工具固定飞轮；
② 松开并拆下曲轴带轮螺栓 3，取下曲轴带轮 1、曲轴带轮垫圈 2。

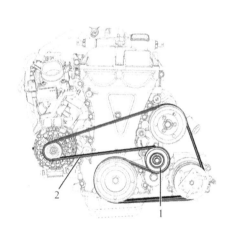

图 8-2 拆卸传动带
1—张紧轮；2—传动带

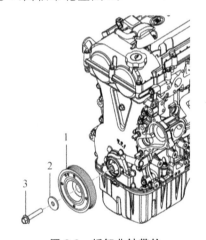

图 8-3 拆卸曲轴带轮
1—曲轴带轮；2—曲轴带轮垫圈；3—曲轴带轮螺栓

(15) 拆卸曲轴前油封。
(16) 拆卸发电机。
(17) 拆卸起动机。
(18) 拆卸进气歧管。
(19) 拆卸发动机飞轮，如图 8-4 所示：
① 使用飞轮止动工具 PT-0324 或类似工具固定飞轮；
② 拆下 6 颗飞轮固定螺栓；
③ 拆下飞轮总成。
(20) 拆卸曲轴后油封。
(21) 拆卸点火线圈。
(22) 拆卸凸轮轴罩盖。

(23)拆卸油底壳,如图 8-5 所示:
① 松开并拆下 18 颗油底壳螺栓;
② 将油底壳专用工具 PT-0031 沿油底壳与发动机缸体底部边沿的结合缝处用小锤慢慢敲入油底壳,然后再敲击专用工具侧面,小心不要损坏配合面。

注意:专用工具 PT-0031 可以用类似的油封刮刀代替,但不能用一字旋具等插入,否则会损坏配合面。

③ 取下油底壳。

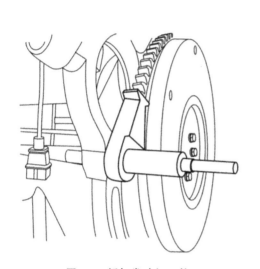

图 8-4 拆卸发动机飞轮　　图 8-5 拆卸油底壳

(24)拆卸发动机前盖和机油泵,如图 8-6 所示:
① 松开并拆下节气门体支架至发动机前盖的 1 颗螺栓 B;
② 松开并拆下发动机前盖的 2 颗双头螺柱 A;

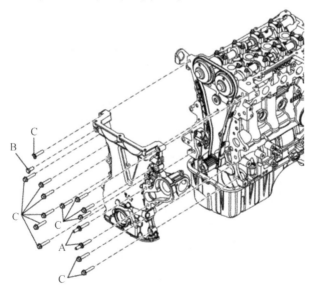

图 8-6 拆卸发动机前盖和机油泵

③ 松开并拆下发动机前盖的 12 颗(边缘 11 颗,中间 1 颗)螺栓 C;
④ 拆下发动机前盖与机油泵总成。

(25) 拆卸正时链条,如图 8-7 所示:
① 松开并拆下正时链条张紧器螺栓 11,拆下正时链条张紧器 10;
② 松开并拆下正时链条进气侧导轨 4;
③ 拆下正时链条。

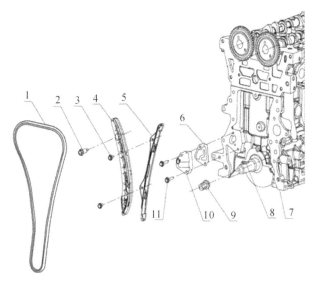

图 8-7 拆卸正时链条

(26) 拆卸曲轴链轮。
(27) 拆卸凸轮轴链轮。
(28) 拆卸进、排气凸轮轴。
(29) 拆卸气门挺柱,如图 8-8 所示:用磁性工具小心取下气门挺柱并按顺序放好(可把挺柱按顺序摆好并用纸张包裹,在纸张外面做好标记,防止错乱),注意不要损伤气门挺柱。

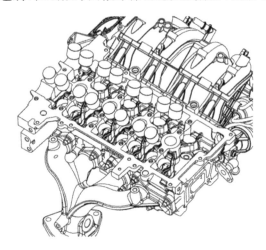

图 8-8 拆卸气门挺柱

(30) 拆卸气缸盖,如图 8-9 所示:

① 使用专用工具 PT-0023 拆卸发动机缸盖螺栓 1(共 10 颗);
② 拆下发动机缸盖 2,拆下并废弃缸盖垫片 3。

(31) 拆卸活塞、连杆和连杆轴瓦,如图 8-10 所示:

① 按各缸顺序给活塞、连杆盖做标记,防止装配的时候装错;

② 松开并拆下连杆螺栓,取下连杆盖及连杆轴瓦;

③ 从缸体上部取出活塞连杆总成,并按顺序把连杆盖与连杆装配好放置。

注意:在取出活塞连杆总成时要非常小心,防止连杆大端与气缸壁接触而刮伤气缸壁。

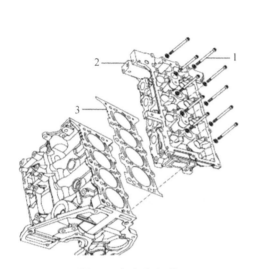

图 8-9 拆卸气缸盖

1—缸盖螺栓;2—缸盖;3—缸盖垫片

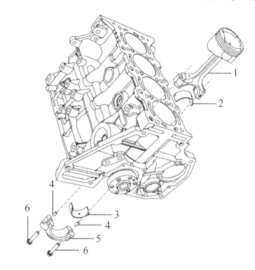

图 8-10 拆卸活塞、连杆和连杆轴瓦

1—连杆;2、3—连杆轴瓦;4—定位销;5—连杆盖;6—连杆固定螺栓

(32) 拆卸曲轴和主轴瓦,如图 8-11 所示:

① 松开并拆下主轴承盖螺栓 6,拆下主轴承盖 5 及下主轴瓦 4,并按对应顺序放置好;

② 取下曲轴 3、上主轴瓦 2 和止推片 1。

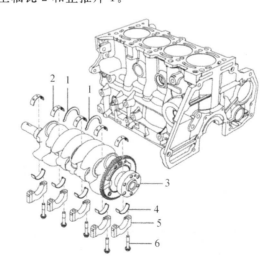

图 8-11 拆卸曲轴和主轴瓦

1—止推片;2—上主轴瓦;3—曲轴;4—下主轴瓦;5—主轴承盖;6—主轴承盖螺栓

8.1.2 发动机的装配

1.发动机装配的基本要求

发动机的结构形式很多,整机装配程序也不完全一致,但是在发动机装配时须满足的基本要求是一致的,具体如下。

(1) 装配时,必须保持零部件、总成、工具及装配场地的清洁。

(2) 待装的总成和零部件,必须经过检查或试装确认合格。

(3) 各部位不可互换的零部件,如气缸体与飞轮壳、连杆与连杆盖、气门与气门座等,一定要按装配记号装回原位,不准装错。

(4) 关键部位的螺纹连接件都是高强度螺栓,必须采购原厂件或不低于原厂件技术标准的连接件,并按规定力矩和顺序分若干次拧紧。

(5) 螺纹连接件的所有配套件,如开口销、保险垫片及垫圈等,一定要按规定装配齐全,不能丢失或漏装。

(6) 关键部位组合件间的配合间隙,如活塞与气缸、曲轴轴颈与轴承以及轴类零件的轴向间隙、正时齿轮的啮合间隙、配气机构的配气相位、气门间隙等,都必须符合装配技术标准。

装配过程中,应使用规定的工具,采用正确的操作方法和手段,防止拆装中非正常的零部件损伤以及设备和人员的安全事故,禁止野蛮操作。

2.发动机装配前准备工作

1) 零部件的清洗

清洗的目的是清除积聚在部件上的积炭等,以便其恢复原功能和性能;清除污物,以便保证测量和检查精度;清除外物,以便保证精密部件的装配精度。

在装配前,应认真清洗、吹干、擦净已经选配的零件和组合件,确保清洁。特别应仔细检查、清洗气缸体和曲轴上的润滑油道,并用压缩空气吹净。做好工具、设备、工作场地的清洁。

2) 零部件的检查

检查各零件,不得有毛刺、擦伤,应保持完好无损。

3) 装配附属材料的准备

按规定配齐全部衬垫、螺栓、螺母、垫圈和开口销,并准备适量的机油、润滑脂等常用油及材料。

3.发动机装配时的注意事项

(1) 装配中应对主要零件进行复检,使其符合技术标准规定的要求。

(2) 各相对运动零件的工作表面,装配时应涂机油,以保证零部件开始运动时的润滑。

(3) 各部位螺柱和螺母的装配,应注意拧紧的扭矩和顺序。扭矩过大,会使螺柱折断;扭矩过小,达不到装配的紧度要求。因此,重要部位的螺栓都有规定的扭矩数据。

(4) 对于铝质零件,安装前要用发动机油或防蚀剂涂覆螺纹,以防锈蚀。

(5) 各零部件的安装位置和安装方向是有规定的,不可装错。某些零件安装时有规定的位置和方向,这些零件具有特殊的标记、形状、识别号等。安装时如未正确地遵守这些规定,这些零件可能受到损坏,或即使安装上了以后也会出问题。

4.发动机装配的工艺流程

1）发动机下部的安装

（1）曲轴及主轴瓦安装,如图 8-12 所示:

① 在上主轴瓦(上主轴瓦上有与缸体主轴承座油孔对应的孔)1 表面涂机油,注意背面不可涂机油,背面应彻底清洁干净。

② 将上主轴瓦安装到缸体 3 上对应的主轴承座,上主轴瓦 1 上的定位凸起应与主轴承座上的缺口对应,并且机油孔要对齐。

③ 安装止推片 2 到缸体 3 上的第三主轴承座两侧,止推片 2 上的机油槽应朝向外侧对着曲轴,止推片 2 上的定位凸起应与主轴承座上的缺口对应。

④ 在下主轴瓦表面涂机油,注意下主轴瓦背面不能涂机油且背面应彻底清洁干净。

⑤ 按拆卸时的对应标记安装下主轴瓦到主轴承盖上,注意按轴瓦上的标记定位。

⑥ 主轴承盖上的箭头朝向发动机前端,按照主轴承盖上的数字安装主轴承盖和下主轴瓦到对应的主轴承座上,并按图 8-13 所示的顺序拧紧主轴承盖螺栓。

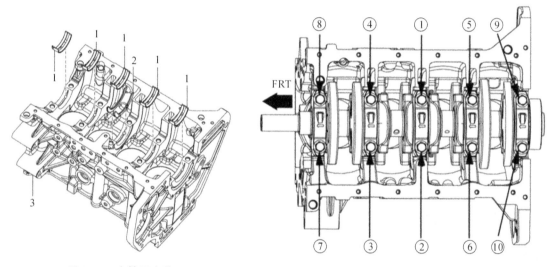

图 8-12 主轴瓦安装　　　　图 8-13 主轴承盖安装及螺栓拧紧顺序
1—主轴瓦;2—止推片;3—缸体

主轴承盖螺栓紧固:30 N·m+(30°～35°),需要用角度扳手定角度拧紧,不能仅凭目视判断。

⑦ 安装好后曲轴应能灵活转动,曲轴侧隙应在标准范围内。

（2）活塞和连杆轴瓦安装。

活塞环组装如图 8-14 所示,分别将气环和组合油环安装到活塞的对应位置。安装时要注意环的标记朝上,如果无标记,任意面朝上都可以。

提示:如果更换新活塞,必须同时更换活塞环。

活塞及连杆轴瓦组装:

① 如果更换了新连杆轴瓦,在连杆轴瓦表面涂机油,背面不可涂机油,应彻底清洁干净。分别安装连杆轴瓦到连杆盖、连杆上,轴瓦上的定位凸起应分别与连杆、连杆盖上的缺口对齐,并且使机油孔对齐。

② 用专用工具安装活塞连杆总成到缸体上(见图 8-15),注意防止连杆大端划伤缸孔内壁、连杆轴颈。

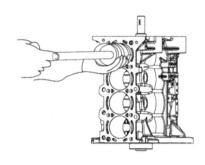

图 8-14 活塞环组装　　　　　图 8-15 活塞组装

注意:安装时应保证活塞、连杆上的向前标记朝向发动机前端。

③ 安装连杆盖(带连杆轴瓦,见图 8-16)。

连杆螺栓紧固:20 N·m+(86°～94°),需要用角度扳手定角度拧紧,不能仅凭目视判断。

注意:安装时连杆盖上的向前标记应朝向发动机前方,并且连杆盖应按照拆卸时所做的标记与连杆对应(见图 8-17)。若更换连杆盖,则需要整体更换连杆总成,更换后的连杆重量等级必须与其他连杆是一致的。

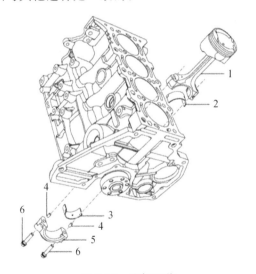
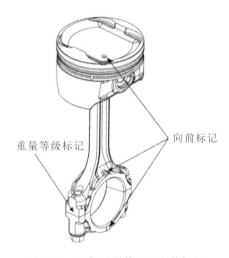

图 8-16 连杆组装　　　　　图 8-17 连杆重量等级及向前标记

1—连杆;2、3—连杆轴瓦;4—定位销;5—连杆盖;6—连杆固定螺栓

2)发动机上部的安装

(1)气缸盖组件安装。

气缸垫及气缸盖安装,如图 8-18 所示:

① 安装气缸垫 3,安装时要彻底清洁气缸盖与气缸体的配合面,气缸垫的位置要准确,可以通过缸盖定位销定位。

② 安装气缸盖到气缸体上,通过缸盖定位销定位。

③ 按如下顺序拧紧缸盖螺栓 1:

9	5	1	4	8
		←发动机前端		
10	6	2	3	7

缸盖螺栓紧固：(22±2)N·m+(102°±2°)，需要用角度扳手定角度拧紧，不能仅凭目视判断。

（2）气门组件安装。

气门组件安装步骤：

① 用气门油封安装工具安装气门油封（见图 8-19），先把气门油封装到专用工具上，再通过专用工具把气门油封安装到缸盖上。

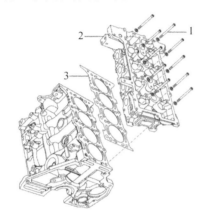

图 8-18　气缸垫及气缸盖安装

1—缸盖螺栓；2—气缸盖；3—气缸垫

图 8-19　气门油封安装

② 如图 8-20 所示，用气门弹簧安装工具安装气门、气门弹簧、气门弹簧座、气门锁夹。

注意：气门弹簧上有标记的一端应朝上，进、排气门应按原位置装配。

（3）凸轮轴组件安装。

如图 8-21 所示，气门挺柱的安装步骤如下：

① 彻底清洁气门挺柱，用新机油预润滑气门挺柱。

② 按照拆卸时所做的标记安装气门挺柱到对应位置，若是更换了新挺柱，应做好标记，安装时不能错位。

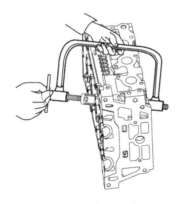

图 8-20　气门安装

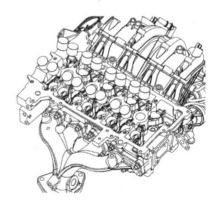

图 8-21　气门挺柱的安装

如图 8-22 所示,进、排气凸轮轴的安装步骤如下:

① 用新机油预润滑凸轮轴轴承座。

② 转动曲轴,让曲轴的半圆键槽向上,正时标记向下,之后不能再旋转曲轴。

③ 安装进气凸轮轴到进气侧凸轮轴轴承座上,凸轮轴的正时链轮定位销朝上。进气凸轮轴上有凸轮轴位置传感器信号轮。

④ 安装排气凸轮轴到排气侧凸轮轴轴承座上,凸轮轴正时链轮定位销朝上。

⑤ 按照拆卸时的标记或凸轮轴上的标记安装凸轮轴瓦盖。

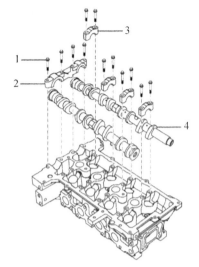

图 8-22 进、排气凸轮轴的安装
1—凸轮轴瓦盖螺栓;2—整体式凸轮轴瓦盖;
3—凸轮轴瓦盖;4—进气凸轮轴

按以下顺序拧紧凸轮轴瓦盖螺栓:

9	5	1	3	7
10	6	2	4	8
FRT				
10	6	2	4	8
9	5	1	3	7

凸轮轴瓦盖螺栓紧固:(10 ± 2) N·m。

3)发动机附件的安装

(1)正时链条及张紧器的安装。

正时链条的安装步骤如下:

① 彻底清洁正时链条,用新机油预润滑正时链条。

② 安装正时链条到凸轮轴链轮、曲轴链轮上,安装时正时链条上的正时标记应与凸轮轴链轮、曲轴链轮上的正时标记分别对齐,如图 8-23 所示。

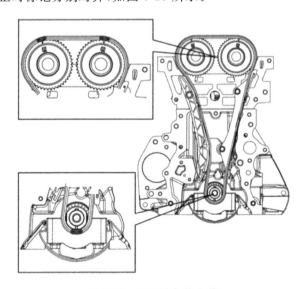

图 8-23 正时链条的安装

注意:在未安装正时链条前不能旋转曲轴。

③ 安装进气侧正时链条导轨,安装正时链条张紧器,参见"正时链条张紧器的安装"相关内容。

④ 拧紧凸轮轴链轮螺栓,拧紧时需要用活动扳手固定凸轮轴,如图 8-24 所示。

图 8-24 凸轮轴链轮螺栓的拧紧

凸轮轴链轮螺栓紧固:(32 ± 2)N·m + (50°± 2°)。

正时链条张紧器的安装步骤如下:

① 如图 8-25 所示,将张紧器压缩并用铁丝锁住,工具可以是与锁止孔直径大小相当的有一定硬度并且干净的工具,比如较小号的内六角扳手等。

② 安装正时链条张紧器。正时链条张紧器螺栓紧固:(10 ± 2)N·m。

③ 取下铁丝工具。

(2) 发动机前盖和机油泵安装。

如图 8-26 所示,前盖安装步骤如下:

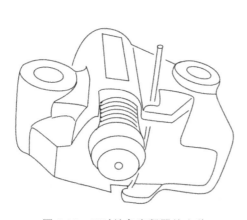

图 8-25 正时链条张紧器的安装

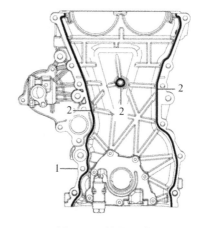

图 8-26 前盖安装

1—前盖;2—前盖密封胶涂胶部位

① 彻底清除发动机前盖与缸体、缸盖配合面上的残留密封胶,用干净抹布彻底擦拭干净。

② 在缸盖、缸体与前盖的配合面上涂新的密封胶:

密封胶直径 (2.5 ± 0.5) mm;

密封胶中心线相对于内圈倒角边缘的距离 (1 ± 1) mm。

③ 胶线应连续,位置、形状正确,避让螺栓孔,安装过程中不得破坏胶线,应在涂胶后 20 min 内拧紧前盖螺栓。

注意:前盖与缸体水道连接附近的密封胶槽中应填满密封胶,密封胶直径同步骤②中的要求。

如图 8-27 所示,机油泵安装步骤如下:

① 用新机油预润滑发动机前盖上的机油泵腔,装上机油泵内、外转子。

② 安装机油泵盖和螺栓,按对角线顺序拧紧机油泵盖螺栓。

机油泵盖螺栓紧固:(10 ± 2) N·m。

(3) 油底壳安装。

如图 8-28 所示,油底壳安装步骤如下:

① 彻底清洁油底壳与缸体结合面上的残胶、油污及其他杂质,用干净抹布彻底擦拭干净。

② 在油底壳上涂密封胶:

密封胶直径 (3.75 ± 0.25) mm;

密封胶中心线相对于内圈倒角边缘的距离 (1 ± 1) mm。

③ 胶线应连续,位置、形状正确,避让螺栓孔,安装过程中不得破坏胶线,在涂胶后 20 min 内拧紧油底壳螺栓。

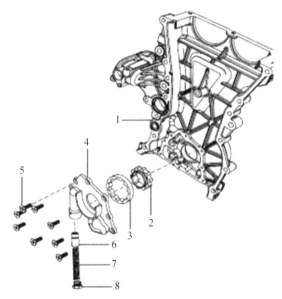

图 8-27 机油泵安装

1—胶圈;2—转子;3—定子;4—泵盖;5—螺栓;
6—安全阀活塞;7—安全阀弹簧;8—安全阀安装螺栓

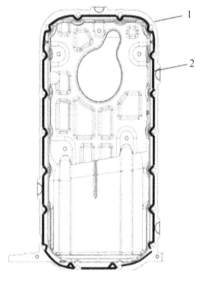

图 8-28 油底壳安装

1—油底壳;2—密封胶

(4) 曲轴前后油封安装。

曲轴前油封安装如图 8-29 所示,用曲轴前油封安装工具 PT-0057 安装曲轴前油封,安装时平面侧贴住专用工具,凹面朝向发动机。

注意:拆下的油封必须废弃并更换新油封。

曲轴后油封安装:

① 如图 8-30 所示,在曲轴后油封座与缸体配合面涂密封胶,安装曲轴后油封座(若已拆下):

密封胶直径(2.5 ± 0.5)mm;

密封胶中心线相对于内倒角边缘的距离(1 ±1)mm。

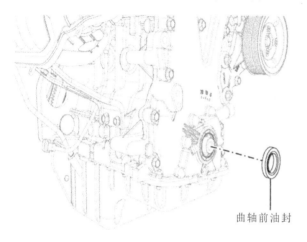

图 8-29　曲轴前油封安装

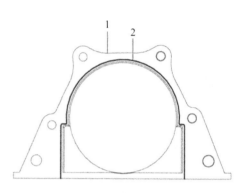

图 8-30　曲轴后油封座

1—曲轴后油封座;2—密封胶

② 如图 8-31 所示,通过曲轴后油封座定位销安装曲轴后油封座到缸体上。

曲轴后油封座螺栓紧固:(10 ±2)N·m;

油底壳到曲轴后油封座螺栓紧固:(10 ±2)N·m。

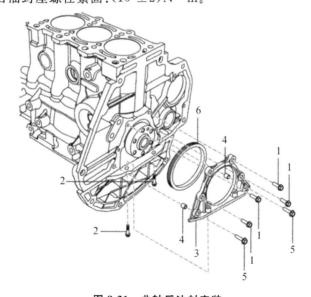

图 8-31　曲轴后油封安装

1、2、5—安装螺栓;3—曲轴后油封座;4—定位销;6—曲轴后油封

8.1.3 发动机的调试

1.发动机的磨合规范

根据发动机磨合过程中转速和负荷的组合不同,发动机的磨合通常分为冷磨合和热磨合。磨合规范中包括磨合转速、磨合时间和负荷大小。

1) 发动机的冷磨合

冷磨合是将装配好等待磨合的发动机安装固定在磨合试验台上,利用外来动力(如电动机加变速器或磨合好的发动机)带动待磨合的发动机以不同的转速运转,在惯性负荷作用下实现磨合的方法。发动机冷磨合规范及注意事项如下:

(1) 冷磨合的发动机要加足机油,通常用 20 号机械油作为发动机机油,机油要保持正常的机油压力,以利于散热和冲洗摩擦面。

(2) 冷磨合时,一般不装火花塞(汽油机)或喷油器(柴油机),燃油供给系统应停止供油,以减轻发动机运动部件的负荷,有利于发动机运动部件初始阶段的磨合。

(3) 冷磨合的发动机靠外界水循环冷却,冷却液温度控制在 70 ℃左右。

(4) 冷磨合起始转速一般为 400~600 r/min,然后以 200~400 r/min 的级差逐级增加转速,冷磨合终了转速一般为 1000~1200 r/min。冷磨合的总时间一般为 1.5~2 h,具体磨合时间应根据零件加工质量和装配情况确定。

(5) 发动机在冷磨合过程中,应进行以下检验:

① 顶置气门式发动机,应打开摇臂室罩盖,检查摇臂的润滑飞溅情况和有无金属摩擦声。如听到"叽叽"的干摩擦声,则说明摇臂衬套润滑不良,应查明原因并排除。

② 检查有无漏水、漏油现象。

③ 检查发动机各运转磨合部位,发现异响,应查明原因,予以调整和排除。

④ 检查活塞环有无泵油、喷油现象(火花塞孔不应有喷油现象),将白纸放至火花塞的上面片刻,查看纸面上有无油渍。

⑤ 观察发动机运转是否平稳,如有严重抖动,应检查发动机运动件的平衡状况、旋转件的同轴度等。

(6) 发动机冷磨合完成后,应放出全部机油,加入清洗油(90%的柴油加 10%的车用机油),再运转 5 min,放出清洗油,并清洗各油道;必要时,将各主要零件解体清洗检查。

2) 发动机的热磨合

热磨合是在冷磨合的基础上,以发动机自身发出的动力进行运转磨合试验的过程。它是为了检查发动机是否达到了应有的装配性能,同时为发动机做汽车行驶前的走合,以保证发动机的竣工验收和正常使用。热磨合分无负荷热磨合和有负荷热磨合两种。

(1) 无负荷热磨合。

无负荷热磨合的目的除进一步磨合外,还要对发动机的油、电路进行必要的检查和调整,排除故障。其磨合规范及注意事项如下:

① 采用该发动机冬季用机油。

② 按规定程序起动发动机,在空载情况下,以规定转速 800~1000 r/min 运转 1 h。

③ 调整润滑系统、燃料系统、冷却系统和点火正时等,使其符合标准并达到最佳状态。

④ 检查机油压力是否正常，否则应立即停机排除故障。

⑤ 检查发动机的冷却液温度、机油温度是否正常，否则应检查排除。

⑥ 若发现异响，特别是当发动机运转阻力增大时，应立即停机检查，及时排除故障。

⑦ 发动机热磨合时，各部位应无漏水、漏油、漏气和漏电等现象，否则应查找原因并排除。

（2）有负荷热磨合。

有负荷热磨合就是用试验台的加载装置对发动机进行磨合。一般增加的载荷为发动机额定负荷的10%～15%。有负荷热磨合的目的是进一步改善摩擦副工作表面的微观不平度，检验新修发动机的功率恢复情况。进行有负荷热磨合时应注意：

① 观察冷却液温度、油压和油温，应符合原厂规定。

② 发动机在各种工况下应运转平稳、无异响，发现故障及时排除。

③ 及时调整点火提前角至最佳值。

发动机热磨合结束之后，还必须拆检主要机件。气缸压力应符合大修规定；抽出活塞连杆组，检查气缸有无拉伤和偏磨，活塞裙部的接触面是否磨合正常，活塞环的外表面与气缸的磨合痕迹应不小于外表面积的90%，环的开口间隙不大于装配间隙的25%；检查主轴承和连杆轴承的磨合情况；拆除凸轮轴，检查轴承、凸轮及挺杆等各摩擦副的配合情况。经过检查，若发现不正常的现象，应进行排除，必要时重新磨合。

2. 发动机的验收

发动机大修后，经过冷磨合、热磨合，试验检测合格，即可进行竣工验收。发动机验收，必须按汽车修理技术标准中的有关规定执行。根据《汽车修理质量检查评定方法》(GB/T 15746—2011)的规定，主要验收项目及要求是：

1）装备与装配

发动机装备齐全有效，装配符合相关标准中的有关规定。

2）起动性能

在发动机正常工作温度下5 s内能起动。

3）进气歧管真空度

汽车发动机怠速时，进气歧管真空度应在57～70 kPa范围内；进气歧管真空度波动值对于六缸汽油机不超过3 kPa，对于四缸汽油机不超过5 kPa。

4）气缸压力

气缸压缩压力应符合原设计规定，每缸压力与各缸平均压力的差对于汽油机不超过8%，对于柴油机不超过10%。

5）运转情况

发动机怠速运转稳定，其转速符合原设计规定，转速波动不大于50 r/min；改变转速时应平顺；突然加速或减速时排气管中不得有突爆声，无回火、放炮现象；在正常工况下运转时，不得有异常响声。

6）油液正常

发动机机油和冷却液规格、数量符合原厂规定，机油压力和冷却液温度正常。

7）动力性能

发动机最大功率和最大转矩均不得低于原设计标定值的90%。

8）燃料消耗率

发动机最低燃料消耗率不得高于原设计要求。

9）排放性能

发动机排放应符合 GB 3847—2018 和 GB 18285—2018 的规定。

10）其他

发动机应无漏水、漏油、漏气和漏电现象；发动机应按规定加装限速装置，并加铅封；对有分电器的电喷发动机可适当减小点火提前角，走合一定里程后再恢复。

任务 8.2　发动机综合性机械故障检查和诊断

发动机零部件的磨损、变形、断裂、腐蚀及老化等是造成发动机机械故障的主要原因。发动机机械故障的主要特征表现在动力不足、振动异常、响声异常、温度异常等。不同故障其故障表现的特征也有差别。这里主要针对气缸的密封性诊断、排烟诊断、润滑系统诊断及发动机异响诊断进行介绍。

1. 气缸密封性检查和诊断

足够的气缸压缩压力是确保发动机正常工作的要素之一。如果气缸压缩压力不足，可能会造成发动机起动困难、怠速不稳、加速不良等故障。

通过气缸压力测试可以检查气缸密封性是否良好。气缸压力测试可以有效地判断发动机的缸压是否正常，并可初步判断导致缸压不足的原因。气缸压力测试的方法有干测试和湿测试两种。

图 8-32　气缸压力测量

1）干测试

为了检查气缸的密封性，我们需要对气缸压力进行测量（见图 8-32）。正确的步骤如下：

（1）保证蓄电池电量充足；

（2）预热发动机至正常工作温度；

（3）保证发动机断油断火；

（4）拆下所有火花塞使发动机可以方便地转动；

（5）将气缸压力表正确接入火花塞安装口，节气门保持在完全开启位置，使气流不受限制地进入气缸；

（6）点火开关打到起动挡使发动机运转，让各缸完成 4~5 个压缩冲程，当观察到压力表示值不再上升时停止；

（7）记下各缸压力值，并计算最大与最小压力的差值。查找维修手册，判断测得的气缸压力是否符合标准。

气缸压力不足原因（见图 8-33）分析：

（1）气门：气门锥面烧蚀、气门弯曲或折断、间隙调整不当、正时链或齿带正时安装不正确；

（2）气门座：气门座烧蚀；

（3）活塞：活塞头部烧熔；

（4）气缸垫：气缸垫烧穿或损坏；

（5）气缸盖/体平面：变形、表面不平；

（6）活塞环：气环卡滞、弹性不足；

（7）气缸内壁：内壁磨损严重。

气缸压力过高原因分析：

如果测得的气缸压缩压力高于规定标准，表明压缩比已改变，原因是燃烧室尺寸减小，一般是燃烧室积炭过多（见图 8-34）造成的。不规范的维修（如镗削缸盖过多）也会导致缸压过高。

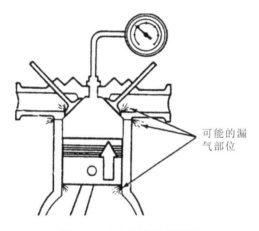

图 8-33　气缸压力不足原因

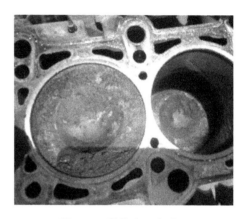

图 8-34　燃烧室积炭过多

2）湿测试

如在干测试中压缩压力读数偏低，则应进行压缩压力湿测试，以更加准确地确定缸压泄漏的部位。湿测试的正确方法如下：

（1）往读数偏低的燃烧室中添加适量机油；

（2）将发动机盘动几圈使机油均匀分布，安装压力表重新按照干测试的方法测试气缸压力；

（3）将湿测试的结果与干测试的进行比较。

如果添加机油后此缸的压缩压力有很明显的提高，则泄漏点出现在活塞环与气缸壁的配合上。因为机油对磨损的活塞环有暂时密封的作用，可使压力得以增加。

如果添加机油后此缸的压缩压力依然较低，则泄漏点可能是配气机构、气缸垫、气缸盖/体平面，或者活塞破损。

具体是哪一个部件出现泄漏，可通过其他方法进一步测试。

我们可以利用内窥镜对燃烧室和气门进行检查（见图 8-35）。

图 8-35　用内窥镜对燃烧室和气门进行检查

① 检查活塞顶部是否有烧熔或碰伤痕迹，以及积

炭是否过多。

② 检查缸套是否划伤,缸壁上是否有积炭(其原因可能是缸套失圆,导致烧机油)。

③ 检查第一道活塞环上止点处磨损的厚度,初步判断气缸的磨损程度,结合气缸压力值对发动机故障做出准确的判断。

④ 如果气门在开启状态,还可以检查气门密封环带状况。

2. 排烟检查和诊断

发动机在起动、加速或减速时,通常在排气管出口处可以看到发动机的排烟,通过观察排烟的颜色有助于诊断发动机可能存在的故障。

1) 白烟

排气呈白色,主要是水蒸气受热蒸发所致。导致这种结果的可能原因有以下两方面:

(1) 天气冷时水蒸气在排气管内冷凝,高温的排气对这些水进行加热,将其变成蒸汽。这是一种正常的现象,且白烟很快就会消失。

(2) 发动机内部的冷却液渗入气缸,发动机工作时变为水蒸气并排到外部。这表明冷却系统存在泄漏故障,需要进行冷却系统泄漏测试。

2) 黑烟

排气呈黑色,主要是混合气过浓或过稀导致燃烧不好,燃油未充分燃烧。

导致这种结果的原因通常在发动机电控系统,需要根据发动机电控系统的一些信息进行分析和诊断。

3) 蓝灰烟

排气呈蓝灰色,主要是发动机机油进入了燃烧室并被燃烧所致。

导致这种情况的可能原因包括PCV系统故障、气门油封损坏、气门导管磨损、活塞环损坏或气缸壁磨损等。

3. 机油消耗过大的检查和诊断

发动机的机油消耗分为外部渗漏和内部消耗。内部消耗是指燃烧掉的机油量。发动机正常工作时,布置在气缸壁上的机油会随活塞的上下运行窜至气缸内部,从而被燃烧掉。也就是说,机油消耗是随发动机的正常工作而存在的,无法完全避免。但是,机油消耗过多会给发动机的工作带来隐患。为此,我们必须定期检查发动机机油的剩余量,如果机油消耗过量,则需要进行检修。

机油消耗过量的原因:

(1) 机油外部渗漏;

(2) 车辆长时间高速大负荷行驶;

(3) 曲轴箱强制通风性能不良;

(4) 气门油封损坏;

(5) 活塞/活塞环安装不当、活塞环卡滞;

(6) 气缸壁过度磨损;

(7) 机油过稀。

发动机运转时,飞溅润滑效果使得细小的机油油滴随曲轴箱窜气被PCV阀吸到进气歧管,最后进气缸燃烧。如果PCV阀黏滞在最大开启位置,气门油封损坏或气门导管磨损时,机油从气门室盖沿气门导管进入气缸,并被燃烧掉。为了判断机油消耗过量是否由气门油封损坏造成,可以将发动机放置一段时间后再起动,若是则发动机会排出许多蓝烟,然后排烟逐渐减少。机油从活塞环处进入气缸是无法避免的,但是如果活塞环损坏或者气缸壁磨损过度,则会造成机油消耗过量。为了判断机油消耗过量是否由活塞环损坏或者气缸壁磨损所致,可以将发动机暖机并在 2500 r/min 左右运转,反复踩下油门,同时观察排烟的状况。当发动机转速升高时,排烟逐渐变浓,说明活塞环损坏或者气缸壁磨损过度。

以上原因消耗的机油会随混合气一起被燃烧掉,从排气管的尾气中可以看到蓝灰色排烟。此时如果拆卸火花塞,还可能看到火花塞头部有大量油污或积炭。

4. 发动机噪声诊断

在发动机的运行过程中,一些机械故障往往会使发动机发出异常噪声。但因为噪声的特殊性,维修技师有时很难准确判断噪声的来源及故障原因。为了提高发动机噪声诊断的效率,我们需要考虑以下四个因素:

(1) 噪声的响度:清脆声说明受力较轻,沉闷声说明受力比较大。
(2) 噪声出现的条件:冷车还是热车,发动机转速、加减速的瞬间等。
(3) 噪声出现的频率。
(4) 噪声在发动机上出现的位置。

下面我们根据发动机噪声产生的常见部位,一起来学习它们的特点及产生的原因。主要包括主轴承噪声、连杆轴承噪声、活塞噪声、配气机构噪声、正时皮带/链条噪声等。

1) 主轴承噪声

轴承损坏或磨损产生的噪声较为沉闷,如闷闷的砰击声或敲击声,其出现的位置比较靠近气缸体下方。发动机每转一圈主轴承噪声出现一次,转速越快,噪声的频率越高。当发动机在重负荷下运转时,主轴承噪声达到最大。

造成主轴承噪声的原因主要有:

(1) 机油压力过低,机油太稀,机油和/或滤清器太脏;
(2) 曲轴主轴颈磨损过度,造成间隙太大或失圆;
(3) 主轴承磨损过度,导致间隙太大;
(4) 主轴承盖太松;
(5) 飞轮松动,曲轴带轮太松。

2) 活塞销噪声

活塞销磨损过度会造成活塞销与安装孔之间的配合间隙过大,如图 8-36 所示。活塞销磨损过度会发出尖锐的双敲击声,在发动机怠速或突然加速再减速时通常能清晰听到。

活塞销噪声跟温度的变化有关,冷车时噪声大,热车后噪声减小。

3) 活塞敲缸声

活塞与气缸壁磨损过度会造成它们之间的间隙过大(见图 8-37),从而导致发动机在运行时形成类似于金属敲击声的活塞敲缸声。发动机工作过程中,压缩冲程过渡到做功冲程,活塞受到的压力使其方向突然改变并敲击气缸壁。活塞敲缸声的特点是,在发动机预热后噪声下降,而在冷车时活塞与缸套之间的间隙大,活塞敲缸声较为明显。

导致活塞敲缸的原因还可能是发动机爆燃。由于汽油的品质太差,在大负荷时会发生爆燃的情况,活塞受到震动导致敲缸。

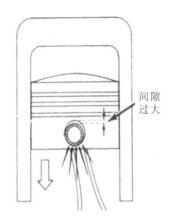
图 8-36 活塞销与安装孔的配合间隙过大

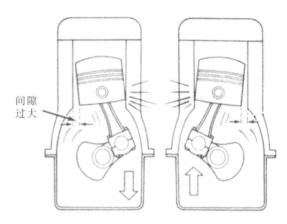
图 8-37 活塞与气缸壁间隙过大

4）气门间隙异响

气门间隙异响是气门间隙过大造成的，当发动机转速增加时，噪声随之增大。调整气门间隙可以排除气门间隙异响。

5）正时皮带过松

正时皮带安装太松会造成皮带与带轮之间的接触力过小，皮带在传动时容易跳齿，并伴有噪声。其就像用一木片按在旋转的轮辐上施加阻力时的噪声。

6）正时皮带过紧

正时皮带安装太紧会造成皮带传动时摩擦力太大而产生噪声。此噪声就像强风吹过时产生的声音一样。

任务实施

1. 工具和设备准备

（1）工具：通用工具若干套、世达套筒扳手、活塞专用工具、其他专用工具等。

（2）设备：实训车辆或发动机台架、工具车。

2. 实施过程

1）车辆信息

车型		生产年份		制造商	
车辆识别码				发动机型号	
故障描述					

2) 计划

根据故障现象和任务要求,确定所需要的技术资料、检测仪器、工具,并对小组成员进行合理分工,制订详细的实施计划。

(1) 技术资料:

(2) 本次任务需要的仪器及工具:

仪器及工具名称	型号	使用注意事项

(3) 本次任务安全注意事项:

(4) 小组成员及分工:

小组名称		组长	
小组成员姓名	分配任务内容	备注	

3) 实施

(1) 发动机的拆装与调试:

(2) 发动机机械故障诊断:

4）检查与评估

姓名		工位号		日期	
标准时间		开始时间		完成时间	
序号	项目	标准分	评分标准		得分
1	工具、仪器的准备	10分	（1）工具、仪器选错或少选扣2分		
			（2）工具丢失或恶意损坏扣10分		
			（3）任务结束工具整理，视情况扣1~5分		
2	拆卸发动机	30分			
3	装配发动机	30分			
4	发动机调试	20分			
5	安全操作、团队合作	10分			
6	总分	100分			

课后练习

1. 简述发动机拆卸的流程。
2. 简述发动机装配的流程。
3. 发动机起动时排气管出口处冒蓝烟是什么原因？
4. 发动机上部发生敲缸，主要原因有哪些？

参 考 文 献

[1] 赵殿明,史雷鸣,魏彦召.汽车发动机构造与维修[M].2版.哈尔滨:哈尔滨工业大学出版社,2017.
[2] 祖国海.汽车修理工(中级)[M].2版.北京:机械工业出版社,2012.
[3] 杨连福,刘毅.汽车发动机机械系统检修[M].北京:人民邮电出版社,2013.
[4] 马东霄,曹景升,李贤彬.汽车维修实训教程[M].2版.北京:人民邮电出版社,2008.
[5] 闵永军,万茂松,周良.汽车故障诊断与维修技术[M].北京:高等教育出版社,2004.
[6] 王宪成.汽车发动机机械系统结构检测与维修[M].北京:高等教育出版社,2005.
[7] 吕丕华.汽车发动机机械系统故障诊断与维修[M].2版.北京:中国三峡出版社,2013.
[8] 刘炽平,符强.汽车发动机机械系统检修一体化项目教程[M].上海:上海交通大学出版社,2012.
[9] 龙纪文,涂光伟.汽车发动机检修[M].北京:中国劳动社会保障出版社,2006.
[10] 程晟.汽车拆装技能训练[M].北京:中国劳动社会保障出版社,2004.